아! 다시 부르는 청춘의 노래

아! 다시 부르는 청춘의 노래
전남대학교 6월민주항쟁사
ⓒ 전남대6월항쟁동지회

초판 1쇄 펴낸날 2021년 6월 1일	ISBN 979-11-965929-4-3 03910
지은이 전남대6월항쟁동지회	출판등록 2016년 4월 8일 2018-000047호
펴낸곳 제대로랩	주소 서울시 종로구 사직로8길 15-2 4층
디자인 2mm	전화 02-2061-4146
인쇄 가람미술	이메일 zederolab@gmail.com

책값은 뒤표지에 쓰여 있습니다.
잘못 만들어진 책은 바꿔드립니다.

아! 다시 부르는 청춘의 노래

전남대학교 6월민주항쟁사

전남대6월항쟁동지회

발간사

새로운 시작을 위하여!

전남대 학생운동의 입장에서 보면 87년 '6월민주항쟁'은 짧게는 4월 13일(4·13호헌조치 반대투쟁)부터 6월 29일에 발표된 노태우의 '6·29항복선언'까지 80일간으로 볼 수 있다. 그러나 조금 길게 본다면 80년 '5·18광주민중항쟁'부터 87년 말 대통령 선거 과정에서의 '공정선거감시단 투쟁 및 부정선거 규탄 투쟁'까지 7년 동안의 투쟁으로 확장할 수도 있다.

광주와 전남대의 6월민주항쟁은 전국적으로 전개된 '동장에서 대통령까지 우리 손으로!!!'라는 직선제 개헌 쟁취 투쟁과는 결이 약간 다르다. '5월 학살 진상규명 및 책임자 처단', '군 무력의 동원을 용인 방조하고 신군부 쿠데타를 암묵적으로 지지 승인한 미국 반대', 나아가 '80년 광주의 한(恨)을 풀자'라는 결연한 저항 의지가 저변에 축적되어 요동친 군부독재 퇴진 투쟁의 성격이 강하다. 즉, 본질적으로 전두환 학살 정권과의 전면전이자 정면 투쟁이었던 것이다.

6월민주항쟁, 나아가 한국 민주주의의 진전을 위해 끈질기고 강력하게 투쟁했던 광주의 분노는 80년 5월의 한에 깊숙히 뿌리내리고 있었다. '광주 학살'에 대한 치 떨리는 분노가 가슴 깊이 자리하고 있었다. 그로부터 7년 후 광주는 학살의 아픔을 곱씹으며 대오를 한층 조직적으로 갖춰 저항의 날을 세웠다. 온몸에 새겨진 그 뜨거웠던 투쟁의 기록이 입에서 입으로 복원되어 이 책에 수록되었다. 34년의 세월이 지났지만 어제의 일처럼 생생하고 읽으면 눈시울이 뜨거워진다.

혁명적 사상이나 이론은 세계를 진취적으로 해석하지만 사회를 총체적으로 완벽하게 분석할 수 없다. 모 철학자가 "87세대는 스스로 혁명화되지 못했기 때문에 사회를 혁명화하는 데 실패했다."라고 질타한 적이 있다. "자본주의라는 제도가 인간의 욕망을 가장 효율적으로 실현시킬 수 있어서 발전되어왔고, 사회주의는 실패했다."라고 주장하는 인문학자도 있다. 87년 6월민주화항쟁 시기의 학생운동은 5·18의 좌절을 겪은 후, 새로운 사회를 전망하는 사상과 실천이론을 진지하게 모색하고 대중적 실천을 통해서 그것을 검증해가고 있었다. 분단을 극복하고 외세의 영향력에서 벗어나 자주적 사회로 나아가야 비로소 민중의 민주주의를 근본적으로 실현할 수 있다는 정치적 입장이 체계화되고 이념화되고 있었다. 반독재 민주화운동이 사상·이론의 측면과 조직·실천의 측면에서 사회변혁운동으로 질적인 변화를 시도했던 시기였다.

86년 중반 조직이 두 개로 분열되며 일어난 사상·이론 경쟁은 전남대 민주화운동의 정치사상적, 이론적 발전에 획기적 진전을 가져왔다. 특히 관성적이고 기계적인 실천에 자극이 되었다. 과학적 사상 이론의 도입으로 학생운동이 한 단계 비약하는 계기가 된 것이다. 부정적 측면도 많았다. 동지와 선후배 사이에서 주도권 확보를 위해 상호 비방하고 자파의 이론적 주장을 배타적으로 강권하는 사태가 곳곳에서 발생했다. 상대방 조직을 암암리에 침탈해 활동가들 사이에서 감정적 충돌로 비화되는 일도 빈번했다.

심지어 학내에 경찰이 들어와 최루탄을 쏘아대고 동지들을 연행해가는 급박한 상황에서도 경쟁조직의 정치집회에서 발생한 일이라고 '강 건너 불구경하던' 경우도 있었다. 군사독재의 압도적 무력에 맞서기 위해 한 명이 아쉬운 마당에 몇몇 선진 활동가들은 현학적, 소영웅적 종파 활동을 벌이고 있었고, 이는 애국의식에 불타는 수많은 동지의 이탈로 이어지기도 했다. 요즘에도 가끔 상처가 치유되지 않은 동지들의 원성에 직면하곤 한다. 이 자리를 빌려 과오에 대한 용서를 빌고 위로를 드리고 싶다.
"동지들 미안합니다. 어려서 그랬습니다. 용서를 빕니다."

우리 세대에게 6월민주항쟁은 상흔 또는 영광의 자존심으로 체화되어 있다. 학생운동을 마치고 상당수가 투신(投身)의 깃발을 들고 민중들의 삶의 현장으로, 민주화의 전선 곳곳으로 과감히 나섰다. 쓰러져가는 농촌 현장에서 농민조직을 꾸리며, 삭막한 노동현장에서 위장 취업의 멍에를 쓰고 권력의 폭력과 자본의 해고를 감수하며 민중과 더불어 조국의 모순을 온몸으로 헤쳐나가는 30여 년의 험로에 굴욕과 좌절도 많았다. 기득권을 반납한 6월민주항쟁의 주역들에게 자본과 권력의 장벽 그리고 생활고의 팍팍함과 고통은 집요하고도 끈질기게 옥죄어왔다. 홀로 견뎌야 하는 안타까운 상황에서도 희망을 포기하지 않고 살아온 동지들을 버티게 해주는 힘의 원천은 무엇이었을까? 수십만 광주 민중과 함께 6월민주항쟁을 승리로 이끈 자신감의 기억이 신념으로 체화되어 자신도 모르게 몸속 구석구석에 남아 있기 때문이 아닐까?

우리 세대도 이제 어느덧 중년의 나이가 되어 각자가 속한 사회에서 중추적 역할과 책임을 맡아야 할 지위에 처해 있다. 뼈를 깎는 노력으로 각개약진하여 사회 각 분야에서 의사결정을 해야 할 중요한 지위에 있는 사람들도 많다. 문제를 제기하는 세대가 아니라 문제를 해결하고 대안을 제출해야 할 세대가 되었다는 느낌을 지울 수 없다. 모든 것을 다 바쳐 조국의 민주주의를 위해 군부독재와 싸우던 헌신적인 정신이 우리 세대에게 다시 요구되는지도 모른다. 금남로의 뜨거운 아스팔트의 기억이 우리를 새롭게 하길 바란다.

우리들의 6월민주항쟁은 삶의 유전자로 남아 지금도 계속되고 있다. 40~50여 명이 어려운 생활 속에서도 발간 기금을 쾌척하여 3여 년 동안 6월민주항쟁의 역사를 기록하려고 했던 이유가 여기에 있었다. 역사에 대한 반추는 채찍으로 되살아나 타협으로 바래고 탐욕으로 두꺼워진 우리의 양심을 여지없이 난타하곤 했다.

3여 년의 결실을 내놓으며 신영복 선생의 마음을 여기에 다시 새긴다.

"처음으로 하늘을 만나는 어린 새처럼,
처음으로 땅을 밟는 새싹처럼,
우리는 하루가 저무는 겨울 저녁에도
마치 아침처럼, 새봄처럼, 처음처럼
언제나 새날을 시작하고 있습니다.
산다는 것은 수많은 처음을 만들어 가는
끊임없는 시작입니다."
　　　　　　　　　－〈처음처럼〉, 신영복

조이권
전남대6월항쟁동지회장

추천사

"호헌철폐, 독재타도!"

30여 년 전, 한국을 뒤덮었던 이 외침을 아직도 생생히 기억합니다. 1987년 6월을 기점으로 우리는 억압적인 통치를 이어오던 군사정권을 끝내고, 국민이 직접 대통령을 선출하는 대통령 직선제를 쟁취해냈습니다.

그러나 이 모든 성과를 1987년 6월의 것이라고만 볼 수는 없습니다. 1987년 6월이 있기 이전에도 수많은 투쟁이 있었기 때문입니다. 역사에 기록되지 않은 투쟁마다 거리로 나와 함께 구호를 외치고 독재 권력에 저항했던 시민들이 있었기에 1987년 6월항쟁은 성공할 수 있었습니다.

그중 대표적인 곳이 바로 광주·전남입니다. 1980년 5·18민주화운동 후 광주·전남 시민들은 아프고 어려운 시간을 겪었습니다. 그러나 끝내 굴하지 않고 들불처럼 일어나 1987년 6월항쟁에 참여했습니다.

이 거대한 시민 함성을 만들 수 있었던 배경에는 대학생들이 있었습니다. 1987년 6월 16일 전남대 결사 항전의 날, 전남대에 모여 학생들이 나서 삭발과 혈서 투쟁을 감행했던 일은 광주·전남 시민들의 마음에 불씨를 던졌습니다. 이들이 앞장선 투쟁의 불꽃은 7월 9일 금남로에서 개최된 이한열 열사 장례식으로 이어져 6월항쟁의 파도를 일으켰습니다.

이들은 1987년에 갑자기 조직된 것이 아닙니다. 1982년 '5월 광주' 진상규명을 위한 추모식 중에 박관현 열사가 옥중 사망했다는 소식을 듣고 우리는 타오르는 분노와 함께 누가 먼저라 할 것 없이 매일 수천 명이 모여 투쟁에 참여했습니다. 그 어떤 폭력에도 굴하지 않고 1987년 6월 16일 '결사 항전의 날'을 이루어냈습니다.

『아! 다시 부르는 청춘의 노래』는 한 대학의 학생운동사를 기록한 것이 아닙니다. 이 책은 1980년대 독재정권과 피와 눈물로 싸워왔던 시민의 역사, 그중에서도 학생운동을 정리한 기록으로 다루어져야 합니다. 1987년 이후 2016년 촛불 항쟁까지, 새로운 민주화운동 역사를 쓰고 있는 지금 우리 국민들 앞에 이 책은 30년 전 역사의 순간에 민주주의를 위한 투쟁에 앞장선 대학생들의 삶을 기억하게 합니다. 이는 우리가 지속적으로 만들어나가야 할 민주주의의 모습을 그리는 데 중요한 참고서가 될 것입니다.

지선
민주화운동기념사업회 이사장

추천사

선봉에 서서

1980년 5월 19일 오전 10시경 한일은행 사거리에 운집한 시위대는 도청을 향해 진군하고 있었다. 이때 가톨릭센터 옥상에서 공수부대가 무전기를 들고 시위 상황을 살피고 있는 모습을 본 성난 시위군중들은 그들을 사로잡았다. 옥상에서 까까머리 중학생이 공수들의 철모를 흔들며 생포를 알리고 있을 무렵, 조선대에 있던 공수들이 나타나 총검을 찌르며 시위군중을 습격하기 시작했다. 시위군중은 급히 한일은행으로 물러섰지만, 가톨릭센터 건물 안에 있던 시위대는 그대로 갇히고 말았다.

가톨릭센터 안으로 들어간 공수들은 총검을 찌르며 시위대를 건물 밖으로 몰아내기 시작했고, 건물 입구에 타원형으로 대기하고 있던 공수들은 건물 밖으로 쫓겨 나온 시위대를 무자비하게 후려쳤다. 시민들은 정수리에서 피를 쏟으며 아스팔트 바닥으로 허물어졌다. 이 광경을 본 시위군중들 사이에서 분노의 외침이 흘러나왔다.

 "박관현 어디 갔냐. 박관현이 앞장서라. 최후의 1인
  최후의 일각까지 싸우겠다던 박관현이 나와라!"

그 자리에 있던 윤상원은 곧장 박관현에게 연락해보았으나 전남대 총학 팀은 이미 숙소를 떠나 어디로 갔는지 알 수가 없었다. 제1진인 총학이 예비검거되었을 경우 제2진으로 기획실이 조직을 동원하여 투쟁을 계속하기로 했지만, 모두가 아예 소식이 없다는 것이었다. 녹두서점 문 앞에 쪼그리고 앉아 "시민들이 박관현이 나오라고 한다. 그런데 연락이 안 된다야."라고 중얼거리며 심란해하던 윤상원의 모습이 아직도 눈에 선하다.

이는 1980년 5월 10일 서울지역 대학생들이 서울역에서 회군해버린 후에도 전남도청 분수대에서 민족민주횃불대성회를 개최했던 박관현을 시민들이 얼마나 깊이 신뢰했는지 보여주는 하나의 장면이다. 공수들의 총검에 살육당하는 모습을 보면서 시민들은 박관현을 애타게 불렀지만, 그는 끝내 나타나지 않았고 계속해서 시민들의 주검은 쌓여만 갔다. 맨주먹으로 계엄해제 유신철폐를 외치던 광주시민은 마침내 학살을 딛고 무장봉기를 했다. 대학생들은 YWCA에 집결해 시민군이 되었고, 오월 전사들은 동터오는 새벽 계엄군의 진격에 온몸으로 맞섰다.

5월 학살을 겪은 전남지역 대학생들은 가장 먼저 조직을 정비하고 전투력을 강화해 선봉에 섰다. 1987년 군사정권이 4·13 호헌조치를 발표하자 4월 13일 오후 3시 30분 전남대 5·18 광장에서 '장기집권음모 호헌분쇄를 위한 비상총회'를 개최해 전국 최초로 '호헌철폐'를 전면에 내걸고 본격적인 6월민주항쟁 투쟁의 불길을 당겼다. 이후 4월투쟁과 5월투쟁 과정에서 학내시위와 거리시위를 하루도 쉬지 않았다. 오월 전사의 후예들은 아침에는 거리시위, 오후에는 교내시위, 저녁에는 다시 거리시위를 조직하는 날도 있을 만큼 험난한 과정을 거쳤다.

매년 4월 말이면 5월투쟁본부(오투본)를 결성했던 재야 단체들이 오투본이 아닌 1987년 5월 18일 '민주헌법쟁취 국민운동 전남본부'를 결성하고 6·29선언이 나오기까지 전국적인 연대를 호소하며 투쟁할 수 있었던 힘은 전남지역 대학생들의 강고한 조직과 헌신에서 나왔다. 학생들의 쉼 없는 투쟁으로 연일 금남로는 최루탄에 물들었고, 퇴근하던 직장인들과 중고등학생들까지 참여하는 전국적인 국민항쟁으로 발전할 수 있었다. 마침내 7년간의 기나긴 싸움 끝에 유신헌법을 철폐하고 민주정부를 수립한 것이다.

과별로 단대별로 동아리별로 헌신적인 투쟁을 이끌었던 오월 전사 후예들의 면면이 소중한 기록으로 남을 수 있어 참으로 기쁘다.

김상집
사)광주·전남6월항쟁 이사장

추천사

　인생의 청춘, 누구보다도 푸르고 뜨거웠던 1987년 6월의 이야기를 담은 전남대6월항쟁동지회의 『아! 다시 부르는 청춘의 노래』 발간을 축하합니다. 그리고 온 마음을 담아 지지하고 성원합니다.
　전남대6월항쟁동지회의 노고에 깊은 감사의 말씀을 드립니다. 전남대6월항쟁동지회는 다양한 활동을 해왔습니다. 6월항쟁의 역사 기록 및 편찬 사업으로 민주주의 정신을 계승하고, 지역 내 민주단체 활성화를 위해 역량을 충원해왔으며, 후배 민주화 세대들과 긴밀하게 소통하며 학생운동 등 민주주의 역사를 기록하는 작업을 해왔습니다. 그뿐만 아니라 민주화투쟁 과정에서 희생된 동지들을 선양하고 그 가족들을 지원해왔으며 나아가 풀뿌리 민주정치의 확립과 지역사회에 당면한 사회정치적 과제를 해결하기 위해 노력해왔습니다.
　1986년 건국대 농성, 박종철 열사와 이한열 열사의 고귀한 희생, 4·13호헌조치 이후 치열했던 4월과 5월에 쉼 없는 투쟁의 피와 눈물이 있었습니다. 6월항쟁은 우리나라 민주주의와 직선제 개헌을 위한 숭고한 시민혁명이었습니다.

이제 누구보다도 푸르고 뜨거웠던 청춘들은 시대를 짊어질 장년이 되었고, 우리의 아이들은 87년 우리가 품었던 뜨거운 열정의 세대가 되었습니다.

2016년과 2017년, 잔존하는 독재의 파편들을 없애기 위해 우리는 촛불을 들고 광장에서 정치를 마주했습니다. 1987년 6월민주항쟁의 정신을 계승한 촛불정신은 불의한 권력을 탄핵하고 문재인 정권을 탄생시켰습니다. 촛불혁명은 1987년 6월의 진행형이었습니다.

그렇게 문재인 정부와 더불어민주당은 촛불의 명령을 받들어 정권이 바뀌어도 한번도 해내지 못한 검찰개혁을 이뤄냈습니다. 이제 촛불정신의 완수를 위해 검찰개혁에서 멈추지 않고 아래로부터의 사회적 개혁을 이뤄내야 합니다. 그렇기 때문에 앞으로의 시간은 우리 사회의 패권을 교체하는 혁명을 완수할지, 미완의 혁명으로 남을지 중대한 역사적 시간이 될 것입니다.

『아! 다시 부르는 청춘의 노래』는 독재 정권과 싸웠던 젊은 대학생들의 피와 눈물을 기억하여 앞으로 우리가 개혁을 실천하는 데 마음을 되새기는 책이 될 것입니다. 6월항쟁 30주년인 2017년에 전남대6월항쟁동지회 창립 행사에 참여했는데, 이 책을 통해 다시 한 번 응원의 말씀을 전합니다.

잘 익은 글을 읽는 즐거움과 함께 촛불의 완성을 바라는 시민들에게 일독을 권합니다.

이인영
통일부 장관

추천사

　전남대 학우들의 『아! 다시 부르는 청춘의 노래』 출간을
진심으로 축하드립니다.
　　이 책은 전남대 학우들이 1987년 전두환 군사정권의
독재 권력 연장 음모를 막고 민주주의 쟁취를 위해 온몸을
던져 투쟁했던 젊은 날의 기억을 생생하게 담아낸 기록으로,
전남대학교민주동우회가 출범한 이후 출간한 최초의
기록집입니다. 그때의 감회가 더욱 새롭고 가슴이 뜨거워집니다.
소중한 자료를 만들기 위해 애써주신 전남대학교민주동우회
동우들과 관계자 여러분의 노고에 깊이 감사드립니다.
　　6월항쟁이 일어난 34년 전 그해는 광주민중항쟁 후
7년째가 되던 해였습니다. 그러나 우리의 의식과 분노는
여전히 80년 5월에 멈춰 있었고 우리의 삶은 하루하루가
5·18이었습니다. 우리의 형제들이 금남로에서 도청에서 목숨을
바쳐 수호했던 민주주의를 향한 의로운 투쟁은 광주에서
시작해 전국으로 퍼져나갔습니다. 광주대학살의 원흉 전두환
군사정권 일당을 몰아내고 민주화를 실현하려는 외침이
높아지고 투쟁이 가열하게 전개될수록 전두환 군사정권의
폭력과 억압도 극에 치닫고 있었습니다. 학생운동 조직과

재야 민주화운동 조직을 끊임없이 감시하고 사람들을
납치하고 의문의 죽음을 일으켰습니다. 전국 곳곳에서 일어난
민주화 시위를 최루탄과 백골단의 폭력으로 진압하여 거리는
부상자들의 피로 얼룩졌고 불의가 온 세상을 뒤덮는 듯했습니다.

그러나 어둠이 깊을수록 새벽은 가까이 와 있었습니다.
1987년 전두환은 민주화를 열망하던 국민의 뜻을 짓밟는
'4·13호헌조치'를 발동했고 이에 반대하는 사회 각계 인사들의
성명이 이어지면서 그해 5월 재야 세력과 통일민주당이
연대해 '민주헌법쟁취 국민운동본부'가 출범했습니다.
천주교정의구현전국사제단이 폭로한 박종철 고문치사 사건의
조작·은폐가 알려지며 온 국민의 가슴은 참담하게 무너졌고
일반 시민들도 청년 학생들의 시위에 참여하기 시작했습니다.
연세대 학생 이한열 열사의 죽음은 더이상 참을 수 없는
국민적 분노를 일으키며 우리를 항쟁 내내 일어서게 했습니다.
민주헌법쟁취 국민운동본부가 주도한 시위 투쟁과
'국민평화대행진'에는 전국 34개 이상의 도시와 지역에서
150여만 명의 시민과 학생들이 전투경찰과 백골단의 원천
봉쇄를 뚫고 합류했습니다.

그해 6월 우리는 밤을 잊었습니다. 한낮에 금남로에서
청년 학생들이 선봉에 서서 시작된 시위는 시민들이 금남로와
중앙로를 가득 채우며 밤새 계속되다 날이 밝아오면 중앙대교
다리를 건너 서현교회 앞에서 마지막 농성으로 이어지곤
했습니다. 직장인들도 운동화를 신고 출근한 뒤 치약 하나
주머니에 넣고 삼삼오오 금남로, 중앙로로 퇴근하며 거리에서
꼬박 밤을 새우는 게 일상이 되었습니다. 연속으로 쏘아대던
최루탄 가스도 서로 치약을 발라주며 버텨냈고 백골단의 폭력

진압에 화염병과 돌멩이로 맞서며 물러서지 않았습니다.

결국 전두환 정권은 국민적 봉기에 굴복하여 직선제 개헌과 민주화 조치를 담은 '6·29선언'을 발표했습니다. 6월항쟁은 80년 이후 축적된 우리의 민주화 투쟁 역량이 일거에 폭발하며 광주시민의 피를 딛고 출범한 제5공화국의 실질적 종말을 가져온 승리의 역사입니다. 이를 계기로 각 부문 운동이 조직화되면서 1987년 노동자대투쟁과 농민집회, 전대협의 출범과 절차적 민주주의 확립의 배경이 되었습니다.

그동안 민주화운동의 역사적 정리가 서울 중심의 중앙 집중적 사고 체제에서 편향적으로 이루어진 경향이 있었습니다. 6월항쟁 역시 지역의 운동을 때로는 왜곡하며 수도권 중심으로 기술되는 문제점이 지적되곤 했습니다. 그런 의미에서 광주·전남지역에서 전개된 6월항쟁 투쟁사를 담은 이번 기록집은 매우 뜻깊고 시의적절한 성과가 아닐 수 없습니다. 아무쪼록 이번 기록집 출간을 계기로 우리 지역의 민주화운동 역사가 체계적으로 올바르게 정리되는 중요한 시작점이 되기를 기대합니다. 거듭 감사드립니다.

최철, 박현옥
전남대학교민주동우회장

차례

발간사　　4
추천사　　8

i. 서문　　23

ii. 80년대 학생운동의 비약적 발전　　29

iii. 1987년 전남대 학생운동　　37

  1. 학생회　　38

  2. 비공개조직　　50
    조직 활동　　50
    비공개 지도부　　54
    투쟁위원회　　56
    선전 활동　　62
    전투조　　66
    연대사업　　70

| iv. | 전남대 6월민주항쟁 전개과정 | 75 |

1. 6월민주항쟁 전사   76
　1986년 개헌국면과 공안정국   76
　1987년 상반기 투쟁   79

2. 6월민주항쟁 과정   90
　대동제와 6월 10일 '국민대회'   91
　왜, 우리는 삭발하는가?   98
　5월의 데자뷰(도시항쟁)   105
　끝나지 않은 투쟁   114

| v. | 전남대 학생운동에서 6월민주항쟁의 의미 | 121 |

| vi. | 전남대 6월민주항쟁 투쟁 일지 | 129 |

부록 1. 전투조 집담회   161
부록 2. 여성동지 집담회   187
부록 3. 개인구술 - 이제는 말할 수 있다   227
부록 4. 80년대 전남대 학생운동에서 사용된 은어(隱語)와 해설   457

후기 　한 줄 이야기   467
　　　참고문헌   477

i.

서문

역사는 기록이다

기록되지 못한 사건과 사실은 역사로서 가치를 인정받지 못한다. 역사 속에서 하나의 사건은 많은 개인과 집단이 관계하고 얽혀 입체적인 서사를 구성하고, 기록을 통해 전달된다. 기록으로서 역사라는 공간에 남아 있는 개인과 집단 그리고 사건은 극히 일부다. 지난 시기 많은 사건과 집단들이 역사로서 주목받지 못한 이유는 기록되지 못한 채 사라져버린 경우가 다반사이기 때문이다. 이러한 현상은 작게는 개인과 집단, 크게는 거대한 업적을 형성한 민족 단위에서도 자주 볼 수 있다.

물론 모든 기록이 역사적 가치를 갖지는 않는다. 기록이 역사로서 가치를 인정받기 위해서는 역사가들의 손을 거쳐야 한다. 그러나 역사가들의 주목을 받기 위해서는 기억이나 말이 아니라 기록이라는 과정을 거쳐야 한다.

기록은 정보를 전달하는 행위다. 어떤 사건의 진실에 접근하기 위해서는 정보가 있어야 한다. 현대사회처럼 정보가 넘쳐나는 시대에는 잘못된 정보 전달로 사건의 진실이 왜곡될 수 있다. 정보화 시대에 정확한 정보를 전달하기 위한 기록화가 더욱 소중한 이유다. 민주화운동에 대한 왜곡과 폄훼가 도처에서 횡행하고 있다. 그 원인 중 하나는 민주화운동에 대한 정리와 기록 사업이 체계적으로 진행되지 않고 있기 때문이다.

80년대 학생운동은 다른 민주화운동 기록 사업과 비교해보면 굉장히 척박하다. 개척이 필요한 토양이다. 전남대의 경우도 80년대 학생운동을 비롯한 다양한 분야에서 기록 사업이 발걸음을 떼지 못한 실정이다. 전남대 학생운동 관련 주체들의 관심과 실질적인 행동이 절실하다.

우리가 전남대 6월민주항쟁사를 늦게나마 기록하고자
하는 이유가 여기에 있다. 87년 광주·전남의 6월민주항쟁
(또는 6월항쟁)과 전남대 6월민주항쟁(또는 6월항쟁)은 기록이
부재하여 당사자인 87세대가 나서기 전까지 전혀 주목받지
못했다. 앞으로 우리는 기록 사업에 힘을 쏟아 자신을 분명히
드러내고 후대와 교감함으로써 민주주의의 살아있는 정신을
발양시키는 데 최선을 다할 것이다.

역사는 단순한 과거의 기록이 아니다

역사는 과거를 통해 현재와 미래를 보는 거울이다. 우리
사회에서 벌어지고 있는 사건들을 깊이 분석하다보면 과거의
어떤 사건을 연상하게 되는 경우가 많다. 사회가 과거와
연관 속에서 변화하고 발전하기 때문일 것이다. 우리는 과거의
사건 중에서 어떤 것에 사회적인 가치를 부여하고 그것을
역사라고 부른다. 그래서 우리는 역사를 연구하고 더 나은
사회를 만들고자 노력한다.

6월항쟁이 발생한 지 30년 만에 발생한 촛불혁명만 보더라도
역사를 다시 인식하게 된다. 87년에 6월항쟁을 진압하기 위해
계엄령을 구상한 전두환 군사독재 정권이 있었다면, 2016년에는
계엄령을 구상하여 촛불혁명을 짓밟고자 했던 박근혜 정권이
있었다. 그리고 87년 이후 30년이 지난 지금도 우리 사회의
민주주의는 여전히 시민 행동을 통해 전진하고 있다. 현재와
미래는 역사라는 거울을 통해 올바로 비춰볼 때 반동의 역사로
추락하지 않는다.

광야에 한 알의 씨를 뿌리는 심정으로

6월항쟁이 발생한 지 벌써 34년이 흘렀다. 요즘같이 하루하루가 다른 시대에 긴 세월인 셈이다. 34년이나 지난 일들을 기록으로 남기는 것은 길고 어두운 터널을 지나는 것처럼 힘든 일이다. 군사독재의 탄압을 뚫고 나오는 과정에서 자료들은 사라졌고, 세월과 함께 기억은 희미하게 빛바랬다.

　이런 상황에서도 우리는 이 책을 출간해야 했다. 6월항쟁 기록 사업에서 전남대 학생운동은 87년 당시 위상에 비해 너무 초라한 내용으로 기록되었다. 이를 극복하고자 6월항쟁 30주년을 맞이하여 〈민족전대 6월민주항쟁사〉 심포지엄을 시작으로 재조명을 위한 사업에 착수하였고, 지속적인 자료 수집과 구술 사업을 통해 나름 축적된 내용을 바탕으로 출간을 하게 됐다.

　이 책이 80년대 전남대 학생운동을 이해하고 기록하는 데 소중한 자산이 되기를 바란다. 전남대 학생운동 기록 사업이 80년 5·18에서 멈춰 서 있고 이후 세대들의 기록 사업이 진척되지 않고 있는 실정에서 이 책의 의미는 크다. 많은 사건으로 점철된 80년대와 이후 전남대 학생운동 기록 사업은 결코 쉬운 일이 아니다. 하지만 어떤 시도도 하지 않을 수는 없었다. 모두의 무관심 속에서 중요한 역사의 한 조각이 역사의 뒤안길로 사라지게 둘 수는 없었기 때문이다.

　한계도 많은 책이다. 향후 전남대 6월항쟁에 대한 고찰이 다양한 시각과 매체를 통해 보완되고 조명되길 바란다. 이 책이 씨앗이 되어 더 풍성한 전남대 학생운동사가 정리됐으면 한다. 많은 분의 노력을 기대하며 이육사 시인의 시 〈광야〉의 한 구절을 읊어본다.

지금 눈 내리고
매화 향기 홀로 아득하니
내 여기 가난한 노래의 씨를 뿌려라
다시 천고(千古)의 뒤에
백마 타고 오는 초인(超人)이 있어
이 광야에서 목 놓아 부르게 하리라

ii.

80년대 학생운동의
비약적 발전

학생운동 전성시대

학생운동은 80년대에 들어와 양(量)적으로 성장하는데,
이는 학생운동의 사회적 영향력 확대와 정치적 위상의 변화를
가져온다. 이런 환경 조성에 영향을 준 것은 1981년에 실시된
'졸업정원제'와 1983년 말에 발표된 '학원자율화 조치'다.
전두환 정권은 1981년 대학의 학문풍토 조성과 부실한 학사
관리라는 명분으로 졸업정원제를 실시한다. 졸업정원제는
입학할 때 졸업정원의 30퍼센트를 증원 모집하고 증원된 만큼을
강제로 중도 탈락시키도록 규정한 조치다. 전두환 정권은
이 조치들을 통해 대학을 학점으로 경쟁하는 곳으로 만들어
대학 내 반정부 학생운동을 근본적으로 차단하고자 했다.
또 전두환 정권은 1983년 말 학원자율화 조치 등 일련의
유화책을 발표했다. 국제행사인 86아시안게임, 88서울올림픽을
앞두고 국내적으로 5·18민중항쟁의 좌절에도 계속되는
학생운동 등 민주화 세력의 반발을 무마하고, 반민주적 폭압
통치에 대한 국제적 비난 여론을 의식한 조치였다. 전두환
군사정권 입장에서는 안정적인 장기 집권을 위해서 정권의
정당성 확보가 절실했고, 강압적 수단만으로는 정권 유지가
힘들다고 판단한 것이다. 이 조치로 양심수들이 석방됐고
제적생들은 복학하게 됐으며, 학원에서 상주하던 경찰이
철수했다. 이른바 유화 국면의 조성이었다.

하지만 전두환 정권의 의도와 달리 대학생들이 급증하여
학생운동을 접하는 학생들이 많아지면서 학생운동이 수적으로
확대된다. 1987년에 4학년이 되는 84학번들이 입학하는
시기에는 캠퍼스에 학생들이 넘쳐났고, 그 숫자만큼 시위
대열도 늘어났다. 캠퍼스에서 경찰이 철수하자 대학생들의 시위

양상도 변했다. 방학과 휴일을 빼고는 날마다 시위가 벌어졌다. 시위는 일상화되었다. 학생들의 4월·5월 투쟁은 군사정권과 정치권의 주요한 관심사가 되었다.

학생운동의 환경 변화는 학생운동이 발전하는 데 동력이 됐다. 일회적 투쟁과 인맥을 중심으로 조직이 움직였던 60-70년대 학생운동을 넘어서, 80년대 학생운동에서는 대중투쟁이 일상화됐고 학생회를 비롯한 공개 조직의 활동이 체계적으로 발전하게 되었다.

대학은 혁명운동의 진원지

혁명운동은 80년 5·18광주민중항쟁을 겪고 나서 깊은 잠에서 깨어난다. 한국 사회에서 혁명운동은 한국전쟁과 반공 이념을 국시로 내건 군사독재 정권의 등장으로 수면 아래 깊은 곳에 가라앉아 있었다. 혁명운동은 붉은 칠을 한 악마였으며, 혁명운동을 주장하는 사람들은 형장의 이슬로 사라져야 했다. 혁명운동이 우리 사회에 얼굴을 드러내기까지는 많은 세월이 흘러야 했다. 마침내 80년 5·18광주민중항쟁은 한국 현대사에서 유래를 찾아보기 드문 도시 무장투쟁을 전개하며 혁명운동을 다시 수면 위로 불러냈다.

학생운동은 5·18광주민중항쟁 이후 저항 담론을 넘어서는 근본적인 사회변혁을 모색하기 시작한다. 학생운동은 5·18광주민중항쟁을 거치면서 미국 제국주의의 본질을 인식하게 된다. 미국에 대한 인식이 전환되면서 한국 사회에서 금기시되어온 반미와 분단 문제가 학생운동의 주요 이슈로 부각되었다.

80년대 초반부터 시작된 다양한 사상논쟁과 이념학습을

거치며 대학가는 급진적 이념으로 무장하기 시작한다. 학생운동의 사상논쟁은 1980년 5·18광주민중항쟁 이후 투쟁노선의 반성에서 시작되었고, 이는 한국 사회의 변혁이론을 모색하는 것으로 발전해나갔다. 이러한 흐름은 1985년 민족통일·민중해방·민주쟁취를 내세운 삼민투(三民鬪)[1]로 수렴되었다. 당시 대학가에는 마르크스·레닌주의와 제3세계종속이론, 마오주의, 네오마르크스주의 등 전 세계의 급진적 변혁이론들이 넘쳐나고 있었다. 그 수를 헤아리기 어려울 만큼 다양해 혼란을 초래하기도 하였다. 이 때문에 "한국 사회 모순은 레닌이 와도 해결하지 못할 것이다."라는 우스갯소리도 있었다.

학생운동의 사상논쟁은 86년에 들어서 최고조에 달한다. 반미투쟁을 주장하는 자민투(반미자주화 반파쇼민주화 투쟁위원회)와 반파쇼투쟁을 내세운 민민투(반제반파쇼 민족민주화 투쟁위원회)로 양분화되면서 거센 사상투쟁에 돌입한다. 학생운동은 이 사상투쟁 과정을 거치면서 새로운 사상이론과 한국 사회의 변혁이론을 만들었다. 한국 변혁운동의 큰 줄기를 형성했던 통칭 NL과 PD가 등장한 것이다.

학생운동의 사상논쟁에는 사회과학 및 이념 서적 출판운동이 한몫했다. 대학가에서는 80년대 초반 운동권 중심의 팸플릿 시대를 거쳐 84년 학원자율화 국면을 거치면서 사회과학 출판 운동이 활성화되었다. 수많은 사회과학 서적들이

---

1. 1985년에 조직된 전학련(전국학생총연합) 산하의 투쟁조직. 민중·민주·민족이라는 삼민 이념을 기초로 형성되었다. 혁명의 주체는 민중, 혁명으로 건설할 사회정치체제는 민중민주주의, 혁명의 경로는 반제·반매판독점자본 민족혁명이라는 내용이다.

넘쳐났다. 대학 주변에 사회과학 전문서점이 생겼으며, 일반 학생들도 자연스럽게 사회과학 및 이념 서적에 접근할 수 있는 사회적인 분위기가 형성되었다.

학생운동의 이념화는 70년대 전태일 열사의 분신 사망 사건으로 형성되기 시작한 감성적 민중 담론을 넘어 혁명 주체로서 노동자·농민 등 민중에 대한 새로운 접근으로 발전했다. 학생운동 출신 활동가들은 노동자·농민의 생활 터전인 공장과 농촌으로 들어가 혁명운동의 주요 동력으로 노동자·농민의 의식화·조직화 사업을 전개했다. 학생운동 출신들의 현장 이전 활동은 노동·농민운동의 저변을 확대했고, 노·농·학 연대투쟁이 활성화되었다.

80년 학생운동은 투쟁에서도 단순한 반독재 민주화투쟁을 뛰어넘어 전방입소거부 투쟁과 반전 반핵, 미문화원 점거투쟁, 노학연대투쟁 등이 주요 이슈가 되었다. 결과적으로 1987년 6월항쟁 이후에는 우리 사회의 금기사항이었던 남과 북이 함께하는 통일문제를 운동 전면으로 소환하게 된다.

학생운동, 문화와 함께 꽃피다

문화운동은 '혁명의 아방가르드'라고 했다. 모든 혁명운동은 그 시대를 표현하는 문화운동이 형성되면서 대중성과 세대 정체성을 투영한다. 한 세대의 정체성을 가장 잘 반영하는 것이 문화다. 그래서 한 세대의 정체성을 해명하기 위해서는 그 세대의 문화를 살펴보아야 한다. 문화는 한 시대의 정신, 한 집단이 추구하는 지식이나 신념을 내포한다. 또 문화는 공유성과 집단성을 가지고 있어 그 시대와 세대의 특징을 드러나게 한다.

이전 학생운동의 문화는 민중 지향성과 민족성을 나타내는 마당극이나 탈춤, 사물놀이 등 전통적인 문화가 중심이었다. 노래도 창작보다는 전통 가락과 가사를 개사한 곡들이 중심이었다. 일제강점기의 '독립군가' 종류, 전통민요 및 노동요인 〈진주 난봉가〉〈타박네야〉, 기성곡인 〈늙은 군인의 노래〉의 가사를 바꾼 〈투사의 노래〉, 민중신학의 영향을 받은 〈금관의 예수〉〈주여, 이제는 여기에〉, 서정적인 노래인 〈누나의 얼굴〉〈아침이슬〉〈친구〉〈선구자〉, 집회의 사기를 높이기 위한 〈해방가〉, 〈흔들리지 않게〉, 〈훌라송〉 등이 대표적이다.
　80년대 학생운동이 자신들만의 정체성과 대중성을 확보하는 데 문화운동의 비약적인 발전이 주요한 역할을 했다. 그중 가장 눈에 띄는 것이 노래패 형성과 시대를 대변하는 노래의 보급이다.
　특히 내용적 측면에서 80년대 초반에는 5·18광주민중항쟁 이후 항쟁에 대한 좌절과 패배를 딛고 새로운 의지와 결의를 다지는 노래, 80년대 중반에 들어서는 이념성과 강한 신념을 표현하는 노래가 등장했다. 노래의 형식적인 측면은 강한 내용에 비해 서정성과 행진곡 풍을 띠는 등 다양한 형식을 취한다. 대표적인 노래로 5·18광주민중항쟁과 관련된 〈임을 위한 행진곡〉〈오월의 노래〉〈청산이 소리쳐 부르거든〉 〈타는 목마름으로〉 등이 있으며, 더욱 이념성과 지향성을 강조하는 〈선봉에 서서〉〈부활하는 산하〉〈벗이여 해방이 온다〉 〈잠들지 않는 남도〉〈광주 출정가〉〈광야에서〉〈백두에서 한라, 한라에서 백두로〉 등도 있다. 그리고 이들 노래 대부분이 창작 노래라는 데 특징이 있다.

80년대 중반에 형성되기 시작한 노래의 창작과 보급은 학생운동권의 양적인 확대 속에서 운동가들의 단합과 통합을 이루는 요소였으며, 학생운동이 학생들과 결합하는 데 촉매 역할을 했다. 그리고 이러한 노래들이 모여 지금의 '민중가요'라는 하나의 장르를 형성했다.

　　학생운동의 전성시대가 다 지나간 지금도 그 당시 세대들이 모이면 과거를 회상하고 노래를 함께 부르고 공감대를 형성한다. 어떤 이념보다도 더 큰 힘을 발휘하는 것이 문화다. 이것이 80년대 세대의 힘이고 정체성이다.

iii.

1987년
전남대 학생운동

1. 학생회

학생운동의 기관차, 학생회
학생회는 학생운동과 함께 성장하고 발전했다. 일제강점기부터
시작된 학생운동은 해방 이후 예속적 독재체제와
군사정권하에서도 주요 정치세력이었다. 학생운동을 저지하기
위해 정권마다 어용 학생조직을 만들어 학원을 병영화하거나
학사 관리라는 핑계로 학생들을 통제했다.

전남대의 경우 4·19혁명 이후 사회의 민주화 분위기
속에서 학원 내 비민주적 요소의 척결과 학생들의 자치활동
보장을 위해 학생회가 '학생자치회' 형태로 처음 결성됐다.
그러다가 5·16군사쿠데타로 군사정권이 들어서면서 당시
재건 국민운동이라는 사회적 분위기에 맞춰 '재건학생회'로
개편되었고, 1963년 다시 학생회로 개칭되었다. 이 당시
학생회는 총학생회장 간선제로 정권의 통제하에 있었지만
이러한 한계에도 굴욕적인 6·3한일협정 반대투쟁과 1971년
교련 반대투쟁, 1972년 유신 반대투쟁을 통해 대중적인
투쟁을 이끌어갔다. 이후 학생회의 지속적인 반유신 투쟁이
이어지자 박정희 정권은 긴급조치 9호를 선포하고,
1975년 학생회를 해체하고 '학도호국단'을 건설했다. 이로

인하여 학생들의 자주적인 자치활동은 합법성을 상실했다.

　1980년 민주화의 봄을 맞이해 '학도호국단 폐지, 학생회 부활' 등을 골자로 한 학생들의 요구로 직접선거를 통해 총학생회가 건설되었다. 학생회는 학원 민주화와 5·18광주민중항쟁에서 그 위력을 유감없이 발휘했다. 그러나 12·12쿠데타로 전두환 군사정권이 집권하면서 학생회는 강제 해산당하고 1980년 9월 다시 '학도호국단'이 결성된다. 학생회가 학생자치기구로 안정적으로 자리잡게 된 것은 1983년 학원자율화 조치가 발표되고 1985년에 총학생회가 출범하면서부터다.

　학생운동은 학생회 건설 이후에도 비공개적인 조직을 기본으로 하고 합법적인 학생회를 통해 대중적인 활동을 확장하고자 했다. 군사독재정권의 탄압에 노출된 상황과 학생운동 세력이 아직은 대중적인 지반이 약한 상황 속에서 학생회를 활용해 학원민주화투쟁과 정치투쟁을 효과적으로 결합하고자 한 것이다.

　80년대 전반기만 해도 학생운동 세력은 학생회에 역량을 집중배치하지 않았다. 이러한 선택에는 나름의 이유가 있었다. 학생회는 학생들의 직접선거로 선출되고, 합법성과 공개성을 원칙으로 구성되어 항상 군사정권의 탄압에 노출될 수밖에 없었다. 그리고 학생운동은 아직 대중적인 활동보다는 소그룹 조직 활동에 익숙해 있었다. 대중운동에 대한 학생운동 세력의 낮은 인식과는 별개로 학생회는 주요한 투쟁 국면에서 학생들의 결집을 통한 대중투쟁에 상당한 성과를 가져왔다. 학생회는 6월민주항쟁이라는 대중투쟁을 거치고, 학생들의 정치의식이 고양되고 학생운동 참여가 늘어나면서 학생운동의 중심 조직으로 변모했다.

전환기를 맞는 87년 학생회

1987년도 총학생회는 1986년 11월 27일 학생들의 직접선거로 조직되었다. 총학생회장 선거에 5명이 입후보하였으며, 투표에 학생 1만 2천여 명이 참여하는 높은 관심을 보였다. 이는 재건 3년째 접어드는 학생회에 대한 학생들의 관심과 기대를 보여주는 것이었다. 총학생회장 당선자인 김승남 당선자도 학생들의 요구에 따라 '선(先) 학원의 민주화 후(後) 사회의 민주화'를 위해 학생회 조직의 민주화와 학내 비민주적 요소 척결을 강조했다.

학생회는 1986년 하반기의 공안탄압에 맞선 투쟁 속에서 1987년을 준비한다. 군사정권이 1월 14일 박종철 고문치사라는 전대미문의 인권 말살을 자행하면서 투쟁의 87년을 예고했다. 박종철 열사의 죽음이라는 상처가 채 아물기도 전인 3월 6일 광주 출신 노동자 표정두 열사가 미 대사관 앞에서 '독재정권의 장기집권과 광주학살의 미국책임'을 규탄하며 분신·사망했다. 새로 구성된 1987년 총학생회는 86년도 학생회와 함께 두 열사를 추모하고 반(反)독재정권 투쟁을 조직했다.

한편, 1987년 상반기는 '자주적인 학생회' 노선이 형성되기 전이었다. 학생회에 대한 낮은 인식 때문에 학생회에는 주요 부서의 간부들만 배치되고 부서원들이 배치되지 않아 1987년 상반기와 6월민주항쟁 당시 사업에서 과중한 하중을 받는다.

1987년 학생회는 출범하기 전 기존 학생회와 차별화된 활동을 보여준다. 1986년 말은 건국대 사건과 박종철 고문치사 사건 등으로 정국이 어수선한 시기였다. 그러한 시기에 대학 입학을 앞둔 신입생들에게 편지를 보낸 것이다.

〈신입생 여러분께 드리는 글〉이라는 편지에는 "신발, 옷 가방 등에 더럭더럭 붙어있는 외국 상표의 홍수로 미국, 일본 문화 사대주의에 빠져듦을 보고…. 여러분! 대학은 사회에서 좋은 직장을 얻기 위해 들어온다거나 명예를 얻기 위해 들어오는 곳이 아닙니다. … 억압의 굴레를 벗어던지고 지성인으로서의 창조와 비판의 정열을 가지고, 참다운 양심의 진리를 추구하는 장으로 대학을 건설해 갑시다."라는 내용이 담겼다. 앞선 학생회 활동에서는 찾아보기 힘든 참신한 시도였다. 이런 학생회 활동은 당시 시국과 맞물려 학생운동에 대한 신입생들의 거부감 해소에 일조했다.

　　학생회는 신입생을 대상으로 〈너를 위한 큰 잔치〉라는 신입생 환영행사를 개최했다. 85년부터 시행되어오던 〈새날을 위한 큰 잔치〉가 '새날'이라는 민주화에 대한 열망을 표현하면서 신입생 대상의 재학생 중심의 행사였다고 보고, 행사 명칭을 변경하여 신입생 주체의 행사를 개최한 것이다. 세미나, 연사 초청 강연회, 노래극 등 다양한 대중 행사로 구성되었다. 당시 총학생회 문화부장 김경희 씨(인문대 4)는 이 행사에 대해 "기존의 총학생회 주도형에서 탈피하여 신입생들의 의식 수준, 상황 등을 고려해서 프로그램을 엮었다."라고 말했다. 《전대신문》은 "이번에 새롭게 시도된 '학내 달리기'는 신입생들이 학내를 돌며 캠퍼스 지리를 익히고 5인 1조 참여식으로 상호 간의 단결심과 공동체 의식을 심어주려는 의도에서 비롯된 것으로 풀이된다."라고 평가했다. 이후 신입생 대상 행사는 학교 당국이 진행하는 관제적 신입생 오리엔테이션을 극복하고 학생회가 주도하는 '신입생 예비대학'의 수준으로 발전한다.

학생회는 3월 10일 '용봉 학우로부터, 용봉 학우에게로'라는 기치를 내걸고 정식으로 출범했다.[2] 이날 출범식은 오후 1시 11개 단대학생회장과 여학생회장을 비롯한 7백여 명의 학생들이 참석한 가운데 길놀이를 시작으로 학생회의 각오를 다짐하는 연대선언문 낭독, 축시, 축가, 공청회 순서로 진행되었다.

《전대신문》, 1987.3.12.

---

2. 1987년 총학생회·총여학생회 및 자치기구 구성원 명단은 다음과 같다.
총학생회장: 김승남(국문과 4), 부학생회장: 이용빈(의예과 2),
총무부장: 고병용(사법학과 3), 학술부장: 이재영(자원공학과 4),
홍보부장: 윤준서(생물교육과 4), 문화부장: 김경희(중문과 4),
섭외부장: 지대위(불문과 4), 체육부장: 김재확(체육교육과 4),
용봉편집장: 정종완(국어교육과 4), 인권복지위원장: 송태종(지질학과 4),
대의원대회 의장: 김평석(사학과 4), 서클연합회 회장: 유몽희(영문과 3),
총여학생회장: 박춘애(윤리교육과 4), 부여학생회장: 김문희(무역학과 4),
총무부장: 송미숙(사학과 4), 학술부장: 정은주(지질학과 4),
홍보부장: 최은연(국문과 4), 문화부장: 김선미(국문과 4), 섭외부장:
김혜자(교육학과 4).

1987년도는 대중노선이 강조되면서 '학원민주화투쟁'이 주요한 투쟁으로 제기되었다. 전남대 총학생회·총여학생회도 학내의 반민주적인 제도가 학생들의 권리와 자치역량 강화를 제약하고 있다고 판단했다. 그리고 1986년 학생운동이 정치투쟁 일변도로 인해 대중과 괴리되었다는 입장을 견지하며, 학생운동의 대중적 지반을 강화하기 위해 학원민주화투쟁을 적극화했다. 학생회는 학내 비민주적인 요소 척결을 위해 총장 면담과 대학본부 농성을 진행하는 등 적극적인 활동을 보인다. 학원민주화투쟁은 사대 미발령 문제와 졸업정원제 및 학사경고제 등과 같은 단순한 학생복지 차원의 문제를 넘어서는 정치적 투쟁들이 많아 적극적인 투쟁에도 불구하고 해결이 미진한 경우도 많았다. 하지만 이 과정에서 학생들의 학내 문제에 관한 관심이 고양되고 이를 통해 학생회의 결합력이 강화되었다. 학원민주화투쟁은 이후 1988년부터 '자주적인 학생회'가 정착되면서 '대학자치관리협의회'라는 조직이 만들어지고 학원의 주인인 학생들의 자주권이 더욱 높아지는 형태로 발전했다.

또한, 학생회는 학생들의 복지·인권 문제를 해소하기 위해 산하에 인권복지위원회(이하 인복위)를 두었다. 인복위는〈학내 비민주적인 요소를 척결하기 위한 공청회〉를 개최하고 학생들의 의견을 수렴하였다. 공청회에서 학생들은 여학생휴게실의 문화공간화 등 자치공간 및 문화공간 확보, 사범대학 교사발령 적체 해소 등 다양한 의견을 제시했다. 인복위는 건의서 제출 건에 대한 보고와 진행 상황도 설명했다.

총학생회·총여학생회는 대중노선을 취하면서 활동 방식과 형태를 다양화했다. 대부분의 집회가 기존에는 연설과 구호의 단순한 반복이었다면, 이 시기에는 문화적인 요소가 결합되었다. 기존 집회의 단순함을 극복하기 위해 문화 활동과 결합을 시도하고 다양한 시각적인 효과를 높이는 매체를 개발했다. 집회 분위기를 띄우기 위해 행사 전에 사물놀이패의 '길놀이 행사', 문화 서클과 학회의 '연대 시 낭송', 노래패의 '노래공연', 현수막의 다양화, 초보적 차원의 '걸개그림' 등의 시도가 나타났다. 총학생회는 서클연합회와 대의원대회의 자율성을 보장하고, 비운동권 단과대학생회를 견인하기 위한 활동을 전개했다. 6월항쟁 시기에 과 대의원회의 수업거부 결의와 16일 결성된 '호헌철폐와 최루탄 추방을 위한 특별대책위'에 서클연합회와 비운동권 학생회장들이 참여한 것도 이런 활동의 결과다.

총학생회·총여학생회는 학원민주화투쟁을 토대로 정치투쟁을 결합했다. 남학생들의 병영훈련 문제, '4·19 정신 계승제' 및 '오월제' 등 대중적이며 정치적인 이슈를 제기하며 적극적인 활동을 펼쳐나갔다. 4월 15일에서 17일까지 '4·19 정신 계승제'를 개최하고 행사 기간인 2박 3일간 총학생회장을 비롯한 간부들이 단식 농성을 했다.[3] 5월 11일부터 14일까지는

---

3. "첫날인 15일은 … 6개 종교서클의 성명서와 '구학투'의 '총학생회장 단식농성지지' 성명서 등이 발표되었고 … 마지막 날인 17일은 … '군부독재 타도', '학원민주화쟁취' 등의 구호를 외치며 9시까지 횃불 놀이를 계속하였다." 「4·19 정신 계승제 마쳐」, 《전대신문》, 1987.5.7.
4. "이어 총학생회장 김승남 군(국문 4)은 '5월 투쟁선언문'을 낭독하였다. … 이날 선포식과 더불어 '호학련 건설준비위원회 발족식'이 본교를 비롯한 호남지역 8개 대학 중 전북대, 원광대, 전주대, 전주우석대 총 5개 대학 학생대표 등 1천 5백여 명이 참석한 가운데 중앙도서관 앞 5·18광장에서 거행됐다." 「5월제로 뜨거운 용봉대」, 《전대신문》, 1987.5.14.

5·18광주민중항쟁 7주년을 맞이하여 〈오월제〉를 개최했다.[4] 오월제에는 5·18광주민중항쟁 관련 영상 상영 및 각계 인사 초청 강연회 등 다양한 문화행사가 열렸다. 2,000여 명이 참여한 대중적 정치투쟁이었다.

1987년 활동에서 눈여겨봐야 할 조직이 총여학생회다. 총여학생회는 여성주의적 시각이 형성되지 않아 여학우들의 권익을 대변하는 활동보다 총학생회와 함께 움직이는 경우가 많았다. 총여학생회는 열악한 조건 속에서도 단대 여학생회와 함께 다양한 활동을 보여준다. 대동제 기간에는 학교 주변 주민들과 함께 '전통 혼례식', '주민 위로제'를 거행했고 행주산성을 재현한 '짱돌 나르기 경주'와 '개사곡 대회' 등을 개최해 학우들의 적극적인 참여를 유도했다. 6월항쟁 시기에 거리시위에도 적극 참여했다. 단과대 여학생회와 함께 시위 현장에서 모금 활동과 선전 활동, '전투조' 지원 활동 등을 활발하게 전개했다.

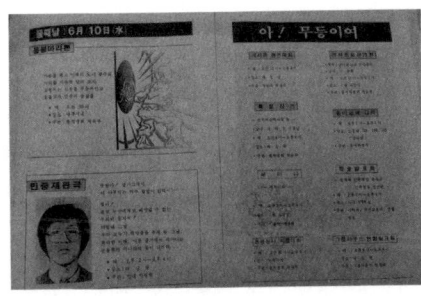

대동제 간행물, 일정표.

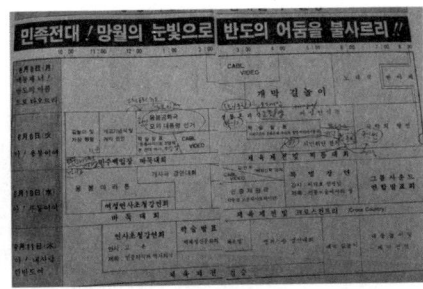

대동제 간행물, 둘째날.

기층을 강화하라: 단과대[5]와 과별 학생회

전남대 학생운동은 1986년 겨울방학 동안 대중운동에 대한 교육과 조직 정비를 통해 단과대학 및 과별 학생회를 활성화했다. 그 결과 1987년에는 단과대학 및 과 학생회 단위의 대중 활동이 폭넓게 전개된다.

1987년 이전 전남대 학생운동은 소수 선진 활동가 주도의 학회운동이 중심이었다. 단과대학의 조직 역량도 편차가 심했다. 인문대·사회대·사대를 중심으로 농대·자연대·경영대가 뒤를 이었으며 남학생들이 중심인 공대·법대는 상대적으로 미약했다.

1987년에 접어들면서 전남대 학생운동은 합법적 대중공간인 단과대학 학생회와 과 학생회에 활동가를 적극적으로 배치했다. 소수의 비합법, 반합법적 정치투쟁을 주로 벌이던 학회 활동에서 합법적인 학생회 활동으로 중심이 이동했다. 학생회가 강화되면서 자연스럽게 단과대학 및 과별 현안사업에 대한 투쟁도 강화되었다.

단과대학 학생회는 3월 4일 농과대학을 시작으로 19일까지 10개 단과대학 출범식을 마치고 본격적인 대중 활동에 돌입했다. 각 단과대학 학생회는 단과별 현안사업을 다양한 방식으로 전개했다. 인문·사회과학대에서 분리된 인문대가

---

5. 1987년 각 단과대학 회장단 명단은 다음과 같다.
    법대: 윤창환(사법학과 3), 사회대: 오진국(신문방송학과 4),
    인문대: 정찬호(영문과 4), 농대: 안원균(농업경제학과 3),
    경영대: 임용선(무역학과 4), 사대: 최명주(국어교육과 4),
    자연대: 김현석(수학과 3), 약대: 김청미(약학 3), 치대: 이계원(치·의대 3),
    공대: 문오권(화공과 4), 의대: 김성준(?), 예술대: 심상철(?).

중점적으로 제기하던 자치공간 확보는 다른 단과대학에서도 공통 문제로 제기되었고, 사범대와 자연대를 중심으로 전개된 실험실습비 공개 등 현실적 문제가 중심 의제로 떠올랐다. 농과대학 4호관 건립, 인문대학 일문학과의 무능 교수 퇴진 등의 문제는 대학본부 점거 및 장기적인 투쟁의 어려움에도 불구하고 학생들의 참여가 높았다.[6] 학생운동은 투쟁 과정에서 학생들의 신뢰를 획득했으며, 학생회는 학생 대중들과 결속력을 한층 높여 나갈 수 있었다. 이런 대중역량의 폭발적 성장은 전남대 학생운동 활동가들의 헌신적인 노력의 결과였다.

단과대학은 사안별로 다른 대학과 연대사업도 전개하였다. 사범대는 5월 7일 사범대학 교양학부 앞 광장에서 500여 명의 학생이 참가한 가운데 전남대를 비롯한 7개 학교의 교사발령 문제로 '전국 국립사범대학 학생연합'(이하 전사련)을 결성한다. 인문대 철학과도 '전국 철학과 연합'을 결성하여 '교직 이수 폐지'와 같은 소속 학생들의 일상적 요구 투쟁을 조직했다. 학생들의 이해에 기반을 둔 대중 활동은 많은 학생들의 적극적인 참여 속에서 전개되었다.

단과대학 학생회 강화는 5월투쟁과 6월항쟁 시기에 아래로부터 학생들의 조직적인 참여를 가능하게 했고, 6월항쟁 초기에 학생들이 과별, 단과대학별로 총회를 개최하고 자발적으로 결의를 내오는 중요한 동력이 되었다.

---

6. "학생들은 학장을 만나 농대 4호관 건립에 대한 농과대학 측의 입장을 밝혀달라고 요구, 학장의 답변을 들었으며 이에 만족하지 못한 학생들은 오후 2시 10분께 본부 앞에서 농성에 들어갔다.",
〈농대생 시위-농성〉,《전대신문》, 1987.5.21.

87년 4월 전방 입소 거부 관련 연행자 석방 요구와 함께 전개된 본부 점거 농성
(가운데서 선동하고 있는 사람: 정찬호 인문대 학생회장).

iii. 1987년 전남대 학생운동

2. 비공개조직

조직 활동

한 알의 밀알이 되기 위해

서클은 학생운동의 전통적인 조직 방식이다. 서클은 일제강점기 학생운동이나 해방 이후 학생운동 등 학생운동이 있는 곳에는 항상 존재하는 조직 방식이었다. 전남대 학생운동도 해방 이후부터 많은 서클이 생성·소멸되는 과정을 거쳐 80년대까지 이어져왔다.

　　서클이 이렇게 오랜 생명력을 가지고 이어져온 것은 서클만의 장점과 객관적인 상황이 있었기 때문이었다. 학생운동은 군사독재정권의 탄압과 정보기관 사찰을 피해 소수로 모이기 편한 서클을 통해 조직을 구축했다. 서클은 소수의 사람이 모여 학습하고 친밀감을 형성하는 데 유리하기 때문에 학생운동이 선호한 조직 방식이다. 전남대 학생운동에는 공개적으로 등록된 서클과 단대 서클(학회, 연구회 형태), 비공개 서클 등 다양한 형태로 존재했다.

　　서클은 1980년 5·18민중항쟁 이후 학생운동을 복원하는 데 주요한 역할을 한다. 전남대 학생운동 세력은 5·18광주민중항쟁 이후 학내에 정보경찰이 상주하고, 학내 학생들의 자주적인 활동이 불가능한 상황에서 비밀스러운 서클을 통해 활동가를 양성했다.

전남대의 경우에는 1학생회관, 2학생회관, 각 단대별 서클이 활동했다. 전남대 학생운동은 학내에 존재하는 서클을 1C(1학생회관 서클조직), 2C(2학생회관 서클조직), 3C(각 단과별 조직), 4C(전투 임무 수행 조직, 86년 말 해소됨)로 구분해서 활동을 전개했다.

당시에는 학생운동 세력이 조직한 서클을 '이념서클'이라고 통칭했다. 이념서클은 의식화를 통해 학생운동 활동가 양성을 목적으로 한 조직을 말한다. '이념서클'이라는 표현은 세월이 지나면서 좀 더 순화된 개념인 '동아리'라는 이름으로 변화했다. 서클은 조직의 노출 방지를 위해 연구회 및 종교, 문화 등 다양한 형태의 이름으로 활동했다. 조직원을 모을 때도 공개적인 방식보다는 일반적으로 개인적 친분과 학맥을 중심으로 이루어졌다.

서클의 교육은 체계화한 커리큘럼으로 진행되었다. 신입생들은 기존 주입식 교육과 군사독재의 분단 교육 강요로부터 형성된 잘못된 시각을 바로잡는 시각교정이라는 과정을 거쳤다. 시각교정 단계에서는 『우성과 이상』『전환시대의 논리』『민중신학』『자주고름 입에 물고 옥색치마 휘날리며』『전태일평전』 『죽음을 넘어 시대의 어둠을 넘어』 등 역사와 철학, 문화서적들이 사용되었다. 2~3학년들은 원론적인 마르크스-레닌(M-L) 철학, 정치경제학 원론, 각 나라의 혁명사, 운동론 등을 공부했다.

서클은 회원들의 실천적 단련을 위해 MT와 농촌 활동, 공장 활동 등을 교육과 함께 실시했다. 이런 실천 활동은 주로 방학 중에 집중되었는데, 활동가들의 사변적인 인식을 넘어서 민중의 삶을 체화하고 회원들의 단합과 조직 생활을 강화하는 데 상당한 효과가 있었다.

서클은 자신들만의 독특한 문화를 형성하고 있었다. 대학생이라는 기득권 신분을 부정하고, 화려하고 서구적인 문화를 부르주아문화라 비판하면서 민중문화와 민족문화를 부활하려고 노력하였다. 여성 활동가들은 대부분 치마를 입지 않고 바지 차림에 화장하지 않은 얼굴로 다녔으며, 남성 활동가는 어두운 색깔의 옷을 입고 스스로 민중문화라고 하는 기층대중의 삶을 체현하고자 했다.

서클 성원들은 학년이 올라가면서 수행하는 역할도 무거워졌다. 남학생들은 일정한 과정을 거쳐 전투조에 합류해 화염병을 만들고 시위 대열 선두에서 경찰과 대치해야 했고, 여학생들은 유인물 배포, 화염병 관련 물품 운반 등 심리적 부담을 안게 되는 임무를 수행해야 했다.

더 강화된 서클

서클 중심의 학생운동은 1986년을 거치면서 변화를 겪는다. 학생운동 내에 새로운 사상적 흐름이 형성되기 시작한 것이다. 이 흐름은 서클조직의 취약한 대중성과 소그룹화를 '서클주의'로 규정하고 비판한다. 일부 대학에서는 이런 흐름에 영향을 받아 서클을 해체하기도 했다.

전남대 학생운동은 서클을 해체하기보다는 '서클주의' 악습을 극복하고자 했다. 배타적인 소그룹화 극복을 위해 서클 명칭을 바꾸고 단대 서클을 해소해 과 학생회로 통합하거나 대중적 서클로 변화를 시도했다. 서클 성원들은 대중조직 활성화를 위해 자기가 속한 단대나 과로 들어갔다. 문화 서클도 다양한 콘텐츠를 개발하면서 운동이 분화되었고 1987년 6월항쟁 이후 민족·민중 예술운동은 전성기를 맞이한다.

서클은 6월항쟁 이후 학생운동의 중심이 공개적이고 합법적인 학생회로 이동했음에도 불구하고 활발하게 활동하는데, 서클의 장점인 회원 간의 강한 연대성과 선도성을 기반으로 대중성을 강화하면서 많은 활동가를 양성한다. 또 서클연합회라는 합법적인 조직을 주도적으로 활용하면서 종교·학술·문화 등 분야별로 대중적인 활동을 전개했다.

1987년 당시 1학생회관에는 독서 사랑방(전 '황토', 이경주 자연대 85, 김준 농대 85), 역사마당(전 '사회조사연구회', 김원숙 인문대 85, 명등통 사회대 85), 한누리(전일수 사회대 85), 원불교 학생회(여병창 인문대 85), 불교학생회(조규준 사회대 85), 기독교학생회(조남용 공대 85, 김문숙 인문대 85), 가톨릭 학생회(최성일 공대 85), YMCA(조용희 경영대 85, 김광윤 경영대 85)가 운동권 성향의 서클이었다. 2학생회관에는 대학문화연구회(전 '교양독서회', 김경준 인문대 85), 모닥불(이후 '청사', 박영자 인문대 85), 분단사회연구회 (김흥조 사회대 85), 노동야학 서클인 흙가슴(박우성 사회대 86)이 자리잡고 있었다. 그리고 문화 서클은 2학생회관에 용봉문학회(남정수 법대 85), 미술패(최석채 예대 84), 아리랑(영상패, 김혜선 자연대 85)이 있었으며, 대강당에는 노래패 횃소리(고경애 사범대 84, 박철운 공대 86), 탈패(박강의 사범대 84, 최혁 경영대 85) 등이 활동했다.

비공개 지도부

전남대 비공개조직의 기본 단위는 서클이었다. 비공개조직은 80년 5·18광주민중항쟁 이후 재건되어 각 단위 서클을 지도하는 지도부(일명 C.T, Control Tower)를 중심으로 단일지도체계를 형성하였다. 비공개조직은 반합법적 투쟁을 위해 '투쟁위원회'(투위)를 조직했고, 학생회를 통해 대중적 영향력을 강화했다.

전남대 학생운동은 1986년 조직을 통합하고 단일지도부를 구축한다. 전남대 학생운동 지도부는 조직 통합 초기에는 비공개조직(비공개적 활동가 조직)을 중심에 두고 공개조직(학생회)을 결합하는 형태로 구성되었다. 비공개조직 지도부는 산하에 선전·조직·투쟁을 담당하는 부서를 두었다.

1987년 당시 전남대 학생운동 지도부는 정정섭(인문대 83)을 중심으로 조직단위들을 통괄하는 '조직국'(비공개조직 전체를 담당하는 조직1 비서: 조이권 사범대 84, 서클: 안규심 사범대 83, 학생회를 담당하는 조직2 비서: 정경준 법대 84), 선전 활동을 담당하는 '선전국'(김정기 인문대 84, 3월경부터 김원중 경영대 84), 투위와 전투조를 관장하는 '군사국'(최완욱 자연대 84)을 두었다. '군사국'은 4월투쟁과 5월투쟁 과정에서 구성원들을 투위로 정리·해소하고 '선전국'과 '군사국'을 통합한 '선전·선동국'(김원중 경영대 84)으로 재편된다.

1987년 전남대 학생운동에서 독특한 구조는 '비서조직'이다. 비서조직은 기존 비공개조직 중심의 학생운동조직을 갑작스럽게 공개조직인 학생회로 재편하는 게 불가능했기 때문에 과도기 형태로 구성된 조직이었다. 각 단과대에 만들어져 비공개조직을 지도하는 역할을 맡은 비서조직은 공개·비공개조직의 유기적인 결합을 위해 신설된 것이다. 6월민주항쟁 이후에는 학생회를 중심으로 비공개조직을 결합하는 방식으로 전환했다. 공개조직인 학생회의 간부들과 비공개조직 책임자인 비서들의 통합적 논의 구조가 형성된 것이다. 당시 '비서회의'는 책임자인 조직1 비서(조이권)를 중심으로 사범대 고광업, 경영대 조영임, 인문대 박홍산, 사회대 박세종, 농대 정종현, 자연대 류영욱(4월 중순 구속), 이휴숙, 정석균, 법대 송미경 등으로 구성되었다.

각 단대를 제외한 기존 서클은 84학번이 단위(1학생회관, 2학생회관, 문화패)를 책임지고, 개별 서클은 85학번이 책임자로 활동하였다. 1987년 서클 지도부는 안규심(사범대 83)이 전체 책임을 맡고 1학생회관 책임자는 신정호(사회대 84), 문화패 책임은 최석채(예대 84), 2학생회관 책임은 김영주(경영대 84)가 맡았다. 단대 비서들과 서클 책임자들은 6월민주항쟁 당시 현장 지도부 역할을 했다.

6월항쟁이 끝나고 여름방학에 '자주적인 학생회' 건설이 본격화되어 하반기에는 학생회 중심으로 비공개조직과 공개조직의 통합적인 논의 구조를 형성했다. 전남대에서는 88년 학생회가 형성되면서 조직운동이 학생회 중심으로 전환되었다. 이후 비서조직은 자연스럽게 해소되었다.

투쟁위원회

투쟁위원회(이하 투위)는 정치투쟁과 노학연대 등 합법적인 공개조직이 해내지 못하는 투쟁을 수행하기 위해 결성된 조직이다. 전남대 학생운동이 본격적인 정치투쟁을 목적으로 투위를 결성한 것은 삼민투가 결성된 85년이다. 군사정권의 탄압 아래 학생회가 정치투쟁을 중심에 놓고 활동하기에는 무리가 따르고, 1년이라는 임기를 책임지고 있는 학생회가 자칫 잘못하면 중도에 사라지는 위험성을 줄여야 했다. 이런 이유로 투위는 비공개조직의 지도 아래 학생회와 분리되어 구성되었다. 투위는 4학년을 중심으로 결성되었으며 학내시위와 거리시위를 주도했다. 88년에 들어서는 학생회가 강화되자 학생회 산하에 투위를 조직하는 형식으로 변화했다.

    투위에서 활동하는 사람들은 시위를 앞에서 주도하는 사람이라는 의미에서 '주동자'(일명 주씨)라고 불렸다. 주동자가 되기 위해서는 사전에 대중집회를 주도하기 위한 선전·선동 훈련을 거쳐야 했으며, 공개되는 순간 바로 수배 또는 체포 대상자가 되기 때문에 모든 조직과 고립된 상황에서 중간연락책(일명 레포)만을 통해 생활적인 지원을 받는 도피 생활을 해야 했다. 또 투위는 이동 상황에서 경찰들의 추적을 따돌려야 했기 때문에 항상 보호조(일명 주보)와 함께했다. 투위 생활에서 가장 힘든 것은 물질적인 빈곤으로 인한 생계의 어려움과 언제 체포될지 모르는 긴장 속에서 공포의 나날을 하루하루 버텨내야 한다는 것 그리고 학생운동에서 벌어진 수많은 사건을 투위가 책임져야 한다는 심리적인 부담감이었다.

    매년 전남대 학생운동 안에서는 몇 개의 투위가

활동했다. 1987년을 대표하는 투위는 '반외세 반독재 구국학생투쟁위원회'(이하 구학투)와 전남대의 상징적인 투위이자 5월 문제 해결을 위한 '5월 학살 원흉 처단 및 호헌분쇄 특별투쟁위원회'(이하 오투위)이다.

전남대 학생운동은 1986년 겨울 공안정국하에서도 거리시위를 전개하며 투위를 준비했고 1987년 3월 17일 마침내 구학투가 출범한다.[7]

1987년 3월 17일 구학투 출정식, 《전대신문》, 1987.3.19.

7. 87년도 구학투 명단은 다음과 같다.
구학투 위원장: 문현승(사범대 83),
구학투 산하 민중생계지원쟁취 투쟁위원회: 김창수(인문대 84),
구학투 산하 장기집권 음모 내각제 분쇄투쟁위원회: 이창권(경영대 84),
구학투 산하 미국 내정간섭 반대 투쟁위원회: 김현옥(사범대 84).

iii. 1987년 전남대 학생운동

1987년 3월 17일
구학투 출정식
(사진 왼쪽 탁상에서
핸드마이크를 들고 있는 사람은 김현옥,
사진 맨 앞의 세 사람은
왼쪽부터 문현승, 이창권, 김창수).

iii. 1987년 전남대 학생운동

구학투는 출범식에서 내부 기관지《구국의 길》1호와 〈출정식에 부쳐〉라는 유인물을 통해 향후 투쟁 방향을 제시했다. 당시 구학투가 제기한 투쟁 방향은 다음과 같다.

구학투는 87년 정세를 "87년은 파쇼권력 재편이 완료되는 결정적 시기"로 설정하고 있다. 또한, 전두환 정권은 '야당 분열을 통한 의원내각제·신호헌론·국회 강제 해산과 친위 쿠데타' 중 한 가지를 통해 장기집권을 하려 한다고 판단하고, 이를 저지하려면 학생운동이 대동단결하여 시민들과 함께 결사 항전해야 한다고 선언한다. 그리고 신민당은 기회주의적인 태도를 버릴 것을, 미국은 내정간섭 중단을 요구했다.

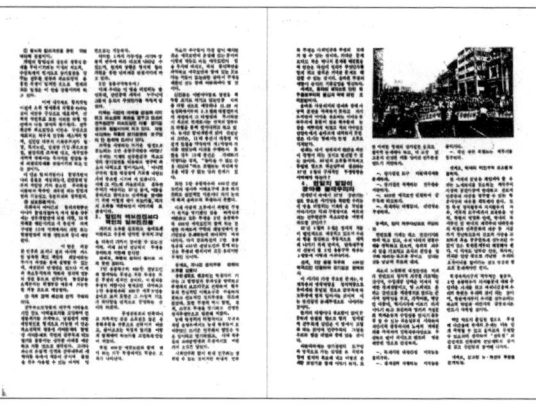

《구국의 길》창간호 2-3면.

구학투는 군사정권이 4월 13일 호헌조치를 발표하자
4·19투쟁과 5월투쟁을 대규모로 전개하려 했던 계획을 앞당겨
실행해야 했다. 구학투는 4·13호헌조치 발표 당일 오후 3시
30분에 전남대 5·18광장에서 총학생회와 연계해 〈장기집권음모
호헌분쇄를 위한 비상총회〉를 신속하게 개최하고 전국 최초로
'호헌철폐'를 전면에 내건 투쟁의 봉화를 높이 들었다.
4월투쟁과 5월투쟁 과정에서 학내시위와 거리시위를 하루도
쉬지 않고 전개했으며, 어떤 날은 아침에 거리시위를 벌이고
오후에는 교내시위, 저녁에 다시 거리시위를 조직했다.
또 구학투는 5월 투쟁을 앞두고 기존 투위를 확대, 강화했다.
구학투 산하에 오투위를 결성하고 구학투와 함께 5월투쟁을
공동으로 수행했다.[8]

    5월 18일에는 교내시위를 전개하고 시내 거리시위를
위해 학교를 빠져나가던 투위 구성원들이 연행되면서 투위는
상당한 역량손실을 입었다.[9] 이런 뜻밖의 사태로 인해 전남대
학생운동은 5월투쟁을 6월투쟁으로 바로 이어나가는 데
주춤할 수밖에 없게 되었다. 5월 18일 투위 구성원들이 대부분
연행된 가운데 구학투 위원장 문현승과 오투위 부위원장
이광일만이 남아 6월민주항쟁을 주도하게 된다. 그러나 6월항쟁
과정에서 6월 22일 문현승마저 충장로 동해물약국 앞에서
시위를 주도하다가 연행되고, 이광일이 마지막까지 남아
6월항쟁 도심 거리시위를 주도했다.

---

8. 오투위 구성원은 다음과 같다.
    위원장: 최완욱(자연대 84), 부위원장: 나민주(공대 84),
    부위원장: 이광일(수의대 84)
9. 당시 연행된 투쟁위원은 최완욱, 김창수, 김현옥, 이창권, 나민주 등이다.

4·13호헌조치가 발표되자 이에 격분한 시민들과 학생들의
정치적인 관심과 군사독재정권에 대한 반독재 의식이
높아지고 있었다. 이에 투위는 학생들이 모여 있는 강의실을
직접 찾아다니며 정치연설이나 세미나 등 다양한 형태의
대중적 정치투쟁을 조직하고자 노력했다. 투위의 이런 활동은
집회에서 이루어지는 간단한 정치선전과 선동, 시위 조직과는
차원이 다른 시도였다. 그뿐만 아니라 수배와 도피 상황에서
대중 정치선전을 조직하는 것은 투위에 심리적인 부담을 주는
어려운 일이기도 했다.

구학투와 오투위 구성원들은 시민들의 정치적인 의식을
고양시키고자 대시민 선전전을 강화했다. 주로 서민들이
많이 왕래하는 양동시장과 말바우시장 등 전통시장 주변,
서민들의 주거지인 월산동, 발산마을, 노동자들이 밀집된 광천동
주변이 집중적으로 선전전을 진행했던 곳이다.

선전 활동

1987년 당시 선전팀은 초기에 내부 기관지를 발행하는
'기관지팀'과 유인물 및 대자보를 발행하는 '선전팀'으로
분화되었다가 기관지팀이 해소되면서 선전팀으로 통합되었다.[10]
총학생회에는 독자적인 홍보부도 있었는데, 5월투쟁 이후

---

10. 기관지팀은 정충현, 고광업, 박미정 등, 선전팀은 최경옥, 양정은, 송영미,
    이봉림, 이난이, 최지선, 송강희, 박미정, 신순아 등으로 구성되었다.

하나의 '홍보팀'으로 통합되었다.

기관지팀은 기관지《구국의 길》발행을 통해 학생운동의 사상적인 측면과 정치적인 방향을 제시하는 것을 목적으로 조직되었다. 기관지팀은 구학투 출범식에서《구국의 길》1호를 배포하고, 4월 전방 입소 반대시위에 2호 그리고 5월투쟁을 맞이해 3호를 배포했으며[11] 이후 폐간과 함께 해소되었다. 대부분 청타 방식을 통해 사람이 직접 손으로 등사했던 기존 선전물이나 유인물과 달리《구국의 길》은 인쇄소에서 제작을 하였다. 선전물은 사람이 직접 등사할 경우 일정한 장수가 지나면 원지가 찢어지거나 헐거워지게 된다. 그러면서 잉크가 번지고 등사가 제대로 안 돼 유인물 내용을 알아보기 힘든 경우가 많았다. 그런 측면에서《구국의 길》은 진일보한 유인물 제작이었다.

선전팀은 상반기 투위와 학생회 활동에 필요한 많은 양의 유인물을 발행했다. 당시의 선전물은 유인물과 대자보가 주를 이루었다. 선전팀에서 유인물을 일일이 손으로 등사하면 이후 여학생들이 주로 배포를 담당했다. 대자보의 경우는 일일이 사람이 직접 쓰는 수고가 뒤따르는 관계로, 원본을 복사해 단위별로 보내면 단위에서 대자보를 작성해 각 단대 대자보판 등 학내에 부착했다.

당시 군사정권은 정보를 차단하기 위해 언론을 관제화해 자신들의 목소리만을 내보내고 있었고, 인쇄소나 복사업체를

---

11. "피의 5월이 시작되었다. 불꽃의 5월이 시작되었다. 광주는 아직도 계속되고 있다. 자주와 민주와 통일의 함성은 아직도 광주의 가슴에 살아 꿈틀거리고 있다."〈민족전대 대동단결하여 5월학살원흉 처단하자〉,《구국의 길》3호, 1987.3.

《구국의 길》3호, 1987.5.

수시로 수색·검사했다. 이러한 상황에서 유인물과 대자보는 대중들에게 제대로 된 정보를 전달하는 유일한 수단이었다. 학생운동은 당시 재정적인 어려움을 겪고 있었기 때문에 유인물을 인쇄소에 맡겨 제작한다는 것은 상상할 수 없었다. 이러한 조건에서 87년의 많은 시위와 집회에 필요한 유인물 물량을 감당하려면 선전팀 구성원들이 중노동을 해야 했다. 보통 청타로 친 실크지 한 장당 2,000매 정도의 유인물을 등사하면 실크지가 늘어나고 헐기 때문에 다시 제작해야만 했다.

    선전팀은 글자만 보이는 기존의 유인물이 식상하다며 판화를 찍어내는 형식으로 그림과 사람의 얼굴을 싣는 방식을 시도했으며, 경찰들의 학교난입으로 등사기를 탈취당하지 않기 위해 등사기를 숨기기도 했다. 이처럼 선전 활동은 상당히 열악한 환경에서 치열하게 진행되었다.

    6월민주항쟁 당시 초기에는 정보에 대한 시민들의 목마름을 해결하기 위해 밤낮없이 유인물과 대자보를 학내에서 만들어냈는데, 이때는 직접 손으로 일일이 등사하는 방식을 취했다. 그러나 6월민주항쟁이 격화되고 시내 거리시위에서 선전 유인물에 대한 요구가 빗발치자 도저히 물량을 감당할 수 없었다. 다행히도 이런 어려움을 해결한 것이 시민의 거리모금이었다. 선전팀은 거리모금을 통해 시내 인쇄소에서 유인물을 만들어 시위 장소로 바로 보급할 수 있었다.

    1987년 당시 투위 활동 과정에서《구국의 길》《신 투사회보》 등 많은 유인물이 발행되었는데 현재까지 남아있는 자료는 많지 않다.

전투조

'오월대'는 그냥 만들어진 것이 아니다

전남대 학생운동에서 선봉 역할을 한 조직은 '전투조'라고 할 수 있다. 전투조의 주된 역할은 시위 현장에서 주동자를 보호하고 경찰로부터 시위 대열을 유지, 보호하는 것이다. 전투조는 경찰들의 무자비한 폭력적 시위 진압방식에 학생운동이 효율적이고 생존적으로 대항하기 위해서 조직됐으며 차츰 체계화되어 갔다.

    80년대 초기 전투조의 주된 역할은 시위주동자를 보호하는 것이었다. 1984년 이전에는 거리시위보다 학내시위가 주를 이루었기 때문에 경찰들과 직접 물리적으로 대치할 일이 많지 않았다. 거리시위를 하더라도 경찰들에 쫓겨 도망치는 것이 주였다.

    그러나 84년 유화 국면이 조성되면서 시위 양상이 변한다. 경찰들과의 물리적 충돌이 잦아졌다. 경찰들도 초기에는 시위진압보다 학생들이 학내를 벗어나 거리시위로 이어지는 것을 저지하는 데 주력했다. 하지만 학생시위대 수가 늘어나면서 경찰들이 학내로 진입하거나 교문에서 학생들의 거리 진출을 막기 위해 최루탄과 페퍼포그를 동원해 최루가스를 뿌리는 등 시위진압 방식도 다양화된다. 학생시위대는 경찰들의 학내 진입을 저지하기 위해 교문에서 화염병과 투석전으로 맞서기 시작했다. 화염병도 초기에는 주로 학내시위에서 사용되었다. 이 시기만 하더라도 전투조는 학생운동권에서 소수 활동가 중심이었다.

    1985년 학생운동시위의 빈도가 늘고 정권에 위협이 되면서 경찰들의 진압 방식도 저지에서 진압과 체포로 전환된다. 학생운동 역시 경찰들에 대응하기 위해 전투조 조직의 필요성을 느끼고 각 단위조직에서 남성 활동가를 선발해 전투조를 조직했다. 전투조에 선발된 성원들은 일정한 학습과 교육으로 나름 의식화된 활동가들이었다. 전투조는 시위에 앞서 화염병을 제작하고 시위 전술을 숙지했다. 집회가 시작되면 경찰들과 대치하며 치열한 공방전을 벌였다.

전투조가 초기부터 체계적인 편제 속에서 활동한 것은 아니었다. 몇 개의 단위조직을 제외하고 상황에 따라 동원되는 구조였다. 전투조는 거리시위가 홍보전에서 타격전으로 변화하고, 학내시위 진압에 전투경찰이 아닌 사복경찰이 동원되면서부터 점차 자리를 잡아갔다. 집회를 사수하기 위해서는 물리적인 힘이 필요했다. 전투조 강화에는 1986년 신·구파 분열도 한몫을 했다. 양 진영에서 전투조를 경쟁적으로 양성하면서 숫자가 늘어났고, 진영별로 전투조를 강화하기 위한 훈련을 적극적으로 했기 때문이다.

전투조가 조직으로 편제되고 상시적인 형태로 전환된 것은 1987년 6월민주항쟁 이후다. 87년 4월투쟁, 5월투쟁 과정에서 시위가 격화되고 86학번들이 대거 참여하면서 전투조는 양적·질적 성장을 이루어나갔다. 이는 학생운동이 6월민주항쟁을 거치며 남학생이 많은 단대로 확대되면서 양적·질적으로 발전한 것과 무관하지 않다. 이러한 과정을 거쳐 1988년에는 '오월대'라는 전투조가 정식으로 전남대에 형성됐다. 오월대로 전환되면서 전투조는 중대, 소대 등으로 더욱 체계화되고 단위별로 명칭을 갖게 된다. 이후 오월대는 전국대학생대표자협의회(전대협), 한국대학총학생회연합(한총련)을 거치면서 전남대 학생운동의 새로운 상징이 되었다.

6월민주항쟁의 선봉대

1987년 상반기 전투조는 군사국의 지휘 아래 '야전사령관' (이하 야사)이 통솔했다. 야사는 시위 현장에서 전투조를 지휘하고 시위에 사용할 시위 전술을 개발했다.[12] 야사 밑에는 전투조와 투위를 연결하는 연락책을 두었으며, 이러한 역할은 85학번이었던 김설오(사범대 85), 한완(공대 85)이 전담했다. 전투조는 당시 일정한 명칭을 갖는 형태의 조직 편제 없이 전투조를 지휘하는 전장을 중심으로 1·2학생회관 서클조직과 몇 개의 단과대학이 묶여 조직되었다. 1987년 전투조의 구성은 당시 85학번들이 각 단위 전투조의 책임자를 맡았고, 그 아래 86학번과 87학번들이 구성원으로 참여했다. 구성원들은 1학생회관 김광윤(경영대 85), 전일수(사회대 85), 2학생회관 류진원(인문대 85), 사회대 서일환(사회대 85), 인문대 천금영(인문대 85), 경영대 이웅범(경영대 85), 농대 강성엽(농대 85), 사범대 장우기, 정성일(사범대 85), 법대 고재율(법대 85), 자연대 조정호(자연대 85), 공대 임화주(공대 85) 등이다.

　전투조는 1987년 4월투쟁과 5월투쟁 과정에서 셀 수 없는 학내·외 시위를 전개한다. 그 과정에서 많은 구성원이 연행·구속되어 전투력에 상당한 타격을 입는다. 당시 4월투쟁과 5월투쟁을 거치면서 100명 이상의 연행자가 발생했는데, 구속자 14명, 즉심 22명, 훈방 66명이다. 이 중 대부분이 시위 대열의 선봉에서 활동한 전투조 구성원들이었다.

12.　87년 당시 '야사'는 임동성(경영대 84), 송강희(자연대 84), 최병철(경영대 84), 정정기(농대 83) 등이 맡아 수행하였다.

전투조는 5월투쟁이 끝난 뒤 사기를 진작시키고 조직 대오를 정비하기 위해 '무등산 훈련'을 실시한다. 당시 훈련은 단위별로 학동에서 출발해 구보로 버스 종점에 도착한 뒤 증심사, 새인봉 등 각자 다른 방향으로 이동해 무등산 중머리재에 집결하는 것이었다. 등반하는 과정에서 강도 높은 훈련이 진행되었다. 무등산 중머리재에 집결한 전투조는 화염병 투척훈련과 결의대회를 개최한다. 이 과정을 통해 전투조 구성원들은 6월투쟁에 임하는 각오와 결의를 다진다.

　　6월민주항쟁 시기 전투조는 거리시위의 선봉대로 빛났다. 시내 거리시위 현장은 상황이 매우 유동적이었고, 어둠이 내린 저녁에는 상호 간에 연락할 수 없는 여건이었다. 이러한 가운데 전투조는 책임자와 단대 비서들의 통솔하에 상황에 맞는 현장투쟁을 전개했다. 전투조는 6월민주항쟁 당시 새벽까지 진행되는 거리시위 때문에 학교에서 잠을 자야 했다. 날이 밝으면 화염병을 제작하고 학내집회가 끝나면 거리시위에 참여하는 것이 하루 일정이었다. 정확한 날짜는 적시할 수 없지만 6월 20일 전후에 도청 탈환을 목표로 광주은행 사거리 전경들의 저지선을 돌파하기 위한 전투계획을 수립해 실행했고, 이 과정에서 혹독한 곤욕을 치르기도 했다.

　　6월민주항쟁의 마지막까지 광주가 저력을 발휘한 데는 전남대 전투조의 과감하고 헌신적인 활약이 크게 공헌했다.

연대사업

 1987년 상반기 전남대 학생운동의 연대사업은 총학생회 단위의
연대사업, 지역 학교 간 연대사업 그리고 지역 사회단체와의
연대사업으로 전개되었다. 총학생회 차원의 연대사업은
서울 및 다른 지역의 학생운동과 상층 연대사업을 통한 전대협
건설에 대한 사안과 투쟁 방향을 논의하는 것이었다.
이 당시까지만 해도 다른 지역 학생운동과의 연대사업은
주로 상층 중심의 연대사업이었고 본격적인 하층 및 기층단위
간의 연대사업은 전대협이 건설되면서 본격화된다. 전대협
건설과 관련한 연대사업은 당시 김승남 총학생회장과 조직2 비서,
고병용 총무부장 등 여러 경로를 통해 진행된 것으로 보인다.
지역 대학들과 함께하는 연대사업 과정에서는 운동 역량이
열악한 대학의 학원민주화투쟁을 지원하고, 호남지역 대학
간의 공동투쟁을 조직하기도 했다. 광주지역 사학의 대표 격인
조선대의 비민주적 요소를 척결하기 위해 5월 6일에 벌인 투쟁은
87년 당시 대표적인 학원민주화 연대투쟁이라고 볼 수 있다.
　　전남지역 학생운동은 지역의 가장 중요한 투쟁인 5월투쟁을
앞두고 지역연대 기구의 건설 과정에서 '호학련'이냐?
'호학협'이냐? 라는 논쟁을 거쳐 '호남학생연합준비위원회'
(이하 호학련)를 결성하고 6월항쟁에서 학생운동 세력의
적극적인 참여를 주도한다. 6월민주항쟁 이후 광주·전남지역
학생운동은 전국적인 학생운동 연대기구인 전대협의 건설에
맞추어 '전남지역 대학생 대표자회협의회'(이하 남대협)를
광주대, 광주교대, 호남대, 순천대, 순천 공전, 목포대, 서강전문대,
간호전문대, 여수수산대, 조선대(당시 '총학생회 건설준비위')가

5.18 광장

제 3 호

발행처: 전남대학교 총학생회홍보부
발행일: 1987. 9. 16

학원의 비민주요소에
불벼락을 내리자.!

통일의 물결로 굽이쳐라.! 내사랑 한반도여.!!
남대협의 깃발아래 전남학도여 단결하라.!!

전국대학생 대표자 협의회 발족하다

전국 대학생 대표자 협의회 (이하 전대협)가 8월 19일 충남대학교에서 전국의 대학생들 약 3500명이 참가한 가운데 발족식을 가졌다. 지난해인 6.10 투쟁의 과정에서 전국적 구심체로 통일된 지도가 부재했음을 양날 수 있는 안타까움이었으나 이제야 비로서 우리의 힘을 세차 힘찬 전국의 학교라도 드높이게 된 것이다.

전대협의 대학 구성은 경기, 서울, 강원, 호남, 영남, 충부의 6개지역 구성, 그 이하 지구로 되어 있다. 남·서지역은 18개 지구로 갈라되어 있다. 또한 실무면에서 기구인 및 대외차의 지역관의 사업을 강화해 간다는 최대로 지역대표 6인으로 운영위원을 구성하고 있다. 이에 따라 전남은 호남지역으로 관할하여 조직된 호남지역구의 관할지를 되었으며, 투쟁방침 확산의 실질적 지도부로서 전남지역 대학생 대표자 협의회 (이하 남대협) 중건되어 전대협을 받드는 힘있는 전거위조직이 될 것이다.

전대협 기치아래 남대협 우뚝서다

전대협이 현재에 있어 갖는 시대적 과제 못지않게 전남지역을 포함하는 남대협의 사명은 실로 중대하다라. 전 대협 발족에 조응하여 8월 15일 전남대에서 일차적 발족을 공표한 후 정식 선언한 남대협은 기본이 되고 있다.

남대협은 구체적으로 무엇을 할 것인가?

남대협의 조직사업은 첫째로 전남의 학생운동의 기반을 튼튼히 조직하는 것이다. 학주나의 일상적인 이해를 물질적으로 주관하게 대학의 자주화와 통일을 찾기 위해서 대학교육의 동등일 수치는 일사이되어야 함은 물론이다. 남대협의 위상과 투쟁산의 포효와 우리들의 가슴을 채우다. 현재 남대협은 광주지구, 여수·순천지구, 목포지구 등 3개 지구에 10개 대학으로 무엇써 있어 엄청당대 전남이 대학생 대표자 협의회의 위용을 갖추고 있다.

남대협의 조직사업은 지역적 남대협의 이와 같은 가장 조직사업의 범위를 분명히 하다. 학주들의 일상적인 이해를 물질적으로 주체하게 대학의 학원자주화·통일등을 찾기 위해서 대학교육의 동등일 수치는 일사이되어야 함은 물론이다.

그리고 앞으로 남대협 사업에 중계 발전함을 위해 다가서서 간급과계이다. ① 원각의 협력대한 성장을 법칙지원 연합대로서 각 학교의 공통적인 학생대중자업 평가적 별업들을 양조화되어 보지만 더 높은 수준으로 통일되어 나가는 것. ② 전체적인 형성으로 지도부로서 대중적 신회 확보이다. ③ 대중 투적이 기반이 분화되어 나가는 그 지역 운동과의 연합을 힘써 나가며 ④ 이이는 이 남대협의 면제기를 확인하는 것 등으로 제시되고 있다.

남대협은 2단 추동학수들은 비록 한 20만 전남학우들의 협약적인 의지와 지원의 토대위에 우리 문제들 해결 무엇보다 그 이념을 들어 할아와 대학의 던지 신봉장으로 맞설 것이다.

전남지역 대학생대표자협의회 발족에 부쳐

〈남대협 기구표〉

```
         남대협 전체회의
              |
            의장단
         /          \
      집행부         사무국
```

※ 가입대학: 전남대, 조선대, 광주교육대, 순천대, 여수수산대, 순천간호전문대, 목포대.

2학기를 학원 민주쟁취의 돌파구로 삼자.!

동제집단의 폭력과 강압이 판을 치는 세상, 진실이 거꾸로 왜곡되고 어둠이 밝음 가리이 받는 시대! 악압과 서음을 맞고 때맞지보다 하는 민중들의 한맺힌 투쟁의 역사! 이 모두가 우리들의 사명인 것을...... 알찬유로에 의해 숨겨진 그 진실적 부진의 여분에 멍든 넋을 되찾고자 이 자본 떠맡긴 지난다면, 승복하기 이 거센 폭풍의 난제 닥쳐온 빠때 대열 챙겨 놀을 맞이하면 위래 빠때 우리들의 큰과 손이 된 얼어붙 있는 이곳에서부터 민주주의의 뿌리

2학기 민주화 투쟁의 방향성

1. 학원의 주인은 대중단결, 하나가 된다.
교수와 학생들 동시대로서 아픔을 함께 묶고 학원의 주인화를 위해 실현하게의 이루어져야 한다.
2. 학우들의 진리와 적정적인 발판으로 더 공개적인 투쟁이어야 한다.
기존의 투쟁에서의 적외 학우들이 분리되고 문제해결의 주체적 투쟁이 아닌 최우 몇몇만으로 하는 사탕발림적이 깊어있는 역사 한 뿌린적을 벗어나 정서적과 학우들과 함께 공유하는 공개적인 투쟁이 되어야 한다.
3. 전국이 하나로 뒤있는 연대투쟁이 되어야 한다.

학원민주화 투쟁의 내용성

전남대의 학원민주화는 숙명사이 과 위해서인 첫째, 학우들의 인권을 훼손하고 수임의 향상시킬 수 있는 학칙으로 개정되어야 하고, 둘째, 언론 살사는 관련한된의 파조보조와 학우 편 입학을 가둠 대는 입을 대상할 수 있는 성원과 통일이라 있어야 한다. 세째, 선우회장단과 동수들의 학원에 다 이루어지 학교와 학사에 다루과 도서관, 수납고, 저소스 등, 학우회 지부장, 대학원생대, 대학원생대학 등은 설립할 학원입시 및 건물의 상실적 대학협임으로도 한다.

※ 세재, 학우들의 부탁공들이 들림과 재정범위 공무들은 화해되어 설립성적 대학적자주화 필요하다. 네재, 학우들의 문제들이 해결하기 위해서는 열단과 힘(성과 오고, 도서관, 기자속 중주, 노스블링) 개성자가 한다.

※ 재재로 분수인 우리가 조국의 자주와 통일을 위한 구국들이 결함으로 선학들이 싸웠으며 그들이 있어야 할 이다. 선학들은 그와 우리의 자주를 찾기 위해 진리로 받으하들 만들다. 그와 같으로 뼈에 실기를 만들을 학우들이 2학기 학우 운동의 제재로 분수 이 분수이야 하다. 학원의 주인자재의 결심 빠르게 되는 학수의 역설 기운 시스케를 만들어 가고와 한대로우리 모든 학우들이 2학기 학생 투쟁 분석과 그 개념에 대해서가 일로 해가고 있는 여러 학우들의 대열에 한 학우들의 결의 한데 오게 될 때, 전정 민주대학 건설에 위대로 배경되어 드디어 노력대의 결심 빠르리.

참여한 가운데 1987년 8월 15일 전남대 1학생회관 로비에서
결성한다.[13]

　전남대 학생운동은 4월투쟁, 5월투쟁 과정에서 지역
사회단체와 연대사업을 강화했다. 80년 5·18광주민중항쟁
이후 광주·전남 사회운동은 부분 역량을 강화하고
'전남사회운동협의회'(이하 전사협) 등 연대단체를 형성하며
발전했다. 전남대 학생운동은 광주·전남민주화운동의
주력으로 사회운동과 연대사업을 통해 공통의 전술을 내오고
4월투쟁, 5월투쟁 과정에서 선봉적인 역할을 수행했다.
1987년까지만 해도 광주·전남 사회운동의 역량은 독자적인
거리시위를 조직할 수 없는 미약한 상황이었다. 그 때문에
전남대 학생운동의 참여가 있어야 했고, 전남대 학생운동은
전사협과 긴밀한 협의를 통해 지역 사회단체가 개최하는
투쟁에 적극적으로 연대했다. 특히 5월투쟁이라는 긴박한 지역
상황 속에서도 장소를 옮겨 다니며 지역의 주요 투쟁사업에
대한 연대 방안을 마련하고 5월 18일 '전남국민운동본부'
(이하 전남국본) 결성에도 참여한다.

　전국 최초로 결성된 전남국본은 6월항쟁 당시 아직
실무적인 역량이 부족한 상황이었기 때문에 거리시위에 대한
종합계획을 갖고 학생운동과 긴밀한 협력을 통해 항쟁을
지도할 수는 없었다. 또한 전남국본의 한계를 극복하고자
'비상대책위원회'라는 형태의 비공개적인 지도조직이

---

13. "남대협의 조직사업은 … 학우들의 일상적인 이해를 통일적으로 수렴해
각 대학의 학원민주화 투쟁을 적극적으로 지원하고 … 올바른 정치사상적
입장을 통일적으로 공유할 수 있는 기틀을 마련함이 그 첫째 기본 목표이다."
〈남대협의 깃발아래 전남학도여 단결하라!!〉,《5·18광장》3호, 1987.9.16.

존재했으나 이 역시 항쟁 지도부로서 지도력을 명확하게
형성하지 못하여 시내 거리시위는 각 부분운동의 독자적인
행동이 중심이 되었다. 여기서 학생운동 세력은 지역운동의
가장 중요한 역량이었다고 볼 수 있다.

iv.

전남대 6월민주항쟁 전개과정

1. 6월민주항쟁 전사

1986년 개헌국면과 공안정국

어두운 밤을 지나 여명(黎明)은 밝아오고
1986년은 전두환 군사정권이 임기 말에 접어들면서 민주정부를 수립하기 위한 민주 세력과 장기집권을 획책하려는 군사정권 간의 대립이 갈수록 첨예화되었다. 1986년에 들어서면서 민주 세력은 민주정부 수립을 위한 민주헌법쟁취 투쟁을 더욱 강화하게 된다. '민주협'과 야당인 신민당은 개헌 현판식과 천만 서명운동을 전국적으로 개최하면서 직선제 개헌투쟁을 전개한다. 민주화운동 세력은 열린 정치적 공간을 통해 대중들의 반독재투쟁을 강화하고자 했다.

광주에서도 YMCA에서 진행된 민주헌법쟁취 개헌 현판식(3월 30일)에는 30만여 명의 시민이 참여했다. 평화적인 집회를 원하는 야당의 의도와는 무관하게 재야단체와 학생들을 중심으로 반독재 투쟁이 전개되었다. 이날 시민과 학생들은 전남도청 앞에 설치된 대형 아치 현수막을 불태우는 등 격렬한 시위를 전개한다. 광주지역 3·30투쟁은 5·18광주민중항쟁 이후 최초의 대규모 시위로 항쟁 이후 침묵하던 광주시민들과 지역민주화운동에 상당한 자신감을 주었다.

광주 3·30투쟁은 인천지역의 개헌 현판식 집회에 영향을 주어 인천 5·3민주화운동으로 확대되었다. 인천 5·3 투쟁은 집회가 시작되기도 전에 학생과 재야세력들이 투쟁을 전개하면서 격렬한 도시 거리시위를 펼쳐나갔다. 군사정권은 이에 민주세력을 좌경용공 세력으로 몰아 고립시키려는 공안정국을 조성했다. 인천 5·3민주화운동 이후 수많은 공안조작 사건들이 신문지면을 장식했다.

학생운동을 말살시키려는 군사독재정권은 서울지역 학생운동 세력의 연합집회가 진행되는 건국대에 경찰력을 동원해 토끼몰이식 검거 작전인 일명 '황소 작전'을 전개한다. 경찰은 이 과정에서 학생 1,520여 명을 연행하고 이 가운데 1,290명을 구속했다. 건대항쟁(10월 28일)으로 서울지역 학생운동은 심각한 타격을 입는다.

1986년 겨울은 차가운 북풍이 몰아치는 동토의 땅처럼 시린 겨울이었다. 군사독재정권은 용공조작을 위한 무리한 체포와 수사 과정에서 22세의 꽃다운 학생 박종철 군을 고문 살인하는 박종철 고문치사 사건(87년 1월 14일)이라는 만행을 저지른다. 이 고문치사 사건은 인권을 말살한 야만성으로 종교단체와 양심적 지식인들의 공분을 사기에 충분했고, 더 나아가 군사독재정권에 대한 전 국민의 분노를 폭발시키는 뇌관이 되었다.

분열을 극복하고 다시 투쟁 전선으로

1986년 운동 세력은 사상논쟁과 조직의 분열로 통일 대오를 형성하지 못했다. 광주·전남 민주화운동 세력의 주요한 동력이었던 전남대 학생운동도 예외는 아니었다. 1986년 전남대 학생운동은 1985년부터 시작된 내부 사상논쟁이 격화되면서 조직이 분열된다. 전남대 학생운동은 반미투쟁을 중심에 놓고 민주화 및 조국통일을 주장하는 '신파'와 군사파쇼정권 타도를 중심에 놓고 민주헌법쟁취를 주장하는 '구파'로 분열된다. 전남대 학생운동의 분열은 지역 민주화운동 세력에 상당한 부담으로 작용하면서 이후 학생운동 분열을 수습하기 위한 노력이 진행되었다.

전남대 학생운동은 1986년 10월경 전격적인 조직 통합을 선언한다. 11월경 당시 3학년이었던 84학번을 중심으로 통일적인 지도부를 새롭게 구축하며 조직 통합은 신속하게 진행되었다. 이 과정에서 전남대 학생운동은 공개적인 학생회와 활동가 중심의 비공개조직을 구축한다.

전남대 학생운동의 조직 통합은 다른 지역 학생운동과는 달리 짧은 시간 내에 이루어졌다. 단일적인 구조에서 활동한 활동가들의 동질성이 강했기 때문이다. 다른 지역 학생운동의 경우 전통적인 패밀리(소그룹) 구조로 인해 같은 학내에서도 동질성이 약했다. 반면 전남대 학생운동은 5·18광주민중항쟁이라는 역사적 경험으로 미국에 대한 인식이 동일했고, 사변적인 논쟁보다 실천 투쟁을 강조하는 운동적인 경험 등이 적극적인 조직 통합의 요인이 됐다. 그리고 광주·전남지역 사회운동을 구성하고 있는 학교 선배들의 조직 통합에 대한 바람과 설득 또한 크게 작용했다.

전남대 학생운동 조직은 통합 이후 내부 결속력 강화를 목적으로 학습했고, 소수 활동가 중심의 운동을 비판하며 새로운 노선 정립을 위한 내부 사상투쟁을 전개했다. 1986년 말부터 시작된 공개조직인 학생회를 강화하기 위한 활동은 서클 및 단과대학 학회의 많은 활동가가 단과대학 및 각 과 학생회 속으로 들어가면서 본격화됐다.

통합된 비공개조직은 1987년을 정치적인 격변기로 인식했다. 이에 선도적인 정치투쟁을 전개할 '투쟁위원회', 각종 시위에 선봉대 역할을 맡을 '전투조'를 강화하기 위한 훈련, 대중적인 선전 활동을 위한 '선전조직'을 구성한다. 전남대 학생운동은 공개적인 학생회가 학생운동을 책임질 수 있는 역량이 부족하고, 기존 활동가를 조직해야 하는 상황에서 과도기적으로 공개조직과 비공개조직의 이중 구조를 형성했다.

전남대 학생운동이 다른 지역에 비해 빠르게 조직 통합을 이룬 결과 1987년 6월민주항쟁 과정에서 광주 지역 투쟁의 주도적인 역할을 할 수 있었고, 6월민주항쟁 이후에는 통일적인 조직 활동을 통해 학생운동의 대중적 지반을 광주·전남 전 지역으로 확대할 수 있었다. 물론 조직 통합 과정에서 많은 활동가의 혼란과 좌절이 있었지만 87년 상반기 조직 활동과 6월민주항쟁의 실천적 대중투쟁을 거치면서 대중노선에 대한 확신이 체화되었고 균열된 조직이 투쟁 속에서 결속되었다.

1987년 상반기 투쟁

고조되는 대중투쟁과 4·13호헌조치

전남대 학생운동은 겨울방학 동안에 '2·7 박종철 열사 추도대회'와 '3·3 박종철 열사 49재' 투쟁을 진행한다. 이때 시민들의 반독재 민주화에 대한 열기가 고조되었다고 보고

개학을 맞이하면서 본격적인 투쟁을 전개한다.[14] 3월 7일
선도적인 정치투쟁을 전개할 투쟁위원회인 구학투를 발족하고,
3월 10일 총학생회와 총여학생회 출범식을 개최해 '학원민주화
투쟁'과 '정치투쟁'의 결합을 통한 대규모 대중투쟁을
전개하겠다는 의지를 밝혔다. 그러나 전남대 학생운동은
4·13호헌조치로 그 궤도를 수정할 수밖에 없게 되었다.

  전남대 학생운동과 광주·전남지역 6월항쟁의 전조현상은
4·13호헌조치에서 출발했다고 봐야 할 것이다. 전두환
군사정권의 4·13호헌조치는 군부독재정권 종식 및 민주화
실현을 바라는 광주시민과 국민의 염원에 찬물을 끼얹는
것이었다. 80년 광주학살의 당사자인 전두환 군사정권의 연장을
바라지 않았던 광주의 양심적인 종교인들을 중심으로 전두환
군사독재정권의 종식을 요구하는 단식 농성과 양심선언이
시작되었고, 이후 종교인들의 투쟁은 들불처럼 전국으로
확산되었다. 전남대 학생운동과 광주·전남의 민주화운동
세력은 '4·19계승투쟁'과 '5·18 진상규명 및 학살자 처단
투쟁'을 전국적인 항쟁으로 발전시키기 위한 계획을 수립하고
적극적으로 투쟁을 준비하였다.

  전남대 학생운동은 4·13호헌조치가 발표되기 하루 전인
4월 12일 총학생회와 구학투를 중심으로 미리 유인물 등을

---

14. "추모제에 이어 학생들은 약 50분간 교내전역을 돌며 평화시위를 벌이다
3시 30분경 자진 해산했다. … 용봉대에서 추모제가 진행되는 동안
학동에 있는 의과대학 및 치과대학에서는 학생 1백여 명이 오후 1시부터
약 1시간 동안 추모제와 시위를 벌였다. 한편 이날 오전 8시께 70여 명의
학생들은 광주역에서 정문까지 시위를 벌였다."
〈고 박종철 학우 49재 … 평화행진〉,《전대신문》, 1987.3.12.

준비하고 만일 호헌조치가 발표되면 즉각 광주학살의 원흉인 군사독재정권과의 일전을 불사할 것을 결의하였다. 다음 날 전두환 군사독재 정권이 4·13호헌조치를 발표하자 전국 최초로 당일 오후 3시 30분 전남대 5·18광장에서 '장기집권음모 호헌분쇄를 위한 학생총회'를 개최해 학내 평화행진을 진행하고 100여 명의 학생과 함께 농성에 돌입했다.[15] 4월 14일에는 1,000여 명이 참여한 가운데 '제2차 비상총회'를 개최하고 김승남 총학생회장을 비롯한 20여 명이 단식 농성을 전개했다.[16]

15. "4시부터 학생들은 개헌논의 결과보고 및 신호헌론 설명, 정국대처방안 등을 논의했다. … 토론이 끝난 5시 10분경 7백여 명의 학생들은 '군부독재 타도하자', '호헌론을 분쇄하자'는 구호를 외치며 40여 분 동안 교문 앞으로 진출, 평화적으로 시위를 벌였다." 〈총학·구학투 1, 2차 학생비상총회〉, 《전대신문》, 1987.4.16.

16. "철통같은(?) 장기집권 전통을 고수하여 기어이 총칼로 민중의 손에 의해 최후를 마치겠다는 전두환 집단의 강철 같은 의지를 내보이는 것이다. … 또다시 독재의 아성에 항거하던 4월의 함성! 민주화된 해방의 땅을 갈구하던 5월의 핏빛 함성을 부르고 있다!" 〈민중의지 우롱하는 호헌은 결사반대한다!!〉, 전남대 반외세 반독재 구국학생투쟁위원회, 1987.4.14.

각 단과대학 또한 비상총회를 열고 4·19정신 계승과 호헌철폐를
위한 수업 및 중간고사 거부를 결의했다.

당시 전국 대부분의 학생운동이 주로 학원민주화투쟁을
전개한 것과 달리 전남대 학생운동은 4·19혁명 27주년 계승과
5·18 7주년을 맞이해 대대적인 정치투쟁을 계획하였다.[17]

4월 15일 4·19혁명 정신 계승제 및 단식 농성을 지지하는
본부 철야농성, 4월 16일 '장기집권 호헌론 결사반대',
'학원 민주화 쟁취' 투쟁[18], '4·19혁명 27주년 반외세 반독재
대동단결 마당' 행사 개최, 4월 17일 오후 3시 5·18 광장에서
2,000여 명이 참석한 가운데 '4·19혁명 계승과 호헌철폐'
투쟁 후 오후 7시까지 거리시위와 횃불시위를 전개했다.[19]
4·19 투쟁을 마무리한 전남대 학생운동은 지역사회단체와
연계해 본격적인 5월투쟁에 돌입했다.

17. "전남대에서는 '4·19혁명 27주년'을 맞이하여 4월 15일 …
 단식 농성에 들어간 학우들을 지지하는 철야농성에 돌입하였다.
 4월 16일, 철야농성에 들어갔던 학생들이 본부 옥상으로 올라가 …
 가열찬 투쟁을 전개하였고…."《용봉광장》, 1987.
18. 당시 요구조건은 졸업정원제 폐지, 학칙 67조 개정, 사범대발령문제,
 실험실습비, 학사징계 등이었다. "본부 앞에서 총장의 면담을 요청하였다.
 그러나 학교 측의 무성의한 자세로 말미암아 협상은 결렬되고 …."
 《구국의 길》, 1987.5.
19. "어둠이 채 깔리기 전인 7시 수위실 앞에서부터 민중 승리를 의미하는 구국의
 횃불이 하나씩 점화되고 우렁찬 박수 소리와 함성 속에서 행진이 시작되었다.
 그때까지 학교에 남아있던 학우들과 주위에서 싸움을 지켜보던 학우들까지
 대거 참가하여 삽시간에 대열은 3천 명가량으로 불어났다. … 학우들의 열기는
 최고조에 달하여 마치 혼연일체가 된 듯하였고 학우들이 부르는 노랫소리가
 용봉골을 진동하였다. 8시 45분경 대회는 끝을 맺었다."
 《구국의 길》 3호, 1987.5.

iv. 전남대 6월민주항쟁 전개과정

〈보도〉

용봉골에 메아리쳤던 4월투쟁함성

1. 4월 혁명정신을 장기집권음모 호헌분쇄투쟁으로 /

이숭만 독재 정권을 권좌에서 몰아 냈던 60년 4월, 그 날의 고동치는 피의 함성이 다시금 우리의 옷섶을 때리는 바로 그 4월이다.

그런데 4월 7일부터 법썩이던 동향이 아연 심상치않게 전개되고 있었다.

"함의 개헌을 성취하기위한 마지막(?) 기도를 드리고 있다"는 노태우의 방언이나 "무리하게 개헌을 할 바에야 차라리 호헌이 낫다"는 등의 개헌 포기 신호탄이 바로 그것이며 이를 보기 신호탄이 바로 그것이며 이를 보기 신호하지 않았음에도 불구하고 5.18광장 앞에 모인 인파는 용봉 학우들의 분노의 열기가 충분히 대변하고 있었다.

학우들은 토론속에서 "개헌 정국을 촉발시킨 힘이 4천만 국민의 요구 확산되던 터져오르는 민주민권 요구 열풍을 되새기며, 이 힘을 분쇄코자 시하고 파쇼의 모든 책임을 신민당에게 전가하려 내린 호헌분이 전두환 군부독재정권의 또 다른 한 형태에 불과할"을 역설하고 이러한 학우들의 의지를 모아 전북학 생회 범위내 반톡재 구국학생 투쟁위원회에는 흔들리지 않는 투쟁을 전개하여 호헌본을 기필코 분쇄하고 말겠다고 선언하였다.

14일 오후 3시 30분 제 2차 학내비상총회가 열렸다. 용봉 학우들은 재절권의 호헌이 연운에 대해 더 이상 분노를 억누르지 못하고 곧바로 투쟁에 돌입하며 "국민의지 우롱하는 호헌 결사반대" "장기집권저지" "군부독재타도" 등의 구호를 외치며 정문에서 전경들과 함께 치열한 공방전을 전개하였다.

15일 11시 총학생회, 총여학생회에서는 "4.19혁명 정신을 이어받은 피끓는 학우로서 전두환 군부독재정권의 장기집권음모 호헌본 현재 하에서 만연한 온갖 비리부패, 고 소물 결고 참지할 수 없다"며 20여명이 단식농성에 돌입하였고, 오후에는 "4.19혁명정신계승 및 단식투쟁지지대회"가 열렸는데 총대의원회를 비롯한 각 자치기구와 구국학생 무쟁위원회에서는 총학생회의 단식상을 적극 지지하였고, 학내붙합투쟁에 참여할 것을 앞다투어 선언하였다. 그리하여 학내투쟁은 총학생회의 벽을 넘어 전학우들의 영원부쟁을 고취하였다. 이에 학우들은 전두환을 정점으로한 군독재의 부상태로 말미암아 협상은 결렬되고 결국 학우들은 우리 손으로 학생자치기구를 수호하고 학원민주화를 쟁취하기위해 본부 점거농성의 필요하게 되었다.

〈요구조건 : 졸업정원제철폐, 학칙 67조 개정, 시대앞영문제, 실험실습비, 학사정책 등〉

본부 안에서 학우들은 "혜 우리의 현 시기에 본부 점거농성을 택하면 했

단가를 토론하며 결국 학내 민주화는 사회 민주화부의의 초석 임을 재차 확인하였으며, 호헌론 반대투쟁을 어떻게 벌여나갈 것인가를 토론하였다.

4월 16일 동연 전두환정권은 4.19를 앞이두어 국민들로 호헌은 못시키겠으나 양보도 못하겠다라고, 미리 겁쥐주려고 전무회의 석에 내각, 치안지휘자, 국국회의 국방차장 까지 모두 시위에 계획을 효율화하지 시작하였다. 그러나 우리 용봉학우들이 이에 굴할손가…

오전부터 학과, 단과대학 등은 비상총회를 개최하여 단식농성을 지지하고 함께 투쟁에 나설 것을 기치를 성원하였다. 군은 오후로 본부 앞에 집결하여 "장기집권도구 호헌은 검사한대! " 확현민주화 쟁취하자" 등의 구호를 제창하고 각 단과학우들과 함께 투쟁하기에 50명을 제외하고는 1차 농성을 해체하였고 농성장에서 계속 투쟁하면서 단대대상학회를 가진 학우들이 본부에 집결하여 "우리는 왜 농성을 해제하는가? " "성공시킨 정농 본부 앞에서 본투쟁을 후우들과 함께 하기위해서이다" 라고 전두환정권의 장기집권도구 호헌본 분쇄투쟁에 전력해이하를 표명하여 14시간만에 농성을 해체하였다.

투쟁 17일 총학생회에서는 한옆성들의 안정속에 진행되는 성을 위해 정두환계를 비롯한 미 2학우들과 현옥가 공인가 하여 2학우들과 학원민주화 쟁취투쟁을 조직하려고 단식에서 전투하기기위해서도 교회의 투쟁을 시약하였다. 오전회의 시에 17일 오후 1시 30분 집회투를 확약했다.

17일 오후에는 또한 4.19혁명계 승실천회의가 있었다.

용봉학우들은 이숙만 독재정권의 영구집권음모에 맞서 민중승리를 쟁취했던 60년 4월 혁명정신을 계승하여 지금 전두환 군부독재정권에 의해 자행되는 호헌본을 분쇄할 것을 굳게하여 이어오는 함성을서 자행되는 호헌본투쟁을 전개하였다. 학우들은 비슷도록 손굳을 끌 레두고 수백을 앞에서 토론회를 개최하여 여륜을 모아가도록 하였다.

7시부터는 전국대학 동시의 촛불 행진이 있었다. 어두위 가로등 켜지기 전에 7시 앞에부터 민중의 승리를 추력한 박수 소리와 함성 속에서 행진이 시작되었다. 그 래에서 학교에 남아있던 학우의 학우들이 각 대열에 합석 대열은 3천여명 가량으로 늘어났다. 대열은 "우리의 소원은 통일, 선구자, 님을 위한 행진곡, 5월가" 등을 부르며 손에 손을 맞잡고 투하나 되어 민중, 인문대, 상대, 사대, 공대, 자연대 순으로 학교를 돌고 다시 5.18광장 앞에 집결하였다. 이후 또다른 손에서 촛불을 처급하며 7시 반에서 본무부까지 지지 않고, 독립지지 자립감으로 하면서 보복하게 배포하여 환경을 중분히 한 개최하였다.

그런데 집회에 이어 야수들 끝내고 5.18광장 앞으로 돌아갈때는 우리의 강도가 알았다. 총학생회가 발표한 내용에 양포는 부르며 학교를 떠났으며 4월19일 광주에서는 700여명의 학우들이 기탄함에 나와 1시간 30분 동안 경기

그리고 그 다음주인 27일부터 2학년 학우들의 전방업소가 예정되어 있어
현 정권의 교묘한 솜씨로 말미암아 야 예견되는 달리 선택되어오로 대체와 전방 입소에 대해서 어떻게 대처할 것인가를 논의하는 토론회가 수요, 5.18광장에서 개최되었다. 2학년 학우들의 의견은 장권부족 부정에 이용되어진 반공 이데옮로기속에서 회색화된 민족의 동질성을 회복하고 민족분단 아픔을 체험하기위해 전방 입소를 하는 방향으로 집약되고 있었다.

그리고 호 학생회는 각과와 단위 여학생회의 의견을 수렴하여, 출범일 20일 아침 7시~10시까지 대운동장에서 전방에 입소하는 2학년 학우들의 환송회를 개최하기로 했다.

그런데 문제는 학교측의 예정된 프로그램상 7시 30분에 광주역에서 가져가 출발인다는 것이었다. 학우들은 이를 이용 돌파하기로 했다. 환송에 주는 어떠할 것인가? 학교에서 7시~10시 사이에 많은 학우들의 환송을 받으며 가리고 싶다는 요구 사실을 전답하였다. 그리하 학우들의 요구는 예정된 프로그램 대로 강행할 것을 통고하였다. 그리하여 20일 아침 7시 30분 2년 전방 입소 대상자 200여명을 학우들의 끝까지 송전을 마치고 전방으로 출발하였다.

《4월 17일 5.18광장 - 4.19혁명 계승 실천대회》

도 전경과 투석전을 전개하는 영웅적인 투쟁을 벌였다고 한다.

학우들은 28일 "이, 김말사 추도식" 과 학생신분보장을 요구했으나 거부당하자 37명이 자진퇴소하였다. 그런데 학우들이 도중 경기도로에 내려졌음의 현으로서 성부보고 언제 된다는 것이다. 더우기 기막힌 사실은 천안에서 학교 직원이 학교로 다가고 하고서는 서부서쪽에 학생들을 넘겨 됐다는 사실이다.

용봉학우들은 군부독재정권과 학교당국에 대한 분노를 억누를 수 없이, 그리고 연행학생들의 즉각 귀환조치시길 결코 연행학원자 〈국방부장관, 경기도경국장, 서부서장〉의 공개사과를 내걸고 즉각적인 싸움에 돌입하여 본관 앞에 농성에 들어갔다. 그러나 학교측의 부당하게 담겨진 용봉 분노를 학원 본부 앞에 가늘여수 없도록 만들었다.

이러한 학우들의 투쟁도 다음날 아침 31일의 학우가 작양하였다. 그러므로 법학관 비록 한 수 명시되는 것과 거두가 두끝에 번져지고 있었다. 6명의 학우가 아직 석방되지 않았고 공개 사과도 없었으므로 우리는 요구 조건을 관철시키기위해 더욱 가열차게 투쟁하였으며, 결국 나머지 학우들이 우리 품으로 돌아올 수 있었다.

위의 투쟁이 적들의 백주학생들에 대한 탄압에 맞서여 가열한 투쟁을 전개한 결고 승리를 쟁취한 경우이다. 우리 용봉학우들의 단결의 의미를, 기
필코 승리하고야 만다는 의미로 투쟁 속에서 비로서 확특한 것이다. 우리 의 단결에서 투쟁에서 저일로 하는 수 밖에 없다는 것을 이번 투쟁은 가르쳐 준다.

2학년 전방입소투쟁은 단순히 2학년 학우들의 문제만이 아니라 석이기투쟁교육, 즉 현 정권의 예속적 제 국주의 분쇄암에도 불구하고 모든 학우들이 함께서 투쟁, 투쟁하였던 모습이다. 다음에도 대처해야 타성적인 자세를 보여 멋진 반성의 여지를 남기기도 했다.

2. 2학년 학우들의 전방입소 투쟁 - 불타오르다

20~25일은 중간고사 기간이었다.

항상 뜨거웠던 5월투쟁

5월 7일 '5월 학살 원흉 처단 및 호헌분쇄를 위한 5월 투쟁 선언식'을 개최하고, 오투위를 결성했다. 이때 거리 진출을 시도하는 과정에서 87년 최초로 경찰이 학내로 진입하면서 30여 명의 학생이 연행되었다.

전남대 총학생회와 구학투는 기존 관행에서 벗어나 오월제를 5월 11일부터 14일까지 개최한다. 이 과정에서 지역 학생운동 연대기구인 '호남학생연합 건설준비위원회'(이하 호학련(준))를 결성했으며, 오월제 기간에 5·18광주민중항쟁 관련 슬라이드와 비디오 상영, 〈화려한 휴가〉 마당극 공연, 연사 초청강연회 등 다양한 문화행사를 전개한다.

전남대 학생운동은 지역사회단체와 연대하여 '제1, 2차 범도민 궐기대회'를 개최했고, 5월 18일에는 전남대 5·18광장에서 2,500여 명이 참석한 가운데 '5·18민중항쟁 제7주기 계승제'를 열었다.[20] 행사 후에는 정·후문에서 거리 진출 시위를 시도했으나 경찰들의 교내 진입과 강경 진압으로 무산되었고, 뒷길을 통하여 망월동 묘지를 참배한 후 오후 3시경에 원각사와 중앙로를 중심으로 거리시위를 전개했다. 이 과정에서 구학투와 오투위 성원들이 연행되는 돌발사태가 발생했다. 전남대 학생운동은 5월투쟁의 마지막까지

20. "오후 1시 계승제를 마친 1천 5백여 명의 학생들은 자주-민주-통일 등 3팀으로 나누어 정문과 후문 공대 쪽에서 1시간여 동안 격렬한 시위를 벌이며 거리 진출을 시도했다. 이에 전경들은 페퍼포그와 최루탄으로 학생들의 거리시위 진출을 저지하였는데 한때 자연대 합동강의실 등은 다연발 최루탄으로 가스가 가득 차 통행이 불가능하기도 했다." 〈5·18 제7주기 추모〉,《전대신문》, 1987.5.21.

거리시위를 진행하며 치열하게 투쟁했다.

전남대 학생운동은 4·13호헌조치를 4·19와 5·18이라는 정치 공간을 활용하여 반독재 정치투쟁을 확산하는 기회로 보았다. 그러나 애석하게도 4월, 5월 투쟁은 애초에 계획하였던 대중투쟁으로 발전되지 못했으며, 선도적인 정치투쟁과 거리시위 과정에서 많은 조직원이 연행되었다. 이런 한계에도 불구하고 투쟁 과정에서 광주·전남 운동 세력은 전국 최초로 5월 18일 망월동 묘지에서 '전남국민운동본부' 출범을 선언했고, 전남대 학생운동은 학교 간 연대체인 호학련(준)을 결성하였으며, 통합 이후 흩어진 대오의 조직적 결속력을 강화하는 성과를 이룩하였다.

전남대 학생운동은 5월 투쟁을 마무리하면서 조직을 정비하고 대중 결합을 강화하기 위해 6월 초에 예정된 '대동제' 개최를 결정한다. 물론 이 과정에서 6·10 대회를 앞두고 대동제를 연기하자는 의견도 있어 치열한 논쟁이 있었다. 그러나 행사가 이미 준비된 상황이었고, 학생들과의 약속을 지켜야 한다는 주장이 있어 대동제를 대중과 함께하는 투쟁의 장으로 활용하자는 의견이 우세했다.

전남대 학생운동이 6월 9일 시작된 대동제라는 공간에서 대중과 함께 다음 투쟁을 준비하고 있는 가운데 '6월 10일 국민대회'가 개최되었다. 이미 시민들은 전국적인 대항쟁을 준비하고 출발선에 서 있었다.

(7) 西紀1987年5月21日 木曜日

「5·18 제7周忌」추모
2천여 학생 계승제 가져
式後 가두진출 시도…시위격렬

◇2천여 학생이 참석한 가운데 가진 계승제중의 한 장면.

광주민중항쟁제 7 주기계승제」가 18일 12시 30분 5·18광장에서 2천여명의 학생들이 참석한 가운데 거행되었다.

총학생회와 구학투산하「오월학살원흉처단및 호헌분쇄특별투쟁위원회」(이하오투위) 주최로열린 이날계승제에서 총학생회장김승남군 (국문·4) 은 인사말을 통해『무정벌의정기가 부끄럽지않게 2만응봉하우는 7 년전선배들의 부름든눈을 기억하며 싸워나가자』고말했다.

이어 오투위 위원장 최완욱군 (철디·4) 은 『5월 18일은 우리의 민주실현을위한서곡』이라고 전제한뒤 계속 노력해 나갈것을 천명했다.

이날 계승제는 추모제와 추도사 남향, 5월이후 학단시 결과보고등의 순으로 이어졌는데, 학생들은 계승제가 시작되기전 경찰들의 학내진입을 대비 본부앞교과 경영대·인문대·후문등지에 의자로 바리케이트를 치고 식을 거행했다.

오후 1시 계승제를 마친 1천 5백여명의 학생들은 자주·민주·통일등 3 틈으로 나누어 정문과 후문 공대쪽에서 1시간여동안 격렬한 시위를 벌이며 가두 진출을 시도했다. 이예정경들은 페퍼포그와 최투탄으로 학생들의 가두시위 진출을 저지하였는데 한때 자연대 합동감실물은 다연발 최투탄으로 가스가 가득차 통행이 불가능하기도 했다.

2시 15분에 시위를 마친 학생들은 5·18광장으로 다시집결, 이날 시위를 정리하고 이후의 「가투투쟁」을 다짐한뒤 2시 40분 자진해산했다.

을 피새었으며 이자리에서 방 정호목사는 「5·18과 나라사 랑」이라는 주제의 설교를통해『다시는 5·18과같은 역사가 일어나지않기를』기도했다.

또한 학생들은「현시국에 대한 전남지역 기독학생의 신앙적 선언문」이라는 글을통해『진정한 민주주의가 실현될때까지 비폭력의 원칙하에 모든 불의와 맞서 십자가 고난의 길을 걸어나갈것』을 다짐하고 『5·18의 진상을 만천하에 공개하라』「언론·집회·결사의자유 보장하라」고 주장했다.

학생들은 이후 점심을 금식하기로 결의하고, 모임이 끝난후 교내평화행진도 가졌다.

석사장교 17명합격

대학원 87학년도 전기 특수전문요원(석사과정) 합격자는 총 17명으로 밝혀졌다.

이들 17명은 지난 3월 22일 국사와 영어과목을 시험을 치른결과 지난 13일 합격발표돼 병역혜택을 적용받게 됐다.

그리세 미술전시회
1일부터 1학생관

「미술전시회」가 아마튜어 미술서클인 그리세주최로 오는 6월 1일부터 6일까지 7일간 제1학생회관 소강당에서 열린다.

이번 미술전시회에는 60여점의 작품이 전시된다.

그리세는 매년 무차례의 전시회를 갖고있다.

제 1 회 합창연주회
22일남도예술회관

음악학과와 음악교육과가 공동주최하는 제1회「합창연주

1987년 5월투쟁 중
전남대 정문 가두시위 모습.

2. 6월민주항쟁 과정

우리는 87년 6월 한 달 동안에 벌어진 투쟁을 '6월민주항쟁'이라 부른다. '항쟁(抗爭)'이라는 단어의 사전적 의미는 '대항하여 싸움'이다. 사전적 의미만 보더라도 항쟁이란 단순한 시위와 행위를 넘어서 강력한 다툼과 대결의 의미가 강하다.

과연 항쟁의 의미는 무엇인가? 항쟁이란 특정한 상황에서 대규모 대중들이 참여해 그들의 요구를 관철하기 위해 물리력을 동원해 집단적 항의시위를 전개하는 것으로 보아야 한다. 이와 같은 의미에서 6월민주항쟁은 민주화에 대한 요구가 축적되어 아래로부터 집단적인 항의시위가 분출된 사태라고 할 수 있다. 6월민주항쟁은 이런 항쟁의 전형적인 모습이다.

그렇다면 전남대 학생운동의 6월민주항쟁은 언제부터 언제까지를 그 시기로 보아야 할까. 다양한 견해가 있지만 여기에서는 전남대 학생운동에서 87년 6월민주항쟁을 더 뚜렷하게 드러내기 위해 6월 10일부터 이한열 열사 장례식이 마무리되는 7월 9일까지를 그 시기로 설정하려고 한다.

대동제와 6월 10일 '국민대회'

국민대회를 사수하라

6월 10일 국민대회는 2·7대회, 3·3대회 이후 4월과 5월을 거치면서 형성된 국민의 민주화 열망이 집결되어 폭발하는 민주화 대행진의 출발점이 되었다. 군사독재정권은 4·13 호헌조치에 이어 6월 10일 민정당 전당대회를 통해 노태우를 후계자로 선출하고 장기집권의 계획을 구체화한다. 이에 대항해 민주화운동 세력은 6월 10일 민정당 전당대회 날을 범국민적 '국민대회' 날로 잡고 대회 준비에 착수했다. 국민운동본부는 6월 8일 전국대회의 계획과 장소를 공개하고, 모든 역량을 동원해 대회를 범국민적인 투쟁으로 발전시키고자 분주하게 움직였다. 각 대학에서도 사전에 6·10대회에 참가하기 위한 결의대회를 개최하고 적극적인 참여를 다짐했다.

군사독재정권은 6·10대회를 사전에 원천봉쇄하고자 온갖 수단을 동원했다. 광주지역의 경우, 경찰은 병력 4,000명을 동원해 6·10대회 장소인 YMCA를 중심으로 금남로와 노동청 방향을 삼중으로 차단한다. 또한 사전에 대회장 주변 67개소 건물을 검색하고, 각 공공기관에 퇴근 시간을 오후 4시로 조정할 것을 요청했다. 광주시 교육위는 중학교와 실업계고는 오후 4시 이전에, 일반고와 2부제 학교는 밤 10시 이후에 귀가하도록 조치했다. 택시 노동자들의 경적 시위를 저지하기 위해 사전에 경음기 연결 부분을 제거했다. 그리고 만일을 대비해 대회 당일에는 재야인사들을 사전에 가택연금했다.

전남대는 6월 4일 '6·10 범국민대회 참가를 위한 학생총회'를 개최하고 6·10대회 참가를 결의했다. 6월 10일에는 '조선대

아! 다시 부르는 청춘의 노래

87년 전남대 정문,
6월 10일 용봉대동제
마라톤 대회.

민주총학생회 건설준비위원회'와 함께 '6·10대회 참가를 위한 광주지역 학생결의대회'를 오후 4시 30분 대강당 앞에서 개최했다.

이날 대회에서는 6·10 대회 행동강령을 발표하고, 〈광주학살 장기집권 군부독재 타도하자!, 호헌철폐하고 민주헌법 쟁취하자!, 독재 지원 내정간섭 미국 놈을 몰아내자!〉라는 결의문을 채택한다. 오후 4시 50분 교내집회를 마치고, 6시 금남로에서 열리는 국민대회에 참가했다.

전남대는 오전에는 용봉대동제와 6·10대회를 결합하기 위해 마라톤대회를 겸한 선전전을 진행했다. 이 과정에서 많은 학생이 연행되었다. 대동제가 학내 중심으로 진행되었고 학생회는 그 행사를 진행해야 했기 때문에 서클조직와 비공개조직 중심으로 대회에 참가했다.

마침내 서막은 오르고

광주지역에서는 시내 곳곳에서 산발적 시위가 다음 날 새벽까지 계속되었다. 시민들이 적극적으로 참여했고, 재야단체와 학생들이 중심이 된 시위들이었다. 시위는 오후 2시경부터 시내 곳곳에서 진행되었다. 5시부터 중앙교회에서 신도와 학생들 200여 명이 경찰과 대치했고, 원각사 주변에서는 스님들과 불일청년회 그리고 시민들 120여 명이 거리에 나와 시위를 전개했다. 전남여고 주변에서는 시위하던 학생과 시민 1,000여 명이 전남여고로 도주하는 과정에서 담장이 넘어지는 일이 발생하기도 했다. 6월 10일 하루 동안, 학생과 시민 2,000여 명이 미문화원 앞을 포함해 30여 회에 걸친 시위를 벌였다. 밤이 깊어지자 중앙대교를 중심으로 5만여 명이 집결했고 시위는 다음 날 새벽까지 계속되었다.

龍鳳 대동제…열기3일 盛了
35개행사에 2만용봉인·시민참여도 높아
폐막 교내횃불행진중 한때 전경과 대치

◇용봉 대동제 헛가운데 한장면

용봉인의 하나 됨을 위한 장으로써 개교35주년을 기념하는 「용봉대동제」가 총학생회 주최로 「민족민대항렬」의 눈빛으로 반 박도화 어동물 을 내세워 지난 8일 저녁부터 사작으로 3일간 열쳐진뒤, 11일 막을잋 부분팅감을 끝으로 막을내렸다.
이번 대동제에서는 35개 행사 및 13개의 각종 전시회가 열리, 2만용봉인및 시민들과의 대통널림의 장마련에는 그리용 가치있었지만 사태간의 일체화와 손미적·희획적·양팡성 부의 문화체격에는 이쉬움을 남기였고, 또한 총학생회의 개교기념식 및 용봉봉불제 개막식을 합가형하라고 학교축과 행의이있으나 마음이 달라 따로 기념式행사률 치루기도하였다.

9일一이·첫봉이여

개교기념식및 용봉대동제 개막은 9일 종합운동장에서 3시봉거행을 가졌다. 서울·상도·기천 회동하에 학교측과 총학생회가 학교의 발전과 민주화를 기원하는 전동결을 가졌는데,
이어 2을「용봉봉불제」 대동 영산카」에서 민주일꾼들. 장권구불달, 반제 범세추대 온각점 남부충부의 현체화의 대동 결산식 대동봉불전시 30개 부위 봉불예 대동의 화로 평원동체와 함평 요비호를 묘사했다.
이어 오후 4시에는 비영 과 용봉인(화요?2)과 반부 사회장(일반 1)의 상세결과 여 교체국(일반), 학생·시민운 흠 발표가 있다.
이날 오후 4시부터는 여성단체 「후서지못짓없」, 「여성 인간교사회복지도법에 관한」 사의 심하동성에 한분위에서 여성에 대한 잠세간 지위를 우른 지배, 많여여일 의 화상유 어기 선보였다.
노완선교장해서는 「시민이안전 시」가 4시부터에 어우이었다,
「재11회 주변동인이」도 판 소리·공부·관소리공부(흐시스의)로 공연 감독무제 대강당에서 친행되었다.
한편, 이날 운동사직으로의 행체된 전태역사와 사회환경 및 공해문제에관한 「우리의 설발」이에 자지있다 학술발표 봉 1학생취 소감담에서 「민주학림대회」도이하무 무능안진부분인 태도외했다.

10일一이·무용이어

10일에는 「용봉비문튀제」가 남자1친2배어대, 여자1백30여명이 참가하는가운데 정문 및 시내 봉림행진약운동 봉

비행탈제 9회 바락대회 가감·범과협 친도 가졌다.

11일一이· 내사랑 한반도에

「11일 용봉대동제대단원인 아·내사랑 한반도에 폐막을 앞둔 대동놀이가 화생·시민3 하여었이 짙속한 가운데 음동운동장에서 열었다.
이자리에 참석한 화생·시민들은 해방춤·4박자춤·통봉 어리여걸음·업림·댄스리기동도이 행렬에야이 하나투이 창상, 하나밖에 안위 훈이 되었다.
폐막식에 앞서 총학생회는 지난 10일 시내에서 있었던「6·10국민대회」에 대한 경과보고를 갖가 했다.
폐막식이 끝난후 학생들은 교내횃불행진도도 정문으로 및 진출하였는가 하면 이번 전경들에 이 당의 진원들이 최루탄 을 받사, 화제 혼란을 빛거도.

한편, 이날 11시 5·18봉광장에서 열린 예정이었던 「5·18 민문화 초월」「영사·초청강연」과 「고운사건」 자학서 가벽연강이어는 내용 취소되었다.
이어 「벽재정신문화의 재조명」이 현대사상사설수회(대표 조병엽)에 의해, 「18봉항의 대강당에서 열렸, 지난 5일 예런 뒤문「30주년 6·18의 행진」 예정 예정이었으며 피막쩨는 푸시였으나,

한편, 12째 내동체에 줄렴해 3일농인 종합운동장에서 있었던 4개종목에 대한 최저식 속회에서 종을우수상 광주고 각자 지원로에, 「씨름대회」는 25명이 참가, 85년이시 계속우승의 명성을 가는 여교교) 이 다시 우승을 올랐다.
한편, 이번 용봉대동제는 민 부봉복에 등원해 대동제본이 그에서에서 신가여만 그리, 주일이나 시 시회로의 별 「힘찾아 앞으로」의 서운을으로서 세미나, 부분래아가 발을하는 등 문제점을 드러내 기도 있다.

「6·10대회」 참가결의 대회
10일본교·조선대 참가공동 선언도

「6·10대」 참가놈부이 광주주지역학생불에대화」가 지난 10일 오후 4시3분부 본교교학생 및 조선대학교학생동 5백여명 이 참가하는가운데 대강당에서 얻으였다.
총학생회주 구학부주최로 열린 이날 경인대회에서는 6·10대의 의의에 대한 발표와 한계 조선대학최동학생회의 인성준비위원회주축의 신은순 비위협의 「6·10대봉 참가부 분명등이 발표되었다.
총학생회장 김는남군 (국문4)은 「공동결의봉」을 통

해 「한민화의 전부의상업의 초현을 폐과 군구복재타도를 위해 싸워나갈지」을 말했다.
「민주학림전체계의 민주적 부수립하라」는 한부의 구토를 마지 화합 학생들은 이후 6시 국 립사찰지의 불국 사기요간, 저희 4시5봉 지진불빌보대어가 있다.
한편 지난 4일에는 총학생회주 구학부주최로 「6·10회험가들의대회」가 2백여영 회원가든이 대회에는 본교 18봉광장에서 열리 마등동인이 봉사사건임지관을 발표하고 교내

◇「광주민중광활쟁재연 거리궂」

본교생 6명연행돼
「6·10번 국민대회」서
지난10일 「6·10번 국민대회」가 본교길에도 (축산·3) 이 본교학생 각 화학 광·광산·화순 경찰서에 어언 연행되었다.

16일이후 7명 구속
지난 5월16·17일 가두시위 및 18일의 탈봉지 주모4 지 22일 시내소의 작전, 최한구 (동기·3)의 6명은 참가 시위에 관한 입봉위만된 지구 속되었으며 46일의 연행학생들 이 취소되는 것으로 인정이 되었다.
이에 총학생회 빈저장의 서비부장 행의가 갈부시위행의 변화 위협되고 있는데 19일에서 경험에 연행되었는 19일이해 23%사이어 오번등되어 속숙되 어어 4호명이 연행석봉되고 있다.

5일분이 연행학생 중 14일이 구속되고 22일이 속삼에 넘기어졌으며 66일의 화생이 훈방 되었다.

구속및 속삼에 넘겨졌던 학생

夏季奉仕
농대·치대

87학년도 「하계봉사활동」이 오는 7월27일 시작해 8월9일까 지 농대·치대·약대 세무성에 의 반발 기7개로, 약 2벳5성이 참가할 것으로 알려졌다.
대상은 장흥군, 강진군, 나주군, 화순군등의 도시와 떠나 어리, 정부의 손길이 적인 지역 이다.

「광주민중 항쟁」
지난 27일, 총학생

「5·18광주민중찾쟁재연거리 궃및 5일분보고대회」가 총

이날 전남대 학생들은 시내 집회시위 시작 시각에 맞춰 우체국 앞, 구(舊) 원호청 앞 등에서 구학투 중심의 거리시위를 벌였고, 충장로와 금남로에서는 시민 상대 선전전과 국민대회를 알리는 호루라기 불기 등 비폭력시위를 전개했다. 서현교회 앞에서는 새벽까지 시위가 이어졌으며, 여기서 해산당한 학생 시위대와 시민들은 백운동을 지나 조선대 앞을 거쳐 전남대로 돌아오면서 법원 앞 사거리 농장다리 부근에 있는 지산파출소를 타격했다. 이들은 전경들에게 쫓겨 산수오거리 부근에서 두암동 방향의 산 쪽으로 도망쳐 밤새 산속에서 모기와 사투를 벌이고 다음 날에야 학교로 들어오는 긴 투쟁의 하루를 보내야 했다.

6·10항쟁의 시작을 알리는 첫날 풍경은 전남대 학생운동이 그동안 겪어보지 못한 시위 양상이었다. 시민들은 최루탄을 동원한 경찰의 강경 진압에도 흩어졌다가 다시 모이기를 반복할 뿐 물러설 줄 몰랐다. 이날 시위에 참여한 학생들은 시민들의 모습에 감동하였으며, 투쟁에 대한 새로운 각오를 다졌다.

6·10대회 이후 광주지역은 11일~14일까지 별다른 시위 없이 조용한 주말을 보냈다. 서울 명동성당 농성과 부산지역 중심으로 투쟁이 격렬하게 진행되고 있는 상황이었다. 참으로 의외의 상황이 벌어지고 있었다. 민주화운동사에서 투쟁의 변곡점마다 중심 역할을 해왔던 지역이 너무도 잠잠했다. 이때 일을 두고 "광주가 5·18 과정에서 고립된 투쟁에 대한 피해 의식으로 인해 전국적인 상황을 주시하고 있었다"라고 섣부른 평가를 하는 사람도 있다.

이 문제를 바로 보기 위해서는 당시 광주지역 상황을 객관적으로 보아야 한다. 광주·전남지역의 중심역량인 전남대 학생운동은 9일부터 11일까지 3일간 대동제를 진행했다.

대동제가 끝나고 바로 주말이었던 탓에 학생들의 동원이
불가능한 상황이었다. 지역 재야단체는 물리력이 압도적인
경찰력을 뚫고 시위를 조직하기에는 역량에 한계가 있었다.

또한, 당시에는 군사정권과 민주화 세력 그 누구도
6·10대회가 민주화운동의 분수령이 될 것을 예상하지 못했다.
6·10대회는 모두의 예상을 깨고 명동성당 농성과 이한열 열사의
사경을 헤매는 사투로 인해 전국적인 거리시위로 이어지면서
정국은 걷잡을 수 없는 상황으로 발전했다.

6월항쟁은 전국적인 항쟁이었다. 이에 특정 지역의
시각으로 다른 지역 운동에 대한 설익은 평가는 자제해야
한다. 앞에서 언급한 "광주지역이 5·18 트라우마에서 투쟁을
주저했다"라는 평가는 이후 광주지역이 보여주는 중단 없는
강고한 투쟁을 보면 납득하기 어려운 평가다. 지역 운동에
대한 평가는 그 지역이 가진 역사적 경험과 객관적 조건을 잘
들여다보면서 신중하게 접근해야 할 문제다.

6·10대회는 군사정권과 민주화운동 세력에게 상당한
충격으로 다가왔다. 상황을 이대로 두면 장기집권 계획이
무산될 것을 우려한 군사독재정권은 당·정 협의를 통해 정당
해산 또는 계엄령선포 등의 강경조치를 취할 수도 있다고
야당과 국민을 협박했다. 명동성당 농성이 6·10항쟁의 상징적인
거점이 되면서 군사정권은 이를 조기에 진압하기 위해
명동성당을 중심으로 병력을 집중했다. 집결하려는 시위대를
해산시키기 위해 강경책을 동원한 것이다.

운동 세력 내부에서도 명동성당 농성은 예상하지 못한
일이었다. 이에 명동성당 농성을 두고 자진 해산을 할 것인지
장기농성을 할 것인지 고민했다. 야당 또한 폭력화되는

시위에 대한 부담으로 군사정권과의 타협점을 모색하려는
시도가 나타났다.

　　전남대 학생운동 세력은 명동성당 농성이 조기에 종결되고
투쟁 열기가 식어버리면 군사독재 정권의 장기집권이 실현되어
또다시 광주가 80년 5·18처럼 고립적인 투쟁을 되풀이할
수밖에 없다는 상황을 직감하였다. 따라서 광주에 다시 투쟁의
불길을 지펴야 한다는 결연한 각오와 불퇴진의 투쟁 결의를
다진다. 이에 전남대 학생운동 세력은 대동제를 마치고
상황분석을 통하여 12일~14일 사이에 투쟁의 새로운 전환점을
만들기 위한 대책 수립 논의에 들어갔다.[21]

왜, 우리는 삭발하는가?

이제 우리가 나서야 한다

전남대 학생운동은 주말을 보내고 15일(월요일)에 '6·10
국민대회 보고 및 이한열 최루탄 부상 진상 보고를 위한 제1차
민주학생 비상총회'를 5·18광장에서 2,000여 명이 참여한
가운데 개최한다. 이날 총회에서는 이미 11일에 과 학생총회를
개최하여 기말고사를 무기한 연기하기로 결의한 정종재(사범대
85) 국사교육학과 회장이 시험 연기를 선언하는 성명서를

---

21. "폐막식에 앞서 총학생회는 지난 10일 시내에서 있었던 '6·10 국민대회'에 대한
경과보고를 갖기도 했다. 폐막식이 끝난 후 학생들이 교내 횃불 행진 도중
정문으로 진출하려 하자 이를 저지하기 위해 지키고 있던 전경들이
최루탄을 발사, 한때 혼란을 빚기도 했다."
〈용봉 대동제 열기 3일 성료〉,《전대신문》, 1987.6.11.

낭독하고, "군부독재 정권의 종식을 위해 1, 3, 4학년은
무기한 시험연기를 결의했다."라며 타 학과의 동참을 호소했다.
6·10 국민대회 이후의 투쟁을 지켜보며 대동제 마지막 날부터
여러 학과가 논의해왔던 '기말고사 무기한 연기'를 전체
학과들의 결의로 마무리하자는 제안이 이어졌다.
　그러나 1차 학생총회로는 투쟁 분위기를 고양시키는 게
부족했다. 대책이 필요했다. 긴박하게 돌아가는 전국의
상황에서 광주지역 투쟁이 주는 의미가 절실하다는 것을
느끼고 있었기 때문이다. 이에 전남대 학생운동 지도부는
기존의 투쟁방식으로는 학생들의 참여를 보장하기 힘들다고
보고 총학생회장과 구학투 위원장을 중심으로 한 삭발시위를
계획한다.

모두가 잡혀가도 물러서지 말자

다음 날 6월 16일 '제2차 민주학생 비상총회'가 열린다. 이날의
비상총회는 전남대와 광주지역 6월항쟁의 전환점이 된
집회였다. 총학생회는 전날 열린 1차 비상총회 이후 대책회의를
소집하고 김승남 총학생회장의 삭발을 결정했다. 이 소식을
접한 박춘애 총여학생회장이 동참을 선언했고, 김승남 총학생회
회장, 문현승 구학투 위원장 등 3명의 삭발식을 준비하고,
이 소식을 대자보를 통해 교내에 알렸다. 삭발식을 결정할
당시만 해도 그 파급력을 누구도 예상하지 못했다.
　그러나 집회 시작 전에 단과대학별로 깃발을 들고
5·18광장으로 몰려오는 학생들의 숫자는 이미 다시금 타오르는
투쟁의 불씨를 확인하기에 충분했다. 집회 대열은 5·18광장을
가득 채웠다. 김승남 총학생회 회장, 문현승 구학투 위원장의

삭발에 이어 박춘애 총여학생회장의 긴 머리가 싹둑 잘려나가자 소리 없이 흐르던 눈물은 흐느낌으로 변하고 이 흐느낌은 투쟁의 열기가 되어 집회장 곳곳으로 번져갔다. 이후 주최 측에서도 예상하지 못했던 20여 명의 삭발 동참이 급기야 혈서로 이어지면서 투쟁의 열기는 최고조에 달하게 된다. 역사의 우연이 필연이 되는 순간이었다.

한 학생이 웃옷을 벗어 혈서를 쓰기 시작하자, 곧이어 여러 학생이 현수막을 펼쳐놓고 자신들의 손가락을 깨물거나 면도칼로 그어 뚝뚝 떨어지는 붉은 피로 "호헌철폐, 독재타도, 한열이를 살려내라"라는 선홍색 구호를 써나가기 시작했다.[22] 당시 혈서시위에 상당히 많은 학생이 참여했으며, 그중에는 면도칼로 손가락을 긋는 과정에서 너무 깊은 상처를 입기도 하고, 치료를 받지 못한 상태에서 이후 상당한 후유증을 감내해야 했던 학생들 또한 많았던 것으로 증언하고 있다. 당시 총학생회 고병용 총무부장은 상황이 좋지 않아 2학생회관에 있는 학교 보건소에 긴급지원 요청을 한 사실이 있었다고 구술한 바 있다.

4·13호헌조치 이후 다른 학교와 다양한 계층에서 삭발투쟁이 있었지만, 전남대 삭발과 혈서투쟁은 광주지역의 6월투쟁에서 학생들을 선도투쟁의 최대 동력으로 다시금 부활시켰으며, 이후 거리투쟁에서 민주화 세력이 압도적 우위를 점하게 하는 동력이 되었다.

---

22. "전남대생 2천여 명은 16일 오후 교내 중앙도서관 앞에 모여 2차 비상총회를 가졌으며 이들 중 일부학생들은 삭발을 하거나 혈서를 썼다." 〈지방주요도시 심야농성〉,《광주일보》, 1987.6.16.

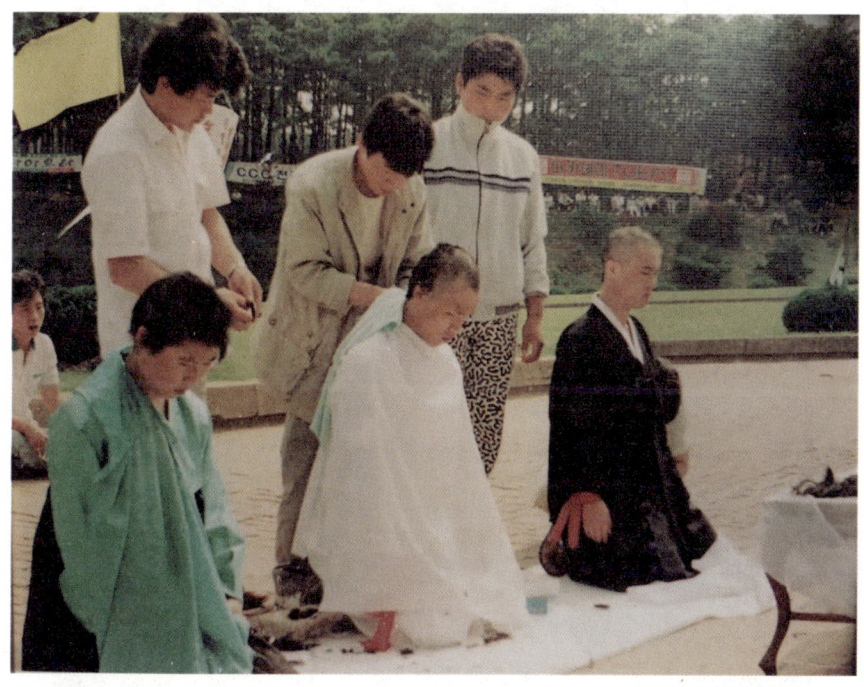

1987년 6월 16일 삭발투쟁
(왼쪽부터 총여학생회장 박춘애,
구학투 위원장 문현승, 총학생회장 김승남).

삭발투쟁이 혈서로 이어지다.

이것이 가능했던 것은 군사독재정권에 대한 학생들의 분노와 저항의식이 더는 참을 수 없는 임계점에 이르렀으며, 젊은 청춘들이 자신을 던져 조국을 구하겠다는 열망으로 이미 꽉 차 있었기 때문이라 생각된다. 집회장을 가득 메운 학생들 개개인이 집회의 비장함 속에서 스스로 삭발과 혈서투쟁을 감행했던 것은 투쟁의 선봉에 내가 서야 함을 스스로 증명하고자 하는 투쟁 의지의 표출이었다. 그것은 기꺼이 조국의 민주화에 나를 바치겠노라 자신을 채찍질하는 다짐의 의식이었을 것이다. 이렇게 2차 학생총회는 광주·전남의 6월투쟁을 이끄는 새로운 국면 전환의 계기가 된다.

　　집회를 마친 학생들은 5·18광장의 열기를 모아 시내로 진출하기 위해 정문으로 이동한다. 어김없이 정문을 지키고 있는 전투경찰에 의해 시내 진출이 막히자, 정문에서 연좌·연와시위를 전개한다. 이 연좌·연와시위는 기존 투쟁방식을 벗어난 시도로 대중투쟁의 새로운 전기를 마련하는 것이었다.

　　전투경찰들이 연좌·연와시위를 하며 저항하는 학생들의 머리 위로 사과탄을 터트리며 최루가스를 난사하는 등 강경 진압을 시도하고 이 과정에서 선두에 있던 학생들이 연행되는 모습은 고스란히 주변 상가 주민들과 거리의 시민들에게 노출되었다. 당시 시위대 주변에는 많은 시민과 하교하는 중·고교생들이 있었는데, 갑자기 내린 소나기에도 동요 없이 이 과정을 지켜보고 있었다. 이들은 경찰들이 자행하는 폭력적인 진압에도 연좌·연와시위 대오를 유지하고 있는 학생들의 모습을 보며 분노를 금치 못했다. 이러한 분위기는 연행 학생들의 석방 요구로 이어지고 늦은 오후 연행 학생들이

1987년 6월 16일 전남대 정문 연좌·연와시위
(맨 앞에 서서 선동하는 사람 왼쪽부터 박춘애 총여학생회장,
김승남 총학생회장, 이용빈 총학생회 부학생회장,
오진국 사회대 학생회장).

풀려났다. 학생들은 정문 싸움을 정리하고 중앙도서관으로
이동하여 철야농성에 돌입한다. 중앙도서관에서 진행된
철야농성 역시 이전과 달리 운동권 학생뿐 아니라 일반
학생들이 참여하여 이후 투쟁에 대한 다양한 의견을 제출했고,
17일 각 과와 단과대학별 총회 개최, 시험 거부와 5·18광장 집회
참여를 결의했다.

5월의 데자뷰(도시항쟁)

거리에 누워 파란 하늘을 보다

6월 17일 오전에 각 과와 단과대학별로 집회를 하고 모여들기 시작한 시위 대열은 5·18광장 앞의 봉지 연못으로 모여들었다. 봉지 앞에 집회 단상을 마련하고 총학생회와 투쟁위원회가 집회를 열었다. '제3차 민주학생 비상총회'가 진행되고 '호헌철폐 및 최루탄 추방을 위한 특별대책위'(상임위원장 이용빈 총학생회 부회장, 공동위원장 박춘애 총여학생회장, 나현수 서클연합회장)를 결성한다. 이날 집회는 이전과는 달리 모든 전술을 공개적으로 학생들에게 알리고 시내로 어떻게 진출할 것인지를 토론했다.

학생시위대는 3개 방향으로 진출했다. 경찰이 배치된 정문은 일부 단과대학이 막고, 나머지 대열의 한쪽은 후문을 통해, 또 다른 한쪽은 농대 쪽문을 통해 시내로 향하게 된다. 시내로 진출한 학생시위대는 미문화원과 그랜드호텔, 우체국, 중앙교회 등 10여 군데에서 연좌·연와시위를 진행하며 시민들의 동참을 호소했다.

경찰들의 무자비한 진압으로 결집력을 갖지 못했던 시민들은 학생들의 연행을 각오한 비폭력 거리시위에 호응하며 주변에서 함성과 지지를 보내고 결속했으며, 이에 학생들은 투쟁에 대한 자신감을 형성한다.

학생들은 시위대가 해산하면 시민들이 모여 있는 곳에서 다시 선전·선동을 했다. 경찰들은 학생과 시민들이 모여 있는 장소를 향해 사과탄과 최루탄을 발사했다. 그리고 흩어지고 해산하는 과정에서 사복경찰들은 학생들을 연행했는데,

이러한 숨바꼭질 시위가 시내 곳곳에서 이어졌다.
이제 시민들은 흩어지지 않고 끝까지 버티면서 학생들과 함께 투쟁에 나서기 시작했다. 이날 시위 과정에서 학생 35여 명이 연행되었다.

16일, 17일 투쟁은 광주·전남 6월항쟁의 새로운 분기점이 되었다. 전남대 학생들의 거리시위 진출을 기점으로 광주·전남지역 '6월민주항쟁'은 본격적인 궤도에 오른다. 광주에서 6·10대회 이후 강력한 물리력을 형성한 경찰력에 대항하기에는 사회운동의 역량만으로는 한계가 있었다. 경찰이 강경하게 대응하며 시민 서너 명만 모여도 최루탄과 사과탄으로 해산시키고 주동자를 연행하는 상황이었기 때문에 시민들의 참여를 이끌 수 있는 구심력이 약했다고 볼 수 있다. 당시 광주지역 학생운동의 중심적 역할을 했던 전남대 학생운동 세력의 시내 진출이 절실한 상황이었다고 볼 수 있다.

전국 민주화운동 세력은 6월 15일 명동성당 농성이 해산되자 투쟁 열기를 이어가기 위해 6월 18일 '최루탄 추방대회'라는 2차 전국대회를 계획한다. 전두환 군사정권은 항쟁의 주동력인 학생운동을 무력화하기 위해 19일을 기점으로 전국대학의 조기 방학을 실시하고, 계엄령 발동을 검토한다. 이 같은 군사정권의 강경책은 종교계와 야당의 동요를 불러왔다.

15일 명동성당 농성이 해산되자 18일 이후의 투쟁 양상은 서울보다 광주와 부산 중심의 지방 대도시에서 더욱 격화되었다. 자칫 투쟁 열기가 하락할 수 있는 시점에서 전남대 학생운동의 대대적인 도심 진출은 광주지역을 중심으로 새로운 운동의 동력을 형성하는 중요한 분기점이 되었다.

타오르는 광주

광주에서도 18일 '최루탄 추방대회'가 개최되었다. 전남대 학생운동 세력은 오후 3시 30분 5·18광장에서 4,500여 명이 참여한 가운데 '거리 출정식 및 연행 학생 즉각 석방을 위한 제4차 민주학생비상총회' 개최한다. 이날 비상총회를 통해 전남대는 학동 캠퍼스를 제외한 10개 단과대학 가운데 약대를 마지막으로 기말시험 무기한 연기를 결의하였다.

이날 총회를 마친 학생들은 계림동, 조흥은행, 서현교회 세 방면으로 나뉘어 거리시위를 전개한다. 충장로 1가 무등극장, 황금동 골목 등에서 시민, 학생 3,000여 명이 연좌시위를 하다가 경찰의 최루탄 난사로 해산되면서 학생들은 호남동성당으로 대피하거나 광주공원 앞과 중앙대교로 집결하여 비폭력시위를 전개했다. 시민, 학생 400여 명은 남동성당에서 철야농성에 돌입했다. 학교로 돌아온 500여 명은 자정 12시에 중앙도서관 앞에 모여 시위를 정리하고, 12시 50분쯤 도서관에 들어가 철야농성을 한 뒤, 다음 날 오전 8시 30분 해산했다.

18일 시위에 학생들이 대열 맨 앞에서 적극적이고 헌신적으로 투쟁함으로써 시민들은 학생들이 모이는 곳이면 구호와 함성으로 함께했다. 시민들은 경찰들의 무차별적인 최루탄 난사와 사과탄 투척에 항의하며 적극적인 투쟁방안을 강구하자는 의견을 제시했다.

전남대는 19일부터 조기 방학에 들어갔다.[23] 조선대생을 포함하여 5,000여 명이 참석한 '제5차 학생비상총회 및 광주지역 청년학도 총궐기대회'를 체육관에서 개최했다. 이 대회에서는 특별위원회 나현수 공동의장이 〈광주지역 애국청년학도 총궐기선언서〉를 낭독한 뒤 각 학과, 단대별 대책위를

시내 황금동 일대에서
연와시위를 하는 학우들의 모습,
《광주일보》

23. "학생들의 교내시위와 시험거부사태로 학기말고사를 치르지 못하는 대학이 크게 늘어 19일 오전 전남대를 비롯한 전국 48개 대학이 조기 방학에 들어갔다. … 전남대 교내 곳곳에는 19일 아침 8시 20분께 총장 명의로 기말고사 무기연기-시험일자 추후 통고 내용의 공고가 나붙었는데 평일에 비해 19일 아침 9시께 등교하는 학생 수가 현저하게 줄었다."
「전남대도 조기방학」,《광주일보》, 1987.6.19.

구성하고 정부의 탄압정책인 휴교령, 위수령에 대비해 신속한 연락망을 구축하여 학교에 집결하기로 결의한다.

오후 5시 10분경 시청 사거리, 공용터미널, 학동 전남대병원오거리등에서 시위를 시작했고 오후 7시 원각사에서 호헌철폐 및 구속자 석방을 위한 법회가 예정되었으나 경찰의 원천봉쇄로 무산되었다.

이날 시위는 이전과는 다르게 중앙로를 중심으로 격렬하게 전개되었다. 중앙대교와 구 원호청 앞 그리고 원각사 앞 등 중앙로의 주요 거점을 중심으로 투석전을 벌이고 화염병을 던지며, 경찰의 최루탄 발사와 같은 물리력에 점차 공격적인 형태의 시위로 대항했다. 그리고 저녁 8시쯤에는 시민들이 계림파출소를 점거하고 내부에 있는 집기를 밖으로 꺼내 불태우기도 했다.

시민들이 대거 불어나면서 8시 30분쯤 3,000여 명이 원각사 앞에 모여 연좌농성을 하고 3만여 명이 금남로 4가를 중심으로 시위에 참여했다. 이날 시위 과정에서 50여 명의 시민, 학생이 다쳤다. 시위대는 금남로·중앙로·공용터미널 일대를 점거하며 토요일인 다음날 20일 오전까지 시위를 계속 이어갔다.

당시 비폭력시위를 전개하는 과정에서 최루탄으로 인해 많은 부상자가 발생했고, 경찰들의 무차별적인 연행과 폭력이 행사되었다. 학생들에게 가장 힘들었던 고통은 경찰의 폭력적인 진압에 어떤 저항도 하지 않고 버티는 것이었다고 한다. 비폭력시위 과정을 통해 학생들과 시민들은 "이 같은 방식으로는 군사정권과 끝장을 볼 수 없다. 강력한 대항 투쟁을 전개해야 한다."라고 주장했다.

87년 6월 19일 원각사 앞 시위 장면, 《광주일보》

함께 나가자! 도청으로

전국 대부분 지역에서는 19일과 20일을 전후로 계엄령이 발동될 것이라는 소문이 돌았고, 24일 예정된 전두환과 김영삼의 영수회담 상황에 기대해보자는 분위기가 조성되었다. 이 때문에 시위는 소강 상태를 유지한다.

반면 광주지역은 18일 투쟁에 고무되어 있었고 19일 이후 투쟁은 폭력시위 양상으로 진행되면서 20일부터는 광주 시내가 시위대에 의해 완전히 장악된 상황으로 발전했다. 20일 시위에서는 전남대 의대생 300여 명이 가운을 입고 거리행진을 했다. 이에 전남대병원에 근무하는 인턴과 간호사 일부가 동참했다.

오후 7시경 중앙대교 앞에서 500여 명의 학생시위대에 시민들이 참여하면서 시위 대열은 급속히 늘어 1만여 명으로 증가한다. 오후 8시 30분경에는 충장로파출소 맞은편에서 화염병이 등장하여 파출소 앞이 불길에 휩싸였고, 경찰과 대치 상태가 계속되면서 갈수록 숫자가 늘어나 밤 9시경에는 중앙로와 금남로 등에 시위대 20만 명이 도로를 가득 메웠다.

연일 이어진 시위는 이제 단순한 '호헌철폐, 직선제 쟁취'를 넘어서 군사독재정권 퇴진을 위한 도시항쟁의 수준으로 발전하고 있었다. 국민운동본부는 26일을 기해 전국적인 3차 대회인 '국민평화 대행진'을 계획한다. 26일 5시 30분 금남로 4가 중앙교회 앞에서 유동삼거리까지 가득 메운 5만여 명의 시위대는 도청탈환을 목표로 치열한 투쟁을 시작했다. 이날 시위에서는 그동안 서현교회를 중심으로 시위에 참여했던 광주지역 고등학생들이 '광주지역고등학생민민투'라는 조직을 결성했다.

경찰의 원천봉쇄에도 불구하고 이날 시위는 밤이 되면서 광주시민의 3분의 1인 30여만 명이 참여하는 도시항쟁으로 발전한다. 중앙교회를 중심으로 한 금남로, 서현교회를 중심으로 한 중앙대교, 원각사를 중심으로 한 중앙로 방향, 대인동 공용터미널 로터리 주변, 전남대병원 로터리 등 광주 도심 전역에서 도청을 에워싸고 적게는 4천~5천, 많게는 2만~3만 단위의 시위대가 형성되어 다음날 새벽 4시까지 투쟁이 이어졌다.

1980년 5·18광주민중항쟁 이후 광주지역의 최대 인파가 시위에 참여했다. 26일 전국에서 시위에 참여한 인원 집계를 보면 광주 30만, 서울 20만, 부산 5만, 대구 3만, 대전 5만, 마산 2만, 전주 10만으로 집계되었는데, 이날 시위는 흔들리고 있는 군사독재정권에 쐐기를 박는 결정타가 되었다.

6월민주항쟁에서 가장 격렬한 시위를 전개한 광주시민은 5·18광주민중항쟁 당시의 '대동 세상'을 재현했다. 20일

이후 광주는 오후가 되면 시위대가 도시를 완전히 장악하면서
6월항쟁이 끝나는 시점까지 매일 도심 해방구를 형성하는
모습을 보였다. 오후 6시 정도가 되면 금남로를 중심으로 미리
거리에 나와 신문지를 방석 삼아 앉은 시민들이 학생들을
기다렸다. 외곽에서 선전전과 타격전을 전개한 뒤 학생들이
금남로로 나오면 시민들이 동참해 시위가 시작되었다.

    학생들이 골목길에서 쉬고 있으면 고층 사무실에 근무하는
회사원들이 창문을 열고 학생들에게 음료수와 먹거리를
던져주면서 시위를 지지했고, 여학생들이 모금함을 들고 선전
활동을 하며 호소하면 여기저기서 많은 시민이 모금에
참여해 순식간에 모금함이 가득차기도 하였다. 이러한 모금
활동으로 모아진 돈은 6월항쟁 동안에 많은 선전물과 화염병을
만들 수 있는 소중한 밑천이 되었다.

    시위 대열은 저녁 퇴근 시간에 급격히 불어나서 광주은행
사거리(현 금남로 4가역 교차로)에서 수창초등학교 앞까지
금남로를 가득 메웠다. 광주은행 사거리 시위 대열의 맨
앞에서는 대학생 전투조와 시민 전투조(일명 시모)가 화염병과
투석전을 전개했으며 시위 대열 중간중간에서는 학생들이
선전·선동을 하고 시민과 학생들이 모여서 활발하게 정치토론을
하며 군사정권을 성토했다. 이때부터 시위 현장에서의 즉석
연설과 자유 토론이 새로운 시위 문화로 자리 잡기 시작했다.

    전투조 남학생들은 중앙교회 방송과 시민들의 함성을
신호로 투석전을 전개했다. 거리시위는 오후 퇴근 시간에
시작되어 다음 날 새벽 3~4시까지 이어졌으며, 이러한
철야시위는 6월항쟁 기간 내내 이어졌다. 어둠이 찾아오는
저녁 시간이 되면 앞을 분간할 수 없는 깜깜한 혼돈 상황 속에서

1987년 6월항쟁 당시 중앙대교 부근 가두시위

투석전과 최루탄의 공방전이 이어졌다. 시민과 학생들은 어둠 속에서 날아오는 최루탄 방향을 전혀 알 수 없어 부상을 당할 수밖에 없었다.
　광주은행사거리를 중심으로 경찰은 시위대의 도청 진출을 봉쇄하기 위해 이중삼중으로 겹겹이 저지선을 형성하고 있었다. 컴컴한 어둠 속에서 남학생 전투조와 시민 전투조는 화염병을 들고 지하도 입구를 방패 삼아 경찰 저지선이 보이는 최대한 단거리까지 접근해 화염병에 불을 붙이고 저지선을 돌파하기 위해 치열한 공방전을 펼쳤다. 어둠 속에서 화염병 불꽃은 최루탄의 주요 표적이 될 수밖에 없어 위험천만한 공격 행동이었다. 전투조에 소속된 학생들의 죽음을 각오하는 결사 항전의 정신력이 없었다면 그처럼 과감한 행동은 할 수 없었을 것이다.

끝나지 않은 투쟁

우리는 여기서 멈출 수 없다.

1987년 6월 26일 전국적인 대항쟁에 밀린 노태우 민정당 대표는 결국 '6·29선언'이라는 항복선언을 발표한다. 전남대 학생운동은 '6·29선언=속이구 선언'이며, 미국의 군사정권 연장책으로 보고 지속적인 민주화투쟁을 전개하기로 했다.

전남대 학생운동은 6월 29일 1,000여 명이 대강당 앞에 모인 가운데 '군부독재 종식을 위한 전열 정비대회'를 개최하고 "직선제 쟁취의 성과는 거두었으나 6·29선언의 진의를 바로 보고 미국과 군부독재 정권의 장기집권음모를 저지하기 위한 투쟁의 고삐를 늦춰서는 안 된다."라고 호소했다. 이날 대회에서는 〈투쟁의 불길로 독재를 종식 시키자!!: 90만 광주 애국시민께 드리는 글〉[24]이라는 유인물과 〈투쟁을 승리로 이끌기 위해서는 우리는 무엇을 해야 할 것인가?〉[25]라는 유인물을 배포했다.

주요 내용은 승리감에 도취해 우왕좌왕할 것이 아니라 6월민주항쟁을 군부독재 종식과 민주정부 수립으로 이어나가자는 것이었다. 그 실천방안으로 6월항쟁 동안 싸움을 전체적으로 이끌어나갈 지도부의 힘이 미약했다며 국민운동본부에 개인은 물론 가족별, 동별, 회사별, 친목회별,

---

24. "민주화의 의지가 드디어 군부독재 집단의 쇠사슬을 녹인 것입니다. 그러나 … 승리감에 도취될 수만은 없습니다." 〈투쟁의 불길로 독재를 종식 시키자!!〉, 전남대학교 호헌철폐 및 최루탄 추방을 위한 대책위원회, 1987.6.29.
25. "우리는 저들이 던져 주는 미끼에 걸려들어서는 안 될 것이다. … 이제 우리는 독재 타도를 위해 조직정비를 결행하고 전열을 가다듬어 힘차게 싸워나가야 할 것이다." 〈투쟁을 승리로 이끌기 위해 우리는 무엇을 해야 할 것인가?〉, 전남대학교 호헌철폐 및 최루탄 추방을 위한 특별대책위원회, 1987.6.29.

투쟁을 승리로 이끌기 위해
우리는 무엇을 해야 할 것인가/

6.10 이후에 계속 고양된 범국민적 민주화 열기는 우리의 투쟁을 가열차게 하였다. 전두환 민정당 무리배들의 거대한 물리력에도 꿋꿋이 결연하게 펼치고 일어섰다. 전두환 민정당 무리배들은 노도와 같이 불타오르는 국민적 민주화 열기를 무마시키고자 일련의 기만적 제스츄어를 내보이고 있다.

이에 우리는 저들이 던져주는 미끼에 걸려들어서는 안될것이다.

우리의 궁극적인 목적은 군부독재타도와 진정한 민주정부 수립이 아닌가?

승리감에 도취하여 우왕 좌왕하는 우리의 틈을 저들은 쉴세없이 노리고 있음을 새삼 명심하자.

현재 우리앞에 당면한 상황적 과제를 분석해보고 함께 토론해 보자.

1. 현 정치 정세속에서 제기되는 과제

지난 4월 13일 전두환 일당은 호헌을 발표하여 전 국민적 저항과 분노를 불러일으켰다. 그러나 국민의 힘은 6월 10일부터 지속적으로 광범위하게 표출되어 왔다. 그러나 미국은 자신들의 각본 속에서 나온 4. 13 호헌조치를 이제는 개량 전술로 변화하며 타협과 협상을 종용하고 있다. 또한 전두환 일당은 국민의 거대한 힘에 부딪혀 어떻게 국민의 민주화 열기를 무마시킬 것인가 고심하고 있다. 이러한 일련의 정세속에서 과제는

(1) 미국은 어떠한 의도하에 내정간섭을 과감히 하고 있는가?

(2) 현 전두환 군사독재는 애초의 호헌고수에서 개헌논의로, 개헌논의에서 4. 13 호헌조치로, 그리고 이제 대통령 직선제로 입장을 변화할 수 밖에 없는 근본원인은 무엇인가?

(3) 노태우의 8개 조항 담화문이 갖는 의도는 무엇인가?

2. 현 정치 정세속에서 제기되는 조직적 과제

우리의 싸움은 가교하게 구축된 적과의 투쟁이다. 지금까지 거의 날마다 시민과 함께 가두투쟁과 교내 집회를 가져왔다. 이제 우리는 독재타도를 위해 조직정비를 결행하고 전열을 가다듬어 힘차게 싸워나가야 할 것이다.

(1) 현 정세속에서 가장 적절한 투쟁 조직 형태는 어떠해야 하는가.
— 전남대학교 호헌철폐 및 최루탄 추방을 위한 특별 대책위원회에 대한 평가.

(2) 우리의 투쟁대열을 어떻게 정리할 것인가.
— 현 정치정세에 대한 토론 강화 방법
— 연락체계를 어떻게 구축할 것인가.

이와 같은 정치정세와 조직적 과제를 각학회, 써클등에서 토론한후 우리의 투쟁을 승리로 이끌기 위해 지금 당장 무엇을 할 것인가를 고민해야 할 것이다.

밝아오는 민주세상을 향해 힘찬 거보를 내딛으며 가열찬 투쟁의 전열을 가다듬자. 우리의 투쟁은 군부독재가 타도되고 민주정부가 수립되는 그날까지 계속 되어져야 한다.

위에 제시된 토론내용을 갖고 목요일 (7월2일) 날 광범위한 토론회가 있을 것입니다.

많은 학우들의 참가바라며 토론 후 우리의 투쟁방향을 정립하고 전열을 가다듬을 것이다.

분단조국 42년 6월 29일

전남대학교 호헌철폐 및 최루탄 추방을 위한 특별대책위원회

투쟁의 불길로 독재를 종식시키자!!

— 90만 광주 애국시민께 드리는 글 —

끝나지 않은 우리의 민주화 대열을 정비하여 간악한 전두환 민정당 군부독재 무리를 끝장냅시다.
지난 6.10대회를 기점으로 하여 시작된 우리의 지난한 투쟁은 80년 이후 최대의 투쟁이었읍니다. 독재의 아성을 난타한 민주의 패기였읍니다.

연일 수만 수십만 애국 민주의 물결은 독재무리에 대한 전국민적 심판이었으며 민주화의 신새벽을 알리는 응장한 신호탄이었읍니다.

특히 이 고장 빛고을의 영웅적인 투쟁은 한반도의 모범이였으며 도시의 귀감이 되었읍니다.

집회와 시위의 자유가 없는 독재의 땅에서 연일 수만의 인파가 가두로 나와 집회를 갖고 투쟁을 전개했던 것은 이 땅의 주인은 국민이었음을, 즉 우리들 자신이었음을 보여주었읍니다. 또한 수많은 사람의 열렬한 동참과 지지는 광주시민이 너와 내가 아닌 하나임을 보여주었고 우리가 하나로 굳게 뭉친다면 이루지 못할 일이 없음을 가르쳐 주었읍니다.

이러한 우리의 부단한 투쟁과정에서도 몇가지 문제점은 도출되었읍니다.

첫째 : 싸움을 전체적으로 이끌어 나갈 수 있는 지도부의 힘이 미약했읍니다.
이는 각계 각층에서 수 많은 인파가 시내로 집결하였으나 확실한 지도부의 통제에 의해 각목조, 화염병조, 투석조, 차량조들이 편성되고 지역별 배치가 되는 등의 조직적이고 체계적이지 못한 점이 현실적으로 드러났읍니다. 적들의 강고한 물리력에 대항하여 싸워 이기기 위해서는 우리의 힘을 결집하고 지도할 수 있을 지도부가 반드시 필요합니다.

현재 민주헌법을 쟁취하기 위한 국민운동본부가 발족하여 범국민적 투쟁을 지도하고 있읍니다. 개인별 참가는 물론 가족별, 동별, 회사별, 친목회별등 단체별로 국민운동 본부에 참가하여 한줌도 안되는 전두환 민정당 무리배들을 쓸어버립시다.

둘째 : 다양한 방법의 모색이 부족하였읍니다.
연일 계속되는 광주시민의 가열찬 투쟁은 독재의 무리들에 대한 준엄한 심판이었읍니다. 또 한 국민의 힘이 얼마나 무서운 것인가를 보여주었읍니다. 그러나 날마다 같은 형식 같은 장소에서 계속 되어진 투쟁은 새로움을 제시하지 못하고 쉽게 피로해 버리게 하였읍니다.

범도민 대토론회나 문화행사등과 함께 다채로운 프로그램, 그리고 화염병 뿐만 아닌 새로운 무기개발등도 요구됩니다. 이외에도 많은 문제점에 대두되었읍니다. 우리의 전열을 다시한번 재정비하여 강고한 투쟁의지로써 이러한 문제점을 극복하고 전정 이 땅에서 군부독재집단의 종식을 알리는 해방의 북소리가 울릴때까지 구국의 의지를 다집시다.

애국 시민 여러분!
오늘 아침 대통의 깃발아래 뭉친 4,000만 국민의 힘이 무서워 노의 8개조항이 발표되었읍니다. 고립이 아닌 연대로서 폴폴 뭉친 민주화의 의지가 드디어 군부독재 집단의 쇠사슬을 녹인 것입니다. 그러나 독재집단의 기만적인 술책에 더이상 속을 수 없음을 선언한 우리들은 노의 8개조항에 대해 승리감에 도취될 수 만은 없읍니다.

과연, 국민들이 갈망해 왔던 민주의지를 수렴했는가? 아니면 민주의지를 무마시키고자 내세운 기만적 제스츄어인가? 식민지의 안정화를 바라는 미국의 거센 입김이 작용했는가?
또다른 입장에서 나온 것인가를 생각해보고 이웃 사람들과 토론해 봅시다.

8개항 = 직재제 실시, 자율권 보장, 기본권 강화, 언기법 폐지,
직선제 개헌, 구속자 석방, 사면 복권, 선거법 개정.

분단조국 42년 6월 29일

전남대학교 호헌철폐 및 최루탄 추방을 위한 대책 위원회

단체별로 가입하여 조직적이고 체계적인 투쟁을 이끌어
나가도록 하자는 의견, 날마다 같은 장소에서, 같은 형식으로
벌어지는 투쟁에서 벗어나 범도민 대토론회나 문화행사 등
다채로운 프로그램을 개발하고 화염병뿐만 아니라 새로운 투쟁
도구를 개발하자는 의견 등이 제안되었다.

29일 저녁 광주·전남 민주화운동 세력은 남동성당에서
특별미사를 개최했다. 이날 전남대 학생들은 집회에 참여하여
6·29선언의 이행과 함께 군부독재 종식 투쟁을 멈추지 말아야
한다고 요청했으며 촛불 거리행진과 연좌농성을 펼쳤다.

7월 2일에도 700여 명이 전남대 대강당에서 '민주헌법
쟁취를 위한 시국 대토론회'를 갖고 6·29선언 이후의 정세 분석과
대처 방안 등을 논의하고, 광주공원에서 시민들과 이를
공유하기 위한 집회를 열었다. 집회는 경찰에 의해 해산되었으며,
학생회 지도부가 전원 서부경찰서에 연행되었다가 풀려나기도
했다. 7월 2일 집회를 끝으로 거센 화염을 내고 타오르던
6월항쟁의 불길도 서서히 사그라들고 있었다.

잘 가라! 그대

고(故) 이한열 열사가 7월 5일 끝내 숨을 거두자 전남대는
7일부터 9일까지 교내에서 비상총회와 추도대회 등을 갖고
열사의 넋을 기렸다.[26] 장례식 당일인 9일, 전날 자정부터
모인 2천여 명이 5·18광장에서 '이한열 열사 애도 및 민주화
진군대회'를 가졌다. 전남대는 오후에 운구차가 운암동에서
진흥고를 거쳐 전남도청 앞 광장으로 엄숙하게 이동할 수 있도록
길을 트고 추모 대열을 정리하는 일을 맡았다.

광주시민 30만 명이 참석한 가운데 도청 광장(현 아시아

문화전당 앞 5·18민주광장)에서 추도식이 거행됐다. 이날
전남도청 앞 광장에서 금남로, 유동삼거리에 이르는 1.7km가량
도로는 차도와 인도의 구별 없이 시민들로 가득 찼다. 이날 도청
노제는 밤 7시 늦은 시간에 진행되었다. 도청 앞에 세워진
'민주헌법 쟁취하여 우리 국민 살길 찾자'라는 만장 위에 잉꼬
한 마리가 잠시 머물다 가자 김승남 전남대 총학생회장은
추도사에 앞서 "저 잉꼬 새는 한열이가 광주를 못 잊어 새가
되어 날아온 것이다."라고 표현했다.

　　이한열 열사의 하관식은 민족·민주열사들이 잠들어 있는
제3묘역에서 유족들과 진흥고 후배들, 그리고 시민·학생들의
진혼곡이 울려 퍼진 가운데 엄수되었다.

　　승리의 그 마지막까지 사경을 헤매며 투쟁하던 열사는
오늘도 광주시민과 전남대 학생들 가슴속에 잠들어 있다.

26. "학생들은 장례일정과 대처방안 등을 논의하고 '한열이를 부활시키는 것은
독재타도와 미제 축출의 그날까지 투쟁을 계속하는 것'임을 결의했다. …
9일 30만여의 인파가 운집한 가운데 열린 '故 이한열 군 장례식'에 참석한
1천여 명의 학생들은 이군의 장지인 망월동 묘지까지 운구행렬을 뒤따르기도
했다."〈이한열군 추도대회〉,《전대신문》, 1987.9.3.

이한열군 추도대회
금남로등서 평화행진

故이한열군(연세대경영과·2)의 사망과 관련 학내에서는 7월7일부터 9일까지 「비상총회」와 「추도대회」등의 집회를 갖고, 최루탄으로숨진 李군의 넋을 기렸다.

7월오후 5·18광장에서 가진 『故이한열학우 추도를 위한 비상총회』에서 학생들은 장례일정과 대처방안등을 논의하고 『한열이를 부활시키는것은 독재타도와 미제축출의 그날까지 투쟁을 계속하는것』임을 결의했다.

학생들은 김승남 총학생회장을 위원장으로 하는 「추도위원회」를 구성하고, 계속적으로 「추도대회」와 「추모제」를 가졌으며, 플래카드와 초상화를 앞세우고 교내와 금남로등지에서 평화행진도 벌였다.

9일 30만여의 인파가 운집한 가운데 열린 「故이한열군 장례식」에 참석한 1천여명의 학생들은 李군의 장지인 망월동묘지까지 운구행렬을 뒤따르기도 했다.

이날 자정께부터 본교학생들 과 조대·연대·시민등 2천여명은 5·18광장에서 「이한열열사 애도및 민주화쟁취군대회」를 갖고, 투쟁방향성에 대한 토론을 벌였다.

한편 지난 8월22일에는 「故이한열군 49제」를 맞아 총학생회 간부및 학우 50여명이 참석한 가운데 망월동 5·18묘원에서 추도식을 가졌다.

이광진 〈미교·4〉
<123>

V.

전남대 학생운동에서
6월민주항쟁의 의미

시민과 함께 쟁취한 위대한 승리

6월항쟁은 한국의 전 계급, 계층이 참여하여 군부독재의 철권통치를 고립, 무력화시키고 무릎 꿇린 위대한 국민항쟁이었다. 전국 방방곡곡 모든 지역에서 우리 국민은 민주화 요구를 분출시켰다. 그렇게 해서 받아낸 '6·29선언'이 '형식적·절차적 민주주의'라는 측면에서 한계를 지닌 항복 선언이었던 것은 맞다. 하지만 불법적으로 무력을 앞세워 민주주의를 후퇴시키려는 신군부 권력 집단의 기도를 국민이 나서 스스로의 힘으로 저지시키고 쟁취한 '승리'라는 점에서 "한국 민중의 찬란한 승리의 역사였다."라고 말할 수 있다.

6월항쟁을 찬란한 승리의 역사로 이끈 것은 학생운동을 비롯한 민족민주 세력의 대중노선 덕분이었다. 80년대 초반, 반독재 민주화운동 세력은 도덕적 정당성을 상실한 학살정권의 강력한 물리력과 좌경, 용공 조작을 통한 공안 통치에 억눌려 있었다. 이로 인해 민주화 투쟁 양상은 소수 선진적 활동가의 극단적 희생을 담보로 한 헌신적 투쟁, 상징적 건물의 점거 농성 등을 최대로 활용하는 폭력적 실천에 머물러 있을 수밖에 없었다. 그러면서도 계속 군부독재의 철권통치를 무너뜨려 1984년에는 유화국면을 열게 되었다. 그러한 틈을 활용해 대중투쟁을 적극화하기 시작한 민주화운동 세력은 학생운동을 선두로 본격적인 군부독재 퇴진투쟁에 나서게 된 것이다.

1986년 반외세 자주화, 반독재 민주화, 조국 통일의 구호를 내걸고 싸웠던 '건국대 항쟁'으로 1,288명이 구속된 이후 학생운동과 민주화운동 세력은 대중과 함께하는 실천적 대중운동으로 방향 전환을 모색했다. 그 결과 '호헌철폐 독재타도', '직선개헌 쟁취'라는 슬로건을 내걸고 '일인의 백보전진보다

백인의 일보전진'이라는 대중노선으로 방향을 전환했다.

　6월항쟁은 이러한 대중노선이 사회를 변혁시키는 유력한 힘이라는 것을 실천적으로 입증했다. 각계각층의 정치적 이해와 요구가 하나로 결집되면서 거대한 투쟁의 파도가 일어나게 되었기 때문이다. 대중의 역동성을 통한 실천적 검증만이 선진적이며 진보적인 사상과 이론에 생명력을 불어넣고 사회를 전진시킬 수 있다는 것을 몸으로 배우게 된 것이다.

　학생운동에도 6월항쟁은 지대한 영향을 미쳤다. 서클 형태의 소그룹 선진 활동가 위주의 조직 활동과 급진적 구호를 내건 폭력투쟁, 폭로적·자족적 실천의 한계를 뛰어넘어 대중과 함께해야 한다는 요구를 당연하게 받아들이게 되었다. 학생 대중을 변혁의 주체로 묶어 세워 거대한 세력을 형성하면 한국 사회의 실천적 변화를 가져올 수 있다는 자신감을 갖게 된 것이다. 한국 민주주의운동과 변혁운동의 실체적 주체로서 자신감을 갖게 된 학생운동은 전국의 대학생을 결속시킬 자주 조직인 '전국대학생대표자협의회'(이하 전대협), 그리고 지역별 연대조직을 출범시켰다. 동시에 학생의 기본 조직인 과 학생회를 '전투적 학생회'라는 학생 자주조합 조직으로 발전시키는 노력을 저변에서부터 전개했다. 이는 막강한 힘을 발휘하여 한국 사회의 가장 강력한 정치 투쟁체로서 학생운동을 예속적 독재정권의 유력한 대항 세력으로 성장시켰다.

**6월민주항쟁은 민주주의에 대한 신념을 주조하는
고로(高爐)였다.**

60년·70년대 폭압적 독재정치로부터 고통을 받아온 민주화운동 세력은 80년대 '민주화의 봄'을 강탈당하고 광주학살을 목도했다. 국민이 6월민주항쟁에서 보여준 민주화에 대한 뜨거운 열기와 실천적 의지는 학생운동을 비롯한 민주화운동 세력에게 대중에 대한 무한한 신뢰를 온몸으로 느끼게 했다. 6월민주항쟁을 경험한 세대는 정치적으로 각성된 우리 국민의 힘을 온몸으로 체득하면서 민주화에 대한 신념이 확고해졌다. 평생을 살아가는 실천의 나침반을 얻게 된 것이다. '우리가 뭉치면 군사독재도 굴복시킬 수 있다.'는 확고한 인식이 가슴 속에 뿌리내렸다. 민주화 여정의 주인으로서 자신에 대한 자각은 학생운동 내에서 특히 두드러졌고 이후 민족의 자주성을 찾는 생활문화 영역으로 확장되어 '커피, 콜라 안 마시기 운동'을 필두로 한 새로운 운동 영역으로 발전되었다.

**87년 체제의 구축과 실질적 민주화를 추진하는
대중조직 건설의 도화선**

한국 현대사는 민주화투쟁의 역사라 해도 과언이 아니다. 해방 이후 민주화운동은 수많은 희생에도 불구하고 승리의 역사보다는 실패와 좌절, 미완의 운동인 경우가 많았다. 60년대 4·19혁명과 80년 5·18광주민중항쟁은 일시적으로 승리하였지만 곧바로 반동적인 군사독재, 분단보수 세력에게 되치기 당하였다. 반면에 6·29선언이 '군사정권의 양보와 야당의 타협에 따른 직선제 절차의 수용'이라는 태생적 한계에도 불구하고, 6월항쟁으로 정치적으로 각성되고 실천으로 단련된 국민은 스스로 획득한 제도적 절차를 통해 주권자로 나서기 위한 노력을 주도적으로 펼쳐나갔다.

87년 7·8월 노동자대투쟁을 통해 노동자들의 자주조직이 들불처럼 건설되고 전교조 설립 등 각계각층의 자주적 대중조직들로 확대, 강화되어 '실질적 민주화'를 추진하는 거대한 추진체가 만들어졌다. 국민이 자주적 주체로 서는 데 학생운동 출신들의 목적의식적인 '사회적 투신'이 추동력으로 작용했다. 학생이라는 신분은 다종다양한 영역으로의 사회 진출 가능성을 가진 존재였다. 기층 민중뿐만 아니라 제도정치권, 정부기관, 법조계, 의료계, 교육계, 사무·금융계, 자영업 등 전 분야로 진출하여 민주주의의 씨앗을 틔우고 나무를 키워 민주주의의 숲을 울창하게 만들어내는 데 기여하였다. 6월항쟁의 물길은 전국으로, 전 영역으로 구석구석 흘러 한국 민주주의의 생명수가 되었고 이는 위대한 촛불혁명으로 타올랐다.

전남대 학생운동의 변화

6월민주항쟁 이후 전남대 학생운동도 새로운 전환을 맞이했다. 조직과 투쟁노선에서 전환점을 맞이하게 된 것이다. 1984년 학원자율화 이후 성장한 학생운동은 급속한 대중운동 역량의 확대에도 불구하고 군사정권의 탄압과 선도적인 정치편향으로 소그룹적 서클주의의 활동에 머물러 있었다. 그러다가 1987년 6월항쟁의 승리로 대중의 정치의식은 성장했고, 활동가들의 대중노선에 대한 인식이 전환되었다. 이로써 공개적이고 합법적인 학생회 중심의 학생운동을 펼쳐나가게 되었다. 그 결과 학생운동은 대규모적인 대중운동으로 급성장했다.

6월항쟁으로 민주화가 진전되면서 전남대 학생운동에서 반미 자주화와 통일운동이 본격적인 이슈로 제기되었다. 분단과 예속이라는 한반도의 현실은 비정상적인 형식과 내용을 갖는 민주화일 수밖에 없고 실질적 민주화를 이루어가는 데 민중의 자주성을 옥죄는 쇠사슬로 작용해왔다는 것을 자각시켰다. 기존의 단순한 구호와 일시적인 문제제기식의 반미·통일운동이 6월항쟁 이후 전남대 학생운동의 핵심과제가 되면서 우리 사회의 근본적인 문제를 해결하기 위한 운동으로 발전하게 되었다.

vi.

전남대 6월민주항쟁 투쟁 일지

1987. 01 ~ 1987. 07

1987년 상반기 전남대 학생운동의 투쟁 일지는《전대신문
(전남대 학보사)》과 당시 유일한 지역신문이었던《광주일보》
그리고 '문현승 동지의 공소장'을 중심으로 정리하고 기간에
나와 있는 자료들을 참조하여 날짜별로 기록하였다.

1987. 01. 26. (월)

· 5·18광장에서 학생 500여 명이 참석한 가운데 '고 박종철 학우 추모제 및 애국세력탄압 폭로 대회' 개최. 1시간 동안 정문과 후문에서 침묵시위를 전개한 후 본부에서 해산.
· 김승남(87년 총학생회장 당선자)[1], "인권 탄압하는 군사독재 뿌리 뽑자"라고 주장.

1987. 02. 05. (목)

· 오후 2시 10분 충장로 5가 입구에서 시위. "살인고문 자행하는 군부독재 타도하자", "장기집권 음모 내각제 분쇄하자", "5·18보상하라", "박종철을 살려 내라"는 구호 외침.
· 오후 4시 40분 대인동 공용터미널 앞에서 시위.

1987. 02. 07. (토)

· 박종철 열사 추모제
· 오후 2시 10분 충장로5가 입구 가두시위.
· 오후 4시 40분 대인동 공용터미널 가두시위.
· 이날 시위 과정에서 박웅두(농학 1) 구속, 정찬호(영문 2), 김성호(국문 3), 강성휘(정외 2) 등 3일 구류 처분됨.

1987. 02. 19. (목)

· 500여 명이 참여한 가운데 '2.7 추도회 보고대회 및 고 박종철 49재 준비위원회 발족식' 개최: 준비위원회 위원장 이용빈(의학 1).

---

1. 〈학생관심사 최대한 반영〉,《전대신문》, 1987. 3. 12.

1987. 03. 01. (일)

· 오후 3시 30분경 중흥동 광주고속터미날 앞에서 시위.
 김창수, 이광일, 이창권 등이 주도하여 대학생 150명과 함께
 "장기집권 음모 내각제 분쇄하자, 군부독재 타도하자"를
 외치며 유인물을 뿌림.
· 같은 시간 문현승, 김현옥 주도로 양동시장에서 학생
 70여 명 시위.
· 오후 5시 30분 풍향동 서방시장 사거리에서 문현승, 이광일
 주도로 100여 명 시위. 같은 시간 학동시장에서 이창권, 김창수,
 임동성 주도로 150여 명 시위.

1987. 03. 03. (화)

· 박종철 열사 49재[2]
· 오전 8시 30분경 광주 북구 신안동 신역 앞에서 이창권,
 김현옥, 김창수 주도로 200여 명 시위. "박종철을 살려내라"는
 구호를 외치고 '100만 애국시민에게 드리는 글' 등의 유인물을
 살포하고 이후 전남대 사거리로 진출하면서 신안동에 위치한
 태봉파출소 습격.
· 오후 1시경 '고 박종철 학우 49재 및 용봉학우 평화대행진'이
 교내 5·18광장에서 800여 명이 참여한 가운데 진행됨.
· 오후 8시 30분경 충장로 조흥은행 앞에서 학생 150명이
 참가하여 "살인 만행 자행하는 군사정권 타도하자"를 외치며
 시위함. 이 과정에서 임동성(경영대 84) 연행 구속.

---

2. 〈고 박종철 학우 49재 … 평화행진〉,《전대신문》, 1987. 3. 12.

1987. 03. 10. (화)
· 총학생회 및 총여학생회 출범[3]

1987. 03. 17. (화)
· 구학투 출정식[4]
· 전국 최초로 '반외세 반독재 구국학생 투쟁위원회'
  (일명 구학투) 발족. 투쟁위원장에는 문현승(사대 83),
  산하기구로 '장기집권 음모 내각제 분쇄 투쟁위원회'
  (이창권 경영대 84), '민중생계 지원쟁취 투쟁위원회'
  (김창수 인문대 84), '미국 내정간섭 반대 투쟁위원회'
  (김현옥 사범대 84)를 구성.
· 800여 명이 참가한 가운데 1부는 표정두 열사 추모제,
  2부는 구학투 출정식으로 전개. "장기집권 획책하는
  군부독재 타도하자"를 외치며 시위. 이후 정문으로 이동하여
  저지하는 경찰과 치열한 공방전을 벌임.
· 이날 기관지〈구국의 길〉1호 배포. (이후 3호까지 배포됨)

1987. 03. 30. (월)
·'3.30 1주년 시국 대토론회'를 300명이 참여한 가운데 진행.

1987. 04. 13. (월)
· 전두환 4·13호헌조치 발표

---

3. 〈'87 총학생·여학생회 출범식〉,《전대신문》, 1987. 3. 12.
4. 〈17일 구학투 출정식〉,《전대신문》, 1987. 3. 19.

· 구학투와 총학생회는 오후 3시 30분, 5·18광장에서
'장기집권음모 호헌분쇄를 위한 학생총회'를 개최하고
호헌분쇄 투쟁에 대해 열띤 토론을 벌인 후 교내 전역을 도는
평화행진을 진행함. 이후 100여 명이 농성에 들어감.

1987. 04. 14. (화)

· 구학투와 총학생회는 '제2차 비상학생총회'를 개최하고[5]
오후 1시부터 2시 30분까지 중앙도서관 앞에서 학생 1,000여
명과 함께 "호헌 결사 저지하자"는 구호를 외치며
정문 쪽에서 시위.
· 시위 후 총학생회 김승남 회장을 비롯한 20여 명이
단식 농성에 돌입함.
· 각 단과대학 비상총회 개최, 수업 거부 및 중간고사 거부 결의.

1987. 04. 15. (수)

· 구학투는 오후 3시 중앙도서관 앞에서 학생 1,500여 명이
참여한 가운데 '4.19혁명 정신 계승제 및 단식투쟁 지지대회'[6]를
개최하고 단식 농성을 지지하며 대학본부 철야 농성 전개.
· 이 과정에서 구학투 명의의 〈대동의 함성 1호〉 발행.

1987. 04. 16. (목)

· 4월16일 철야 농성 이후 본부 옥상에 올라가 "장기 집권
호헌론 결사반대", "학원 민주화 쟁취" 구호를 외치며 투쟁.

---

5.   〈총학·구학투 1,2차 학생비상총회〉,《전대신문》, 1987. 4. 16.
6.   〈4.19 정신 계승제〉,《전대신문》, 1987. 4. 16.

· 각 단대, 학과별 비상총회를 거치며 투쟁 재결의.
· '4.19혁명을 통해 본 학생운동의 역할' 주제로 학술세미나 개최.
· 경영대 노천극장에서 '4.19혁명 27주년! 반외세 반독재 대동단결마당' 행사.
· 〈대동의 함성 2호〉 발행.

1987. 04. 17. (금)
· 오후 3시 30분부터 7시까지 학교 정문에서 학생 2,000여 명과 함께 시위하며 〈대동의 함성 3호〉 발행.

1987. 04. 24. (금)
· 5·18광장에서 '전방 입소에 관한 토론회' 개최. 대상자인 86학번 중심으로 전방 군사 훈련의 문제점을 지적하고 식민지 용병 군대의 강제적인 군사교육 철폐 주장.

1987. 04. 27. (월)
· 전방 입소한 학생들이 전방 부대에 도착하여 고 이재호, 김세진 열사 추모식을 요구하였으나 이를 거부하자 37명이 자진 퇴소함. 이들이 퇴소하여 학교로 돌아오는 과정에서 전원 서부경찰서에 연행.

1987. 04. 28. (화)
· 전방 입소 거부 퇴소 연행자 37명 석방 투쟁 전개. 학생 500여 명 참가

1987. 04. 29. (수)
· 오전 10시 30분경 연행된 37명 중 31명은 석방되어 학교로 돌아옴.
· 오후 1시경 구학투, 연행 학우 전원 석방을 요구하며 시위.
· 연행 학우 석방 투쟁 전개. 학생 100여 명 참가.
〈대동의 함성 4호〉 발행.

1987. 05. 01. (금)
· 전방 입소 거부 연행자 중 나머지 학우들 석방. 총장실을 점거하고 농성하던 학생 70여 명 단식 농성 해제.
· 이 투쟁 과정에서 사진 채증으로 류영욱(물리 4), 서대윤(사회 3) 등 집에서 연행 후 구속.

1987. 05. 04. (월)
· 전남대 교수 60명 시국 선언 등 성명 발표.
'현 시국에 대한 우리들의 견해'
  1) 국민적 합의에 의한 개헌
  2) 국민적 요구에 귀 기울이고
  3) 양심수 석방 국민적 합의 기반 조성
  4) 학생들은 폭력 자제

1987. 05. 06. (수)
· 전남대, 조선대 1백 50여 명 학생처 처단 투쟁 조선대 본관 점거. 교수 13명 각목 부상, 승용차 5대 전소. 전남대와 조선대 학생 12명 구속. 전남대생은 김광윤(경영대 3), 백현철(사회대 86), 박영래(사회대 86), 허영하(인문대 86) 구속.

1987. 05. 07. (목)

- 5월투쟁 선언식(5월투쟁위원회 발대식 - 위원장 최완욱) 후 1천여 명 시위. 87년 처음으로 전경들 학교에 진입, 학생들은 중앙도서관 점거하고 밤늦게까지 시위.
- 경찰들이 1학생회관에서 오월제 플래카드 등을 제거하고 최형조(국어교육학과 3) 등 23명 연행.[7]
- 8일 경찰의 학내 진입과 연행 학생 석방 문제를 각 단과별로 비상총회를 열고 협의하기로 하고 해산.
- 이날 오투위는 〈신투사 회보〉 창간호 1,000부와 '5월 투쟁선언문' 500부를 배포.

1987. 05. 08. (금)

- 500여 명이 중앙도서관 앞에서 경찰 학원 진입 응징을 위한 비상 총회를 갖고 정문에서 시위.
- 이날 정문 시위에서 특이하게 거울을 동원하여 경찰들의 시야를 가리는 시위를 함.[8]

1987. 05. 09. (토)

- 300명이 오후 1시 30분경 학동 학강다리와 서방시장 앞에서 "호헌론 철폐하라", "군부독재 타도하자"를 외치며 시위.[9]
- 이날 시위로 문대열(전자공학학과 2), 김현정(영문과 1학년 휴학) 등 2명 구속.

---

7. p.231, 《용봉광장》, 1987
8. 〈전남대 격렬 교내 시위〉, 《광주일보》, 1987. 5. 7.
9. 〈일부 전남대생들 이틀째 격렬 시위〉, 《광주일보》, 1987. 5. 8.

1987. 05. 11. (월)

· 오월제[10] 시작
· 5월 11일부터 14일까지 4일간 전남대 오월제 개최.
· 전남대 오월제 전야제와 '호남학생연합건설준비위원회'
 (전남대에서 8백여 명/전남대, 전북대, 전주대, 우석대, 원광대, 목포대, 순천대, 군산대) 학생들은 결성식을 하고[11] 도서관 앞 잔디밭에서 5·18 추모비 제막식 진행.
· 이후 "호헌 반대, 군부독재 타도" 구호를 외치며 피켓을 들고 교내를 한 바퀴 행진.
· 경찰들은 다시 학내로 진입하여 시위 진압.

1987.05.12.(화)

· 9백여 명이 범도민 시국 대토론회 후 5백여 명 화염병 교내 시위.[12]
· 오월제 이틀째를 맞아 5·18 청년동지회 회장 이세영과 이재호 열사 어머니 전계순 씨 등의 연설을 듣고, 대강당에서 5·18 시극을 1,500명 학생과 함께 관람.
· 이후 정문과 후문으로 이동하여 시위 전개.
· 자연대 수학과, 사대교육과 학생 각 100여 명이 실험실습비 공개 등을 요구하며 학교 측에 항의 시위.

---

10. 〈일부 전남대생들 이틀째 격렬 시위〉,《광주일보》, 1987. 5. 8.
11. 〈전남대 오월제 전야제 격렬 교내 시위, 전남북 5개대 호남학련 결성〉, 《광주일보》, 1987. 5. 11.
12. 〈전남대 시국 대토론회〉,《광주일보》, 1987. 5. 12.

1987. 05. 13. (수)

· 대강당에서 1700여 명이 5·18민주화운동 비디오 상영
 관람 후 체육관으로 자리를 옮겨 2천여 명이 참석한 가운데
 5·18 마당극 관람, 1천여 명 후문에서 격렬하게 시위.[13]
 공대 5호관, 약대 등으로 분산하여 200여 명은 거리로 진출하여
 격렬하게 시위.
· 〈신투사 회보〉 5월 투쟁소식지 500매 배포.
· 이 과정에서 5명이 연행되어 최성일(화공학과 2),
 임종학(무역학과 3)은 구속되고 김우형(고분자학과 3)은
 즉심에 회부.
· 이날 전남도경은 저녁 9시 30분부터 14일 새벽 2시까지
 4시간 반 동안 전남대, 조선대, 목포대, 순천대 등을 압수 수색.
 경찰은 전남대와 목포대에서 빈 병 60개, 각목 93개,
 깃발 42개 등 총 25종 2백 60여 점을 압수.

1987. 05. 14. (목)

· 오월제 마지막날
· 1,200여 명이 20개 시민사회단체에서 주최하는
 5·18민주화운동 정신 계승을 위한 400만 도민 민주화 대행진
 실천대회를 개최하고 정문과 후문 그리고 공대 쪽으로 분산,
 학내와 거리에서 격렬 시위.
· 이 과정에서 공대 서영선(화공과 1)이 머리에 최루탄을 맞아
 중상을 입고 전대 병원에서 수술 받음.

---

13. 〈전대 1천여 명 격렬 시위, 학생 5명 연행 경관 16명 부상〉,
 《광주일보》, 1987. 5. 13.

· 이날 오전 후문에서 정보사찰 중인 사복경찰 2명 중 1명이
  학생들에게 붙잡혀 중앙도서관 1층 1105호실에 숨겨짐. 이를
  구출하기 위한 경찰들의 학교 진입으로 학교는 난장판이 됨.[14]
· 오후 5시 30경 전남대 학동캠퍼스에서 전남대 의·치대
  1백 50여 명 오월제 선포식과 전야제 개최.

1987. 05. 15. (금)

· 오후 1시 5·18광장에서 8백여 명이 참여한 가운데 '5월학살
  원흉 처단을 위한 가두 결사 투쟁 대회'를 개최하고 가투 선언 후
  학내 시위.
· 1백 20여 명 북구청 앞 기습 가두시위 후 중흥2동 파출소에
  화염병 투척.
· 이날 시위에서 〈신투사 회보〉 1,000매 배포.
· 이 과정에서 파출소 기물이 파괴, 무전기를 탈취 당한 경찰들이
  무전기를 찾기 위해 학내로 진입하였으나 못 찾고 밤늦게 철수.
· 학생 26명 연행.
· 경찰 8일 동안 전국 경찰 갑호비상령 발동. 전국 학교 주변
  검문검색 강화와 집단 사태 원천봉쇄를 지시함. 이에 앞서
  경찰은 13일 오후 9시부터 자정까지 시국 관련 수배자 검거를
  위해 경찰 4만여 명을 동원하여 일제 검문검색을 실시함.

1987. 05. 16. (토)

· 오후 7시 20개 단체가 주최하는 1차 범도민 궐기대회 개최.
  광주 대인동 대한극장 앞에서 학생 100여 명과 함께 횃불 7개를

---

14. 〈전대생 1천 2백여 명 격렬 교내 시위 투석전〉,《광주일보》, 1987. 5. 14.

들고 "군부독재 타도하자" 등의 구호를 외치며 금남로 쪽으로
진출 시도, 화염병과 철근 토막 등을 투척하며 시위.
· 이날 시위로 임상봉(사회대 2) 구속, 남상혁(공대 2)
  즉심 처분.

1987. 05. 17. (일)
· 오후 2시 2차 범도민 궐기대회 개최
· 시위로 임동 파출소, 누문동 파출소 등 두 곳 파출소와 경찰
  순찰차 1대 파손, 경찰 5명이 다치고 학생 26명 연행, 행사장인
  YMCA, 가톨릭센터 완전 봉쇄.
· 망월동에서 광주항쟁 7주기 추모식 진행. 시민 1천여 명 참석.
  이 과정에서 시위대에 의해 시청차 1대 전소, 경찰차 2대 파손,
  2명 구속. 추모식 후 가두 진출 시위.
· 2천여 명이 7주기 계승제 후 1천여 명 교내 시위.
  학동에 있는 전남대 의·치대 200여 명 교내 시위.
· 시위 과정에서 류덕렬(문헌정보과 3) 구속, 이금순(불문과 3),
  정은경(독문과 3), 문상배(철학과 3), 심재윤(의예 3) 등은
  즉심 처리, 최경희(철학과 3년 제적) 등 18명은 훈방 처리됨.

1987. 05. 18. (월)
· 2,000여 명이 5·18민주화운동 7주년을 맞아 중앙도서관 앞에서
  광주민중항쟁 7주기 계승제[15]를 갖고 호헌철폐를 주장하며
  대형 태극기를 들고 정·후문에서 격렬한 투석전 전개.
  이 과정에서 조지수(독문과)가 최루탄에 맞아 부상을 입음.

---

15. 〈5.18 제7주기 추모〉,《전대신문》, 1987. 5. 21.

· 의대, 치대생 200여 명도 의과대학 계단에 분향소를 설치하고 교내 시위 전개.
· 이날 교내 시위를 마치고 가두시위를 위해 교내를 나서던 구학투와 오투위 성원인 최완욱, 김현옥, 나민주, 이창권, 김창수 등 연행.

1987. 05. 19. (화)
· 3백여 명이 모여 '5·18 투쟁 결과보고 및 연행 학생 석방을 위한 학생 총회' 후 석방 요구 농성.[16] 21일 민주기사의 날과 22일 반미의 날 더욱 가열찬 투쟁을 전개할 것을 결의.
· 농대생 200여 명이 농대 활성화를 위한 4호관 건립과 학회실 설치를 요구하며 농대와 본부 앞에서 농성.
· 인문대 일문과 무능 교수 퇴진을 요구하며 20여 명의 학우들이 교수연구실에서 농성 시작.

1987. 05. 20. (수)
· 1백여 명이 대인동 파출소에 화염병 투척 시위.[17]
· 오후 9시 30분 40여 명이 야구 경기(해태 대 청룡)가 열리는 무등야구장 앞에서 횃불 10여 개를 들고 시위 및 유인물 배포.
· 농대생 130여 명 학내 문제로 농성.

1987. 05. 22. (금)
· 오전 8시 25분경 150여 명 월산동 민정당사에 화염병 투척 후

16. 〈전남대생 2백여 명 학생 석방 요구 집회〉,《광주일보》, 1987. 5. 19.
17. 〈대학생 차림 1백여 명 파출소에 화염병 투척〉,《광주일보》, 1987. 5. 20.

대성초등학교 방향으로 가두시위를 전개. 횡단보도에 붉은색
페인트로 "5·18 피해 보상하라"고 쓴 뒤 가두시위 전개.[18]
· 오후 1시 20분경에는 학내에서 2백여 명 '민족자주권쟁취를
위한 반미의 날' 행사 후 화염병 시위.
· 이 시위 과정에서 한승철(농생물학과 3), 안근식(공대 2),
강성엽(농대 3), 최강석(인문대 2), 지명준(의학 1),
정종현(농경 4), 김설오(사대 3), 나백주(의예 2),
김향선(인문대 3) 등 15명이 연행되어 즉심 처리.

1987. 05. 24. (일)

· 광주기독교 자유수호위원회(광주 개신교 14개 교단) 주최로
진행된 노상에서 나라를 위한 연합 예배(기도회)에 시민·학생
3만여 명(신문은 5천 명) 참가(YMCA 앞 도로).
행사장을 봉쇄하고 최루탄을 터뜨렸으나 물러서지 않고
여성신도들이 그 자리에 앉아 기도함으로써 봉쇄 해제시킴
(한빛교회 윤기석 목사 사회, 중앙교회 변한규 목사 설교,
동명교회 최기채 목사 기도).
· 대학생 3백여 명 행사장 인근에서 시위. 최루탄 발사 해산.

1987. 05. 25. (월)

· 일문과 학생 20여 명이 학장실을 점거하고 무능 교수 퇴진
요구 농성 7일째 진행.[19]
· 이 농성으로 일문과는 교양과목 수업만 진행하고 전공과목

---

18. 〈1백 50여 명 가두시위 대학생 15명 연행 조사〉,《광주일보》, 1987. 5. 22.
19. 〈교수 퇴진 요구 전대생 7일째 농성 중〉,《광주일보》, 1987. 5. 25.

수업은 진행하지 못함.

1987. 05. 26. (화)
· 고 이재호 열사 분신 항거 1주기
· 오전 고 이재호 열사 분신 항거 1주기 추모제(망월동).

1987. 05. 27. (수)
· 민주헌법쟁취국민운동 광주전남본부로 개칭
  (통일민주당, 민추협 등 미참여).
· 5월 광주민중항쟁 재현 거리굿 및 5월투쟁 보고 대회
  (5월 16일 이후 6명 구속, 46명 즉심).
· 오후에는 원각사 법당 난입 및 최루탄 투척 규탄 대법회 참석.
· 서클연합회는 14일과 15일 경찰이 학내 수색을 하면서 소리북,
  장구 등을 망가뜨리고 자료복사물, 소품 등이 분실되었다며
  피해 보상을 위해 본부 앞 농성.
· 무능 교수 퇴진을 요구하며 농성하던 일문과 학생들이
  본부 총장실 옆 회의실을 점거하고 농성함.[20]

1987. 05. 28. (목)
· 경찰의 압수 수색으로 비품 파손 보상 요구하던 대표자
  7명 무기한 단식농성에 돌입. 대표자들은 피해 보상과
  서부경찰서장의 사과, 총장 사과 등을 요구함.

20. 〈일부 전대생 교내에서 시위〉, 《광주일보》, 1987. 5. 28.

1987. 06. 04. (목)
· 5·18광장에서 '6·10 범국민대회 참가를 위한 학생총회' 개최.

1987. 06. 10. (수)
· 대동제 둘째 날, 6·10 범국민대회
· 오전 전남대 대동제 마라톤[21]에 1,200여 명 참여. 백림약국을 반환점으로 여학우들은 하프코스, 남학생들은 풀코스로 진행.
· 이 과정에서 일부 학생들이 유인물을 시민들에게 배포하고 "호헌철폐 독재타도"를 외치며 시위.
· 이 과정에서 조영임 등 17명이 연행되었고 조영임(무역 4), 정종현(농경 4), 이양재(신방 1) 등은 즉심 처분되고 김용철(경영 2) 등 13명은 훈방 처리됨.
· 오후 4시 30분경 '6·10 범국민대회참가를 위한 광주지역 학생결의대회'를 대강당 앞에서 개최하고 6·10대회 참가 행동강령 발표. 이날 집회에 조선대 '총학 건준위'도 참여.
· 오후 5시경 금남로4.5가에 모인 시민, 학생, 목사 등 1,000여 명이 시위 시작.
· 오후 6시경 도청에서 미문화원에 이르는 도로에 5,000여 명의 시위 군중들이 모여 애국가 합창, 호루라기 소리에 맞추어 시위함.
· 오후 6시경 구 원호청 앞에서 문현승의 주도로 학생 200명이 참여하여 "살인 만행 자행하는 군부독재 타도하자" 등의 구호를 외치며 대열을 정비하고 태평극장 쪽으로 진출하면서 시위함.

---

21. 〈전대 용봉제 마라톤 학생 1천 2백 명 참가, 16명 연행〉, 《광주일보》, 1987. 6. 10.

· 오후 7시 미문화원 앞에서 1,000여 명 시민과 학생들이 시위를
  벌이다 경찰의 최루탄에 밀려서 광주공원으로 집결하여 광주천
  주변에 있던 시민들과 합류. 5,000여 명으로 시위대가 불어나자
  "도청 앞으로"를 외치며 광주세무서, 미문화원 앞으로 진출.
· 오후 7시 30분경 구 원호청 앞에서 2,000여 명 시위. 장동
  전남여고 앞에서도 1,000여 명 시위. 이 과정에서 경찰병력에
  밀려 전남여고 담이 20여 미터 정도 무너짐.
· 오후 10시경 광주공원에서 시위대 1만여 명이 집결하여 시위.
· 새벽 2시경 100여 명 정도의 전남대생들이 서현교회 시위.
  이후 순환 도로를 따라 학교로 오던 중 농장다리 부근에 있던
  지산파출소를 타격함.
· 이날 시위는 다음날 새벽 5시까지 도심 곳곳에서 진행됨.

1987. 06. 11. (목)

· 대동제 마지막 날[22]
· 1,500여 명이 참여한 가운데 6·10대회 보고대회를 갖고
  횃불 시위를 전개[23]. 밤늦게 해산함.

1987. 06. 15. (월)

· 5·18광장에서 학생 1,000여 명이 참여한 가운데
  '제1차 민주학생비상총회' 개최.
· 비상총회에서 이한열 학생에 대한 진상 보고 및 명동성당 투쟁
  보고 그리고 6·10대회 보고가 이루어짐.

---

22. 〈용봉 대동제 열기 3일 성료〉,《전대신문》, 1987. 6. 11.
23. 〈전대 1천 5백 명 교내서 횃불 행진〉,《광주일보》, 1987. 6. 11.

1987. 06. 16. (화)

· 5·18광장에서 학생 2,000여 명이 참여한 가운데
 '제2차 민주학생비상총회' 개최.
· 집회에서 김승남, 문현승, 박춘애 등 23명이 삭발하고
 20여 명의 학우들이 혈서로 '민족 민주 만세 독재타도'를 쓰며
 결사 항전을 선포함.24
· 삭발 시위자(파악자) 명단 : 김승남(인문대 84),
 문현승(사범대 83), 박춘애(사범대 84), 고광업(사범대 84),
 박세종(사회대 84), 정종완(사범대 84), 김봉용(사회대 85),
 박대수(법대 85), 여승현(인문대 85), 한승철(농대 85),
 박정근(사범대 86), 이진(경영대 86), 조정신(인문대 86),
 류봉식(법대 86) 등이며, 전체 인원은 23명으로 기록되어
 있는데 나머지 인원의 이름은 파악되지 않음. 또한 혈서를 쓴
 학우들도 파악되지 않음.
· 혈서 참여자 : 이용빈(의대 85, 총학생회 부회장),
 조용희(경영대 85), 류봉식(법대 86), 조정신(인문대 86),
 정정희(자연대 85), 남정수(법대 85), 서일환(사회대 85),
 천금영(인문대 85), 조오섭(사회대 86) 등
· 이후 정문으로 이동하여 연와·연좌시위를 전개하며 경찰병력과
 대치. 경찰들은 사과탄과 최루가스를 난사하며 진압하려고
 하였으나 학생들이 완강히 저항함. 이 과정에서 7명의 학생이
 연행. 시민과 학생들의 강력 항의로 오후 8시 50경에 모두
 풀려남.

---

24. 〈지방 주요 도시 심야 농성, 전대 2천여명 연좌시위 혈서·삭발도〉,
 《광주일보》, 1987. 6. 17.

· 이날 시위 과정에 소나기가 내렸으나 주변에 있던 학우들은
긴장감 속에서 자리를 지켰으며 시위대는 계속 증가함. 이후
2~3백 명의 학생들은 중앙도서관에서 철야 농성을 하며
향후 대책을 논의하였고 '호헌철폐 및 최루탄 추방을 위한
특별위원회'를 결성. 철야 농성을 한 학생들은 다음날 학생들의
등교 시간에 맞추어 정문에서 시위하고 해산함.

1987. 06. 17. (수)

· 오후 1시 30경 5 18광장에서 '제3차 민주학생 비상총회' 개최.
'호헌철폐 및 최루탄 추방을 위한 특별대책위원회 결성식'
개최.[25] 4,000여 명 참석.
· 16일에 이어 5명이 추가로 삭발. 과별, 단대별로 기말시험
무기한 연기 결정 발표.
· 행동강령 채택.
"첫째, 이한열 학우와 그의 친구인 이홍창 부상 학우 등에 대한
쾌유를 빌고 앞으로 현 정권의 폭력에 맞서 어떻게 투쟁할
것인가에 대해 지속적으로 토론한다.
둘째, 시험을 연기하고 각 과, 단대별로 대책위를 구성한다.
셋째, 호헌철폐와 최루탄 추방 서명을 가족, 친구에게 권유하고
함께 참여한다.
넷째, 모든 행사 시 약속 시간을 엄수하고 개인행동은 삼간다.
다섯째, 집회 해산 시 항상 과, 단대 등 각 대책위원회별로
결정, 다음 투쟁을 결의한다. 여섯째, 항상 대책위별로

---

25. 〈지방 시위 갈수록 격렬 … 광주도심 10여 곳 비폭력 시위〉,
《광주일보》, 1987. 6. 18.

행동한다(〈용봉〉11집, 239쪽)."
· 고 이한열 열사 출신고인 진흥고 동문 모임도 집회에 동참.
　'90만 광주시민들에게 드리는 글'이라는 유인물 배포.
· 중앙초등학교 후문, 그랜드호텔, 학생회관, 중앙교회 등
　10여 군데에서 비폭력 가두시위 전개. 특별히 미문화원과
　우체국, 학생회관 등으로 이어진 최초의 시내 연좌·연와시위가
　펼쳐짐.
　이 과정에서 여승현(인문대 85, 4일 구류) 등 35명이 연행됨.

1987. 06. 18. (목)

· 최루탄 추방의 날
· 오후 3시 30경 5 18광장에서 '가두 출정식 및 연행 학생 즉각
　석방을 위한 제4차 민주학생비상총회' 개최. 4,500여 명 참여.
· 의·치대를 제외한 10개 단과대학 가운데 약대가 마지막으로
　기말시험 무기한 연기 결의.
· 대의원회(의장 김평석, 인문대 84)도 기말시험 무기한 연기
　결정. 교수들의 민주화 의지 표명을 촉구.
· 계림동, 조흥은행, 서현교회 세 방면으로 나뉘어 가두시위 전개.
· 충장로 1가 무등극장 등에서 시민과 학생 3,000여 명이
　연좌시위를 벌이다 경찰의 최루탄 난사로 해산.
· 황금동 거리와 제일극장 앞에서 연좌·연와시위를 전개함.
　호남동 성당으로 이동하며 시위하고 공원 앞 광장에 집결하여
　시민들과 시위를 전개함. 총학생회실에 상황실 설치.
· 전남대 병원 로터리로 진출한 시민과 학생들은 남동성당 앞까지
　진출하여 시위하고 일부 400여 명이 남동성당에서 철야 농성.
　이날 학생들은 최루탄을 발사하는 경찰에 맞서 비폭력 시위

전개.26
· 학교로 돌아온 500여 명이 밤 12시쯤 중앙도서관에 모여
  시위를 정리하고 12시 50분쯤 중앙도서관으로 다시 들어가
  철야 농성. 다음날 오전 8시 30분 해산.

1987.06.19.(금)

· 비가 내리는 가운데 조선대생을 포함 5,000여 명이 참석하여
  '제5차 민주학생 비상총회 및 광주지역 청년학도 총궐기대회'를
  체육관에서 개최.
· 특별위원회 나현수 공동의장이 '광주지역 애국청년학도
  총궐기선언서'를 낭독. 각 학과, 단대별 대책위를 구성하고
  정부의 탄압정책인 휴교령과 위수령에 대비한 신속한 연락망
  구축 및 지속적인 학교 집결을 결의.
· 전남대 김영인 총장 명의로 기말시험 무기한 연기 공고.
  이날부터 조기 방학에 들어감.27
· 오후 5시 10분경 시청 사거리, 공용터미널, 학동 전남대병원
  오거리 등 시내 10여 곳에서 시위 시작.
· 오후 7시 원각사에서 호헌철폐 및 구속자 석방을 위한 법회
  진행이 예정되었으나 경찰의 원천봉쇄로 무산되자 원각사, 구
  원호청, 태평극장, 한미쇼핑, 계림동 로터리 등 중앙로 방향에서
  경찰과 치열한 투석전과 화염병 투척 등의 공방전 전개.
· 오후 8시쯤 계림파출소를 접수하여 집기를 밖으로 끄집어내

---

26. 〈광주 학생·시민 등 비폭력 시위, 전대생 등 2천여 명 참가〉,
    《광주일보》, 1987. 6. 18.
27. 〈전남대도 조기 방학〉, 《광주일보》, 1987. 6. 19.

불태우기도 함. 이날 사직동 파출소, 대인동 파출소, 충장
파출소를 시위대가 타격하기도 함.
· 8시 30분쯤 3,000여 명이 원각사 앞에 모여 연좌 농성. 3만여
명이 금남로 4가를 중심으로 시위. 50여 명의 시민과 학생
부상. 금남로, 중앙로, 공용터미널 일대를 점거하며 20일(토)
오전까지 계속 시위[28]

1987. 06. 20. (토)

· '제6차 민주학생 비상총회'에 1,800여 명 참석. 교육실습 나간
사범대생 30여 명 참여.
· 학생회실. 강의실 출입문에 기말시험 무기한 연기와
조기 방학에 대한 성명서가 붙음.
· 이날부터 전투경찰의 무차별적인 최루탄 발사에 따른 피해를
최소화하기 위해 화염병을 만들어 대항하기로 결의하고
제작비용 모금에 돌입함.
· 학교에서 5개 조로 나눠 시내로 행진. 3개 조는 정문-
태봉파출소-신역(광주역)-공용터미널-광주우체국 방면으로
진출, 나머지 2개 조는 동문-구 호전-공용터미널-한미쇼핑-
원각사-광주은행 앞으로 진출.
· 오후 2시경 의대생 300여 명이 가운을 입고 시위에 참가.
인턴, 간호사 등도 동참.
· 오후 4시부터 중앙대교 앞에서 시민과 학생들이 시위 전개. 약
3만 명으로 참가자가 늘어 충장파출소 앞까지 완전 장악.
· 8시 40분경 중앙로에서 대성초등학교 사이에 시위대열

---

28. 〈광주도심 빗속 밤샘 시위〉,《광주일보》, 1987. 6. 20.

- 10만여 명 운집. 메가폰과 마이크를 설치하여 시위 전개.
- 9시쯤 구 원호청 앞에서 광주은행 사이에 20만여 명 운집. 11시쯤 시민 2만여 명이 금남로4가, 5가를 완전 장악. 다음날 새벽 2시까지 시위.
- 새벽 1시 30분쯤 태평극장 앞에서 오정규(공대 86)가 최루탄에 맞아 병원 입원.

1987. 06. 21. (일)

- 오후 1시경 '제2차 호헌철폐와 최루탄 추방을 위한 광주시민궐기대회' 개최.
- 오후 1시 10분쯤 중앙로에 10만 명이 운집하여 시국 대토론회 개최.
- 3시쯤부터 광주우체국, 충장로3가, 동해물약국 등에서 시위 전개. 동해물약국 앞에서 500여 명과 함께 연좌시위 중 문현승 구학투 위원장이 사복경찰에 연행됨.[29]
- 오후 5시부터 5만여 명의 시민과 학생이 금남로와 중앙로를 점거하여 다음날 새벽 3시까지 시위.
- 12시 30분쯤 중앙로 시위대와 광주공원 부근 시위대가 서현교회 방면에서 합류, 화염병을 제작하여 투쟁. 12시 이후 시위대를 서현교회 쪽으로 집중시켜 새벽까지 시위.
- 밤 10시 30분쯤 한병근(의학 4)이 태평극장 앞 중앙로에서 시위를 벌이던 중 직격탄에 머리를 맞아 병원에 입원하여

---

29. 〈광주천변 등 휴일 격렬 시위〉,《광주일보》, 1987. 6. 22.

9월까지 치료를 받음[30](〈전대신문〉 9월 3일자 칼럼 '대학의 눈-최루탄 후유증' 참조).

1987.06.22.(월)
· 오후 1시 30분경 '군부독재 종식을 위한 90만 애국시민 궐기대회 및 제2차 청년학도 총궐기대회' 개최. 이날부터 이광일 구학투 부위원장이 대회를 주도.
· 오전 11시 40분쯤 의·치대 학생들이 전남대병원 로터리에서 연좌·연와시위를 벌이자 수천 명의 시민이 호응하여 함께 도로를 점거하며 시위.[31] 사동 사구파출소 근처까지 진출한 이후 오후 1시 25분쯤 의대로 돌아감. 시내에서는 오후 8시쯤부터 서현교회, 금남로를 시위대가 가득 메움.

1987.06.23.(화)
· '군부독재 종식을 위한 광주지역 청년학도 출정식' 개최. 5·18광장에 전남대, 조선대, 호남대 3개 대학 1천여 명 참석.[32]
· 매일 오후 6시, 애국가가 울려 퍼지는 것을 신호로 가두 투쟁을 시작하기로 결의.
· 특별대책위 명의로 '광주지역 중·고교 후배들에게 보내는 메시지'라는 제목의 유인물 배부. 행동 지침으로 전국적으로 일어나는 투쟁의 원인, 과정, 전망, 고교생이 해야 할 일에 관해 토론해 보고 집회나 시위에 참여한 친구들의 경험담 듣기,

---

30. 〈전대생 최루탄 맞아 중상〉, 《광주일보》, 1987. 6. 22.
31. 〈최루탄 중상 항의 철야 농성, 전대 의/치대생 1백 70명〉, 《광주일보》, 1987. 6. 23.
32. 〈3개 대학 천여 명 전대서 출정식〉, 《광주일보》, 1987. 6. 24.

오늘의 교육 현실(예: 자율학습)을 주제로 토론하기,
날마다 오후 7시에 충장로, 금남로 일대에서 민주화 투쟁이
있으니 참가하기 등이 제안됨.
· 의·치대 학생 150여 명이 치대 강당에 모여 지난 21일
발생한 한병근 학생의 최루탄 부상에 항의, 전대병원 광장에
모여 시위함.
· 이날 오후 8시 30경에는 금남로 5가 동성다방 근처에서
이웅범(경영대 3)이 최루탄 직격탄에 맞아 병원에서 치료.

1987. 06. 24. (수)

· '군부독재 종식을 위한 제3차 실천대회 출정식 및 토론회' 개최.
5·18광장에 조선대, 호남대, 서강전문대, 동신전문대 학생
800여 명 참여.
· 오후 8시 30분쯤 금남로4가 광주투자금융 앞에서
1만 5,000여 명이 모인 가운데 '광주 범시민 궐기대회' 개최.
· 오전에는 의·치대 학생 300여 명이 지난 21일 발생한
한병근 학생 최루탄 부상에 대한 광주경찰서장의 사과를
받아내기도 함.[33]

1987. 06. 25. (목)

· '광주지역 청년학도 궐기대회'를 조선대에서 오후 3시부터
개최하기로 하였으나 경찰의 원천 봉쇄로 무산.

---

33. 〈정중한 사과에 농성 풀어, 최루탄 중상 항의 전대 의/치대생 300여 명〉,
《광주일보》, 1987. 6. 25.

· 오후 7시 35분쯤 금남로4가 대창석유 빌딩 앞에 모이기 시작, 경찰과 대치.
· 8시쯤 이광일 구학투 부위원장의 사회로 1만 5,000여 명이 연좌 농성을 하며 '군부독재 종식을 위한 제2차 90만 광주시민 궐기대회' 개최.

1987. 06. 26. (금)
· 12시에 전남대 체육관에서 '도청탈환을 위한 4백만 범도민 평화대행진 출정식' 개최. 조선대, 호남대, 서강전문대 학생과 고등학생이 참석. 집회가 끝난 후 학과 단위별로 깃발과 현수막 등을 들고 나가려고 하였으나 경찰에 의해 제지당하고, 삼삼오오 공용터미널로 줄을 지어 행진.
· 5시 15분쯤 공용터미널 부근에서 경찰 지프 1대와 전경버스 1대 전소.[34] 이날 6월 민주항쟁 기간 동안 최대 인원인 30만 명이 참여하여 27일 새벽 5시까지 시위 지속.

1987. 06. 27. (토)
· 오후 6시경 한일은행 앞에서 1,000여 명의 전남대생을 중심으로 화염병을 투척하며 조직적인 시위 전개.
· 7시 30분 중앙교회 옥상에서 화염병을 아래로 던져지기도 함. 옥외 방송이 계속됨.

1987. 06. 29. (월)
· 대강당 앞에서 1,000여 명이 모여 '군부독재 종식을 위한

---

34. 〈심야까지 최루탄/투석 공방〉,《광주일보》, 1987. 6. 27.

전열 정비대회' 개최.
- 이날 대회에서 '투쟁의 불길로 독재를 종식 시키자!! 90만 광주 애국시민에게 드리는 글'이라는 제목의 유인물과 '투쟁을 승리로 이끌기 위해서 우리는 무엇을 해야 할 것인가'라는 유인물 배포.
- 저녁에는 남동성당에서 개최되는 특별미사에 참여하여 계속적인 투쟁을 요구하며 촛불 가두 행진과 연좌농성 전개.

1987. 07. 02. (목)

- 대강당에 700여 명이 모여 '민주헌법 쟁취를 위한 시국 대토론회' 개최. 6·29선언 이후 '정세 분석과 대처 방안' 등을 토론.
- 오후에 광주공원에서 시민들과 함께하기 위해 집회를 개최하였으나 경찰들의 무차별적인 연행으로 인해 집회를 주도한 학생회 간부 전원이 연행됨.

1987. 07. 05. (일)

- 이한열 열사 사망

1987. 07. 06. (월)

- 총학생회는 6일부터 8일까지 이한열 열사 추모 기간으로 정하고 제1학생회관 앞에 분향소 설치.

1987. 07. 07. (화)

- 오후 3시 45분 전남대 5.18 광장에서 전남대생 300여 명이

'고 이한열 열사 대책 학생비상총회' 개최. 학생들은
비상총회에서 이한열 열사의 사망 경과보고를 하고
"우리 모두 단결하여 민주화를 위해 온 국민과 함께 더욱
가열찬 투쟁을 전개하자"고 결의. 비상총회를 마친 학생들은
제1학생회관에 마련된 분향소에서 분향.
· 분향소에 전남대 총학생회 조화와 진흥고 조규진 교장이 보낸
  대형 조화, 추모비 건립 모금함이 설치.

1987. 07. 08. (수)
· 1천 5백여 명이 이한열 열사의 분향소가 설치된 YMCA 앞
  금남로에서 연좌농성과 추모행진 벌임.
· 오후 7시 25분 300여 명의 학생이 '국민의 힘으로 민주정부
  수립하자'라고 쓰인 플래카드와 이한열 열사의 영정을 앞세운
  채 인도와 차도에서 연좌농성을 벌이며 "한열이를 살려내라",
  "최루탄을 추방하자" 등의 구호를 외쳤고 1천 5백여 명으로
  늘어난 시위대가 광주관광호텔 앞까지 시위.

1987. 07. 09. (목)
· 고 이한열 열사 장례식
· 오후 4시부터 인파들이 모여들기 시작. 금남로 1가부터 유동
  삼거리까지 도로에 30만여 명의 인파 운집.
· 광주에 운구행렬 도착. 오후 6시 20분에 이한열 열사의 모교인
  진흥고에서 2만여 명이 참여한 가운데 노제 진행.
· 오후 7시 55분쯤 도청 앞 광장에 운구행렬이 도착하자 시민들은
  "이열사 만세", "한열이를 살려내라"를 외쳤고, 전남대
  총학생회장 김승남 회장 등 지역 인사들의 추도사와 성명서

낭독으로 진행된 추도대회 후 망월동으로 이동함.
- 망월동 3묘역에서 2만여 명이 참여한 가운데 조객들이 부르는 '애국가', '아리랑', '선구자' 등의 노래 속에서 대형 태극기에 싸인 채 열사는 영면에 듦.
- 도청 앞 광장에서 이한열 열사의 추도대회를 마치고 망월동을 가지 못한 시민·학생 2천여 명이 도청 주변에서 밤늦게까지 시위함.
- 이날 자정에는 전남대 교내에서 2,000여 명의 시민·학생들이 모여 '이한열 열사 애도 및 민주화 진군대회'를 밤새 진행.
- 다음날 10일(금) 6시 20분경 대회를 마친 일부 시민·학생들이 광주시청 앞 사거리와 공용터미널 앞에서 시위를 벌이다 오전 8시 10분경 해산.

부록 1.

전투조 집담회

일시
2019년 11월 5일

참석자
박흥산(인문대 84)
조이권(사범대 84)
김설오(사범대 85)
박대수(법대 85)
박종한(사범대 85)
서일환(사회대 85)
조용희(경영대 85)
천금영(인문대 85)
류진원(인문대 85)
황인(사범대 85)
문광식(경영대 86)
박수본(공대 86)
박재홍(인문대 86)
장영기(인문대 86)
진중화(공대 86)
최성봉(자연대 86)
박수진(사회대 87)
손종국(경영대 87)
안태선(공대 87)

87년의 나, 지금의 나

박홍산 오늘 이 자리에 87년 함께 활동했던 많은 분이 오셨다. 우선 자기소개부터 해 달라.

박수진 87학번이다. 다큐멘터리 영화 〈님아, 그 강을 건너지 마오〉를 만든 감독과 같은 팀으로 독립영화를 제작하고 있다.

조용희 경영학과 85학번으로 서클(1학생 회관, YMCA)에서 활동했다. 지금은 특수 고압 호스를 유통하는 일을 하고 있다.

박종한 사범대 수학교육과 85학번으로 학생회에서 활동했다. 지금은 교사로 일하고 있다.

김설오 종환이와 같은 수학교육과로 함께 학생회 활동을 했다. 예전에는 민수라고 불렸다. 지금은 전라남도 교육청에서 근무하고 있다.

서일환 정외과 85학번이다. 한 달 전에 사직서를 쓰고 지금은 박사 논문을 쓰고 있다.

황인 85학번 교육학과다. 공부를 굉장히 잘했는데. 문현승이라고, 한 선배를 만나서 인생이 꼬였다. (웃음) 사범대에서 주로 활동을 했고, 주씨 보조를 좀 했다. 재미있는 생활을 했다. 지금은 소방학교에서 근무하는 소방공무원이다.

천금영 인문대 85학번이다. 지금은 차를 고치는 일을 하고 있다.

최성봉 자연대 86학번으로 자연대 단대 동아리와 학생회 활동했다. 지금은 제조업 현장에서 용접 일을 하고 있다.

진중화 공대 화공학과 86학번이다. 87년 당시에는 학생회가 민주화되지 않았을 때다. 공대 학생회 준비팀 활동을 하면서 6월항쟁을 겪었다. 지금은 열차를 정비하는 일을 하고 있다. (철도노조 활동으로 해고된 게 언제인지?) 2003년 해고됐다가 2018년 4월에 복귀했다.

서일환 잠깐 사족을 달면, 진중화는 화염병 산업혁명을 일으킨 사람이다. (웃음) 제조 공정 시간을 엄청 단축시켰다.

장영기 국문과 86학번으로 2학생 회관에서 생활하다가 3학년 때 학회로 돌아와서 학생회 활동을 했다. 지금은 광산구청 세무과에서 근무하고 있다.

<u>문광식</u> 경영대 86학번으로 무역학과를 졸업하고 현재는 무역업을 하고 있다.

<u>박재홍</u> 86학번으로 2학생 회관 문학 서클에서 활동을 했다. 지금은 학교 급식 납품하는 일을 하고 있다.

<u>박수본</u> 86학번 박수본이다. 동아리 '아리랑'에서 활동했다.

<u>박대수</u> 법대 85학번으로 문화 기능도 없는데 문화패 활동을 했다. 지금은 자영업을 하고 있다.

<u>박흥산</u> 인문대 84학번으로 인문대 비서로 활동했다. 당시 충남이란 가명으로 불렸다. 기록 사업 때문에 이 자리를 만들었는데 너무 반갑고, 다들 얼굴은 기억나는 것 같다.

<u>안태선</u> 공대 87학번이다. '독서 사랑방'에서 활동했다.

<u>손종국</u> 2학생 회관 '흙가슴' 출신이다. 경영대 87학번이고 지금은 송갑석 국회의원 사무실에서 일하고 있다.

무등산 훈련

조이권 87년 5월에는 투쟁위원회가 확대 강화되면서 싸움이 격렬해졌고 구속된 사람도 많았다. 전투조 자체를 구성하기 힘든 시기였다. 내 기억으로는 5월 싸움이 끝나고 나서 전투조의 기강을 다시 잡기도 했다. 우리가 무등산 훈련을 5월에 갔었나?

천금영 겁나게 추웠던 기억이 있다.

김설오 5월 말이었던 것 같다. 내 기억에는 중머리재 올라갈 때 단과대별로 4개로 나눠서 올라갔다. 나는 주써였던 문현승 형 주보를 하면서 올라갔고. 문현승 형이 선동하고 횃불 들고 화염병 깨고 그랬다. 그때 투위 자체가 조금 흔들렸던 시기였다. 5월 투쟁을 정리하면서 전조들과 같이 중봉에 올라가서 의지를 다지자고 한 것이다.

문광식 6월항쟁이 예정된 상태여서 85학번 선배들이 이전 싸움과 달라야 한다고 했다. 더 치열하게 싸워야 한다고 해서 무등산을 갔던 것 같다. 당시 전조 조직에 인문대와 경영대가 같이 있었는데 그때는 따로 움직이고 중봉에서 합류한 기억이 있다.

서일환 6월 초에는 축제가 있었고 5월 투쟁 이후인 5월 말에 움직였던 것 같다. 축제 전에 갔던 것은 확실하다.

조이권 기록에 보면 5월 20일 야구 경기가 열리는 무등경기장 앞에서 횃불 10여 개를 들고 시위 및 유인물 배포했다고 나와 있다. 그 이후에 움직였던 것 같다.

서일환 일부는 무등경기장 야구장에 들어갔다. 플래카드 펼친다고 들어갔지만 실패했다.

조이권 당시 단과대 3개와 서클 1개로 총 4개의 조직으로 구성되어 있었다. 법사농(법대+사회대+농대), 인상(인문대+상대(경영대)), 자사공(자연대+사범대+공대), 서클 이렇게 4개였다. 그때 팀장이 누구였나?

서일환 내가 법사농, 금영이가 인상을 맡았고, 서클은 전일수가 했다.

김설오 사범대는 주로 주보를 많이 했다. 내가 하다가 나중에 정성일이와 자연대 조정호가 책임자였다.

조이권 대략 출발시간은 몇 시로 기억하나?

문광식 해 떨어졌을 때인가?

김설오 아니다. 10시쯤인가, 더 늦은 시간에 출발했다.
4개 조직이 따로따로 출발해서 중봉에서 만나는 일정이었다.

황인 자연대·사범대·공대는 화순을 넘어가면 저수지가
하나 있는데 그쪽에서 시작했다. 12시까지 중봉으로
올라가는데 4~5시간이 걸렸다. 비도 약간 내렸던 것 같고,
2인 1조로 움직였는데 16~20명 정도의 인원이 움직인 것
같다. 중간에 84학번 선배가 (현승이 형이었던 것 같은데?)
막 주제를 주고 선동을 시키고, 오리걸음도 시키고,
또 서로 목마를 태우고 올라가게도 했다. 12시쯤 중봉에
도착하니 사람들이 굉장히 많이 모여 있었다. 그곳에서
화염병 재료를 받아서 화염병 5개씩을 만들고 소나무를
뽑아 각목도 5개씩 만들었다. 그리고 그것을 쓰레기장에
투척했다. 국어교육과 박정근이로 기억되는데, 그 친구는
내려오는 길에 너무 피곤한 나머지 혀가 말리기도 했다.
증심사 쪽으로 내려오다가 대피소로 가서 응급조치한
기억이 난다.

천금영 비는 안 왔던 것 같다.

김설오 횃불이 그날 잘 탔다.

천금영 인문대, 경영대는 약사암 쪽에서 갔다. 한 20명 정도였던
것 같다. 새인봉으로 안 가고 새인봉 삼거리에서 약사암 쪽으로
갔다. 거기서 모두 다 엎드려서 올라갔다. 포복으로 올라가는데,
내 기억으로는 술 좋아하는 친구들이 중머리재 도착해서

토하느라 술 한 잔 못 마시더라.

서일환 제일 어려웠던 게, 그때 랜턴 하나도 못 들고 가게 했다. 앞이 잘 보이지 않아서 발을 잘못 딛기도 했다. 운동화도 찢어지고.

문광식 막 뛰어가게 하고 오리걸음 시키고 그랬다.

박홍산 그런데 84학번들은 무등산에 갔던 기억을 못 한다. 무등산에 가지 않았다고 생각한다.

서일환 우리가 88년 4월 30일에 또 갔다. 나도 88년 4월 말에 갔다는 기억만 어렴풋이 있었고 87년에 간 것은 기억이 나지 않았는데 오늘 몇 가지 이야기를 들으니 87년 상황이 기억났다. 현승이 형도 기억나고 머리띠와 마스크를 했던 것도….

박홍산 87년 무등산 훈련에 참여했던 84학번에 대한 기억은 두 갈래이다. 한쪽은 김승남 형이 참여했다고 하는 쪽인데 그것은 말이 안 된다고 하는 사람도 있고, 또 한쪽은 투위 중 한 사람이 참여한 기억을 갖고 있다. 오늘 얘기를 들어보니 문현승인 것 같다.

황인 마지막에 투쟁 선언문 같은 것을 하나 읽기도 했는데 나는 다른 사람인 걸로 기억한다.

일상 훈련과 오월대

<u>박수진</u> 무등산 훈련 외에 일상적으로 하는 훈련도 있었다. 밤에 학교 뒤편 소각장에 줄 세워 놓고 한 명씩 꽃병(화염병)을 던지는 연습을 시켰다.

<u>서일환</u> 그것은 사회대만 한 것이다. 우리끼리 비밀로 했다. 연습하다가 화염병이 터진 적도 있다. 그래서 소각장 담벼락이 무너지기도 했다. (웃음)

<u>문광식</u> 단과대별로 달랐겠지만 전조가 훈련하는 경우는 드물었다. 내 기억에 이후 '오월대'라고 이름이 바뀌고 난 뒤에 훈련했다. 오월대는 4개의 각 팀이 중대로 바뀌면서 좀 더 체계화됐다.

<u>서일환</u> 내가 87년 여름에 구속돼서 초겨울에 나왔는데 그때는 '자위대'라는 이름을 쓰더라. 이후 88년에는 투쟁을 대중화하기 위해 '오월대'라는 이름을 사용했다. 88년 4월 30일에 무등산에 올라가서 훈련했다. 그리고 오월대 선포식을 했다. 그 뒤부터 학생회관 앞에서 공개적으로

화염병을 만들기 시작했다. 오월대는 4개의 중대가 있고 중대마다 3개의 소대, 소대마다 3~4개의 분대가 있는 구성이었다.

문광식 86학번이 중대장을 맡고 85학번이 야사를 맡았다. 오월대 활동을 하면서는 운동으로 체력을 길러야 한다는 이야기도 나왔다. 그래서 모여서 축구를 하기도 했다. 전조 때는 일상적인 훈련은 없었고 오월대 때는 체력 훈련을 했다.

박흥산 신, 구파로 나뉜 후 신파, 구파가 따로 전조 훈련을 하기도 했다. 무등산도 오르고 야간 행군도 했다. 단위별로 훈련을 한 적은 있다.

서일환 나는 86년도에 구파에 속했는데 화순에서 송광사까지 걸어간 기억이 난다.

전투조의 구성

조용희 나는 85년 9월에 전조에 들어갔다. 그때 전조는 서클에만 있었다. 1생, 2생, 4C가 있었다.

박대수 82학번이 84년도에 전조를 구성했다고 들었다.

황인 87년 전투조 인원은 한 100여 명 정도였던 것 같다.

서일환 오월대가 되면서 인원이 많아졌지. 오월대는 최대 약 500여 명까지 갔다. 전투조는 보통 1학년 2학기 때 들어와서 3학년 1학기까지 활동했다.

황인 그래서 87년 전투조는 85, 86학번이 대부분이었다.

천금영 특이하게 인·사대는 87년 5월에 1학년이 들어왔다. 인·사대 편집실 중심으로 해서 아주 특이한 구조였다. 87학번 수진이가 잘 알 것이다.

서일환 87년도에는 85학번 남학생의 1/3가량이 전조에 들었을

것이다. 3학년 때는 과 회장 내지는 단과별 부장을 맡아야
하니까 직책이 있는 사람들은 전조보다는 공개 활동에 전념하고
회장이나 부장이 아닌 사람들이 전조 활동을 했다.

> 김철오 87년 6월항쟁 시기에는 86학번이 전조장을 맡았다.
> 내가 그때 야사 역할을 했는데, 어디를 칠 것인지, 화염병
> 조달은 어떻게 할 것인지, 거리시위를 나갈 때 주씨를
> 어떻게 차출할 것인지 등의 작전 회의를 86학번들과 했다.

황인 아니다. 그것은 6월항쟁 이후 얘기다.

> 서일환 그 기억은 좀 잘못된 것 같다. 85학번들이 6월항쟁
> 끝나고 노동자 대투쟁까지 전조장을 맡았고, 여름에
> 86학번에게 넘겨준 것으로 안다.

조이권 87년도 3월 말~4월에 학생회 중심으로 조직이 개편됐다.
비서도 지역별로 조직 회의를 하다가 나중에는 비서 전체
회의를 했다. 내 기억에 전조는 지역별로 움직였던 것 같다.
단과대 별로 움직일 수 없으니까. 전조 체계는 지역별로 4개로
움직였을 것이다. 5월 싸움이 끝나고 난 뒤 87년 6월항쟁 때는
조직 관리만 하던 84학번 비서들이 실제로 전투 최일선을
담당하기도 했다.

> 김철오 6월항쟁 때 전조 관리를 내가 했다.

조이권 87년 5월 싸움 이후에는 투쟁을 대중화하기 위해 전투

조직을 대중적 조직으로 재편하는 과정을 겪었다. 당시 투위도 불만이 많았다. 투위들은 선동을 하고 시내나 교문 쪽으로 나가는 것이 일반적이었는데 강의실에 가서 대중들에게 선전·선동을 하라고 하니 힘들 수밖에 없었다.

    서일환 87년도에는 중대장, 소대장이라는 명칭이 없었다. 그냥 전장이라는 단어를 썼다. 88년도에 중대장, 소대장, 분대장이 나뉘었다.

조이권 86년도에 신파에서 중대장, 소대장이라는 용어를 썼다.

    서일환 87년 1월 통합되면서 전장이란 용어를 썼다.

문광식 경영대는 소대장이란 말을 쓰기도 했다. 아마도 단대별로 조금씩 다르지 않았나 생각된다. 6월항쟁은 85학번이 전장을 한 게 분명하고.

학회와 서클의 전투조 활동

박수진 87학번이 5월에 전투조에 가담한 것이 인문사회대만이었나? 내 기억으로 5월 투쟁까지는 화염병을 들고 전투조 태그를 받은 사람이 편집실에 몇 명뿐이었는데, 이한열 열사가 쓰러진 이후에 우리 과만 해도 열댓 명이 화염병을 들었다. 실제로 6월항쟁 때는 87학번이 전조의 말단으로 들어간 것 같다. 공용터미널 버스 불태울 때도 엄청 몰려갔던 것 같다.

서일환 사회대는 특이하게 편집실이 활성화되어 있었는데 신방과 학생이 대다수였다. 특히 87학번이 많았다. 사회대는 전반적으로 사람이 적었지만 87학번에 야무진 애들이 많다고 했다. 그래서 같이하자고 했다.

천금영 다른 87학번들에게 물어보니 전조를 안 했다고 하더라. 87학번 전투조는 인문사회대만의 특수한 경우라고 보면 된다.

박흥산 보통은 1학년 때 의식화를 시키고 2학년이 되면 몇 명을 뽑아서 화염병 운반을 시켰다. 첫 번째 임무가 화염병 운반이었다. 화염병이 굉장히 무겁고 위험했다.

박대수 서클은 좀 달랐다. 학회는 개별 가입이지만 서클은 집단 가입이었다. 서클은 언제 어디로 전조 나가라고 하면 다 나가야 했다.

박수본 그랬다. 1학년 때부터 화염병 들고 나가라면 나가야 했다.

류진원 서클의 전조 활동을 기억해 보면, 3월에 신입생을 받고 5월이 지나면 나갈 사람들은 나가고 서클에 남을 사람들이 정해졌다. 남은 사람들은 여름방학에 MT를 가서 합숙 훈련을 하고 그랬다. 그러는 과정에서 남학생들은 무조건 전조가 되는 것이고 여학생들은 소주병이나 신나(시너, thinner. 물감을 닦거나 페인트와 섞어쓰는 희석제로 유기용제이다.) 등 화염병 재료를 조달하고 화염병을 함께 옮기는 역할을 했다. 85~86년도에는 전조 활동을 대부분 서클에서 했다. 그러다가 86년도 말에 신파, 구파로 나뉘면서 학회도 전조 활동을 하기 시작했다. 학회와 서클이 경쟁하듯이 활동했다. 지금 기억하는 게 전조 활동을 하면서 화염병을 던질 때 어떻게 하면 정확하게 던질까를 고민했고 연습도 했다. 화염병 숫자가 많지 않으니까. 가까이서 던져야 한다고 해서 그때 머리 깨지는 애들이 많았다. 87년 5월까지는 전조의 체계가 비슷했다. 위험하기도 해서 어느 정도 싸움이 통제가 되었는데 5·18 지나면서 사람들이 몰리니까 감당이 안 되었다. 더 많은 사람을 전조로 받아들였고 1학년도 전조가 되고 그랬다.

문광식 87년에는 거의 날마다 싸웠다. 5~6월에 걸쳐 낮에는 교내 투쟁하고 밤에는 무조건 가두 투쟁하러 나갔다. 밤에 싸우다 보니 부상자가 많아서 싸울 사람이 없었다. 그래서 하겠다는 사람은 무조건 전조로 받아줬다.

안태선 내가 1학년이었던 4월 말~5월 초에 선배들이 전조 이야기를 전혀 하지 않길래 선배들끼리의 뭔가가 있는 줄 알았다. 그때 전조를 처음 알았다. 87학번 중에 열성적인 친구가 선배한테 찾아가서 전조에 끼워 달라고 하기도 했다. 당시 1학년이던 사람은 여름방학이 지나고 전조에 편입되었다.

87년 6월의 기억과 의미

<u>안태선</u> 내게 1학년 5월은 데모를 할 건지 말 건지 고민이 많았던 시기였고, 6월 데모를 통해서는 우리의 요구가 관철되는구나, 그런 느낌을 받았다. 그것이 아마 학생운동을 지속적으로 할 수 있었던 원동력이 아니었나 싶다. 그 과정에서 학회 세미나를 진행하기도 했는데, 과 동기들과 함께 학습한 후 깃발 들고 나갔던 기억이 생생하다. 물론 전조 활동도 했다. 나는 군대를 가진 않았지만 누가 물어보면 갔다왔다고 한다. 어느 부대였냐고 물으면 오월대라고 한다. (웃음) 오월대에 대한 자부심은 지금도 여전하다.

<u>손종국</u> 87년 6월을 겪으면서 작은 힘들이 모이면 큰 변화를 이루어낼 수 있음을 느꼈다. 특히 6·29는 한계가 있긴 했지만 1학년이었던 내겐 승리로 받아들여졌다. 거기서 어떤 자신감을 갖게 되었다. 그 당시 저는 합류할 수 있는 상황이라면 거의 모든 사업에 참여했었다. 학회 쪽에서도 활동했고 서클에서도 일했다. 그때의 경험들이 지금 일을 하는 데 많은 도움이 된다.

박대수 그 당시 나는 선전국에 있었다. 6월 전 집회할 때는 등사기를 배낭에 넣어 무등산에 올라가 선전물을 만들었던 기억이 있다. 그러다가 6월항쟁을 계기로 선전의 양상이 달라지니까 인쇄기로 수만 장을 찍어내야 했다. 굉장히 힘들었지만, 투쟁에 동참하는 사람들이 날마다 늘어나는 것을 보면서 뿌듯해했던 것 같다. 아, 역사가 이렇게 바뀌는구나……. 집중투쟁 기간이 20여 일 정도였는데, 매일 같은 일을 반복하면서도 지칠 줄 몰랐던, 환희의 순간이 아니었나 생각된다.

박수진 당시 나는 편집실 수습위원이었다. 4월에 5·18 학습을 열심히 하고 5월을 맞이했는데, 내 기억이 맞을지는 모르겠지만, 6월항쟁 전에는 아무리 광주라고 해도 가두투쟁 같은 산발적인 투쟁만 이뤄졌던 것 같다. 주씨가 뜨면 5분 이내로 다 해산되는, 도망가기 바쁜 양상이었다. 87년 5월 18일에 망월동도 마음대로 못 갔으니까. 그런데 5월 26일 이후 최초로 금남로를 시민들이 장악했던 날이 있었다. 이전에는 없었던 것 같은데, 아닌가? 80년 금남로의 상황이 이랬을까, 금남로를 점유한다는 게 어떤 의미일까를 당시 그 길가에 서서 곱씹었던 기억이 난다. 그런 승리의 기억, 승리의 경험이 이후 내가 살아나가는 데 밑거름이 되었다고 믿는다.

조용희 앞서도 얘기했지만, 나는 85년 2학기 들어서 83학번 선배의 권유로 전조에 합류하게 됐다. 그전에는 전조가 무엇인지도 잘 몰랐다. 전조에 합류하자마자 바로 철근 자르는 일을 했는데, 그때는 왜 그것을 잘라야 하는지도 몰랐고, 밤새 잘랐지만 실제로는 한 번도 사용하지 않았던 것 같다.(웃음) 그렇게 서클에서 전조 활동을 하다가 3학년 때는 팀 관리하는 일을 했다. 그런데 기억나는 건 그런 활동들보다 6월항쟁 과정에서 맺어진 커플들이 기억에 더 많이 남는다.(웃음)

박종한 나와 내 아내가 그 커플 중 하나다.(웃음) 나는 전조보다는 학과 회장으로 활동했다. 그런 일들이 당시에는 매우 자연스러웠던 것 같다. 어떤 사안에 대해 회의를 통해 결정하면 결정한 대로 집행하고 행동하는 생활이 반복됐다. 그런 생활 속에서도 선후배나 아내와의 소소한 추억들이 남아 있다.

서일환 우리 아버지가 살기 위해서는 군인이 되어야 한다고 해서 당시 학군사관후보생이었다. 3학년 1학기 등록금 36만 원일 때 52만 원 장학금을 받았다. 학군사관후보생이었지만 동시에 전조 활동을 하고 있었다. 그러다가 5월, 6월 투쟁을 겪으면서 군대는 내 길이 아님을 깨달았다. 6월항쟁 이후 학군사관후보생을 관두고 받은 장학금을 토해 냈다. 인생에서 정말 큰 전환점이었다. 그때 열성적으로 살았던 게 현재의 추진력 아닌가 싶다. 이끌어주었던 선배들, 함께해준 동기들, 믿어줬던 후배들이 고맙고 그 고마움으로 오늘도 자랑스럽게 살고 있다.

황인 내 삶을 좀 단순화시켜준 게 오월대, 전조였던 것 같다. 2학년 때였나? 5·18 학습을 할 때, 친형이 육사를 다니고

있었다. 그래서였는지 형이 계엄군, 내가 시민군으로
맞닥뜨리면 어떻게 해야 하나? 그런 고민을 했었다.
아주 단순한 고민이지만 속으로는 엄청 치열한 싸움이
그려졌다. 그러면서 일단 활동을 시작했다면 정말 치열하게
해야겠다고 생각했다. 그리고 정말 모범을 보여야겠다고
생각했다. 운동하지 않는 친구들마저도 나의 투쟁에 동의해
줄 수 있을 정도의 치열한 삶을 보여주지 않으면 내가
하고 있는 일들이 의미 없을 것만 같았다. 그 후로 내 삶은
단순해졌다.

천금영 6월항쟁과 전조. 되돌아봐도 후회는 없다. 미련도
없다. 단 하나 걸리는 게 있다면 후배들에게 미안하다. 그때를
생각하면……. 사견이지만 나와 함께했던 후배들이 가장
고생했을 거라고, 무서웠을 거라고 본다. 그래서 그 후배들에겐
더더욱 미안하다. 항상 그랬다. 지금도 미안한 마음으로
후배들을 대하고 있다.

최성봉 나도 후배들 앞에서 늘 채무의식을 갖고 산다고
말한다. 최근까지도 가끔 모임에서 만나면 너희들에게
정말 미안하다고 말한다. 당시를 치열하게 겪어낸 후배들이
현재 다른 모습으로 살아가는 걸 좀 어려워하는 것을 보면
선배로서 너무나 안타깝다. 그래서 내가 좀 더 열심히 잘
살아야겠다고 생각한다. 물론 어떤 특별한 의미가 부여된
건 아니다. 단지 안타까운 부분들에 대한 속죄랄까, 이런
생각으로 살고 있지 않나 한다. 지극히 개인적인 성향일
수도 있지만, 학창시절 2~3년 동안의 활동이 내게 주어진

하나의 업보일 수도 있겠다는 생각을 한다. 또 6월항쟁 하면 떠오르는 게 하나 있는데 집회 나가는 어느 날 뒤통수가 진짜 따갑더라. 강진에서 올라오신 외삼촌과 어머니께 3일인가 잡혀있었다. 삭발한 머리에 얼굴은 시커멓고 수포가 생겨서 몰골이 말이 아니었는데 함께 시골 내려가는 길에 어머니가 아무 말씀도 안 하셨다. 그게 마음에 남아 있다. 지금은 어머니가 아이들에게 대학 가서 데모하지 말라고 말씀하신다.(웃음)

<u>진중화</u> 전조 활동을 2학년 때 동아리에 들면서 시작했다. 5월 초인가 그랬다. 1주일만에 시내 가투 나가고 곧바로 동아리 수련회 가서 "미제축출 독재타도" 같은 구호를 바로 외치곤 했다. 그런 흐름을 쉽게 받아들일 수 있었던 것은 5·18 때문이지 않았나 싶다. 나는 당시 광주에 살았고, 중학생 때라 세부적인 내용을 잘 몰랐지만 도청이 함락됐을 때의 총소리가 계속 기억에 남아 있고 선무 방송하던 여성의 목소리가 귓속에 박혀 있다. 자연스럽게 집회 현장을 맴돌다가 누군가의 손에 이끌려 서클에 가입하게 됐다. 그리고 전조 활동을 하면서 이게 학생운동이구나 생각했다. 지속적인 활동 속에서 나의 가치관도 변했던 것 같다. 활동하느라 어렵게 졸업했지만, 이후에도 그 모습 그대로 열심히 살고 있다.

<u>류진원</u> 87년 6월을 겪으면서 받았던 느낌은 당혹감이었다. 기존의 의식이나 책으로 배운 이론과는 너무나 달랐고 어떤 불안감마저 들었다. 나도 서클 활동은 대학 입학하면서부터 했다. 가투 나가자고 하면 나갔는데, 선배들이 넌 왜

학생운동하냐고 물어보면 늘 모른다고 했었다.(웃음)
당시는 진짜 몰랐다. 지금 돌이켜보면, 87년 6월 이전에는
사람들이 부채의식을 갖고 있었던 것 같다. 나는 80년 5월에
광주가 아닌 구례에 있었다. 대학 들어오면서 이런저런
의식화 교육을 받으며 은연중에 나 역시 부채의식을 갖게
된 것 아닌가 생각한다. 그러다가 87년 6월항쟁을 겪으며
광주시민들이나 전남대 학생들은 이러한 부채의식에서
어느 정도 해방되었다고 본다.

<u>장영기</u> 1학년 여름 지나면서부터 꽃(화염병)을 들고 다녔던 것
같다. 선배들이 박으라면 박고(웃음), 열심히 책도 읽으면서
왜 나가서 화염병을 던져야 하는지 고민도 많이 했다. 87년
6월에는 거의 새벽에 학교에 들어와서 학생회실에서 자고 상대
뒤편에서 라면 끓여 밥 먹곤 했었다. 힘들 때도 많았지만 선후배,
동기들과 나름 행복했던 시간이었던 것 같다. 덕분에 이런
자리도 만들어지지 않았나 싶고.

<u>문광식</u> 10시, 11시까지 싸우다가 학교 들어가면 정리하고
또 다음 투쟁을 준비해서 거리로 나와야 했다. 그런
생활을 정말 오래 지속했다. 시간은 알 수 없었지만 내가
데리고 나갈 후배들의 숫자는 계속 줄어들었다. 부상을
많이 당했기 때문이다. 그 어렵고 힘든 시간을 견딜 수
있었던 것은 시민들 덕분이다. 시민들의 응원이 대단했다.
전조들이 골목에 몰래 숨어서 대기하고 있으면 약국
아주머니가 박카스 들고 나오셨다.(웃음) 화염병으로 쓰일
소주병이 모자라서 구하러 다닌 적이 있었는데 소주병

모아놓았다고 가져가라고 학교로 전화 주신 분도 있다.
그런 시민들이 있었기에 버틸 수 있지 않았나 싶다.

박재홍 둘째 아이가 중학교 2학년인데 역사 시간에 6월항쟁을 배운다고 하더라. 불과 몇 년 전의 일인 것 같은데 학교 수업에 등장할 정도로 시간이 흐른 거다. 오늘 여러 이야기를 듣다 보니 어떻게 저렇게 옛날 일들을 세세하게 기억할까 싶다. 나는 많은 부분을 잊어버리고 지금 사는 데 급급한데……. 87년 6월이란 시기는 여기 있는 우리, 그러니까 85-87학번들이 학교다닐 때의 경험이다. 윗 선배들도 정말 열심히 하셨지만 6월의 경험을 학교 조직 안에서 해보지는 않았다. 밤 10시 넘어 해방구와 같은 금남로를 함께 점유했던 경험들, 그것이 내겐 소중한 기억으로 남아 있고 지금까지 살아오는 데 토대로서 큰 힘이 되지 않았나 한다.

박수본 목숨은 아니더라도 인생을 걸었던 시절이었다. 그 시절이 정말 내게 너무나 큰 자양분이 되고 있다. 나는 4년 내내 전조 활동을 했었기 때문에 그 시기가 내 인생 전체를 관통하고 있지 않나 생각한다. 아이들에게도 데모하라고 하지만 자식은 마음대로 되지 않더라.(웃음)

부록 2.

여성동지 집담회

일시
2019년 11월 26일

참석자
조영임(경영대 84)
김문숙(인문대 85)
김원숙(인문대 85)
양인자(인문대 85)
이영운(자연대 85)
이영주(사학과 85)
이향숙(인문대 85)
정정희(간호대 85)
김미순(농대 86)
이현미(인문대 86)
최유정(농대 86)

조이권(사대 84)
정충현(법대 84)

1987년의 나는

조이권 오늘 이렇게 모인 취지는 다들 알 것이라고 생각한다. 2018년에 묶어냈던 『아! 다시 부르는 청춘의 노래』와 관련하여 새롭게 자료집을 발간하려고 하는데 일반인도 충분히 볼 수 있는 책을 만들자는 의견이 있었기 때문이다. 『아! 다시 부르는 청춘의 노래』는 박홍산 동지가 많이 고생했고 올해 책을 발간하는 데도 중책을 맡았다. 오늘 집담회는 책의 내용을 더 풍부하게 만들고자 기획됐다. 그동안 두 차례 모임을 진행했는데 첫 시간은 출판위원회 회의였고 두 번째 시간은 전투조 20여 명에게서 당시 이야기를 듣는 자리였다. 오늘은 여성 동지들의 이야기를 듣기 위해 모였다. 30여 년이 지난 지금, 그때의 일은 인생에서 긍정적으로 작용했을 수도 있겠고 상처로 남아 있을 수도 있겠다. 이 자리를 빌려 1987년의 이야기를, 자신의 이야기를 솔직하게 들려주면 좋겠다. 앞으로 이런 기회가 또 있을지도 모르겠고…. 먼저 자기소개부터 하겠다.

이영운 나는 자연대 85학번이다. 87년에 자연대학 여학생회 활동을 했다. 지금은 시청에서 일반 임기제 공무원으로 노동 쪽의 일을 하고 있다.

김미순 나는 86학번으로 87년에 농대 학생회 활동을 했다.
지금은 광주 노동자 교육센터와 일을 하고 있다.

이현미 인문대 철학과 86학번이다. 1학년 때 서클 활동을
했는데, 1학년 말쯤인가? 대중노선을 걸어야 한다고 해서
서클을 해체할 때 학회에 들어가서 학회 활동을 했다.
지금은 광주 민예총(광주민족예술인단체총연합)의
사무처장으로 일하고 있다.

이영주 나는 사학과 85학번으로 1학년 때부터 학회 활동을 했다.
87년도에는 후배들과 함께 모금 활동 등을 했다.

최유정 농대 86학번으로 단과대에서는 활동하지 않았고
동아리, 2학생회관 407호에서 활동했다. 동아리 이름은
'모닥불'인데 이후 이름이 '청사'로 바뀌었다. 오늘 많이
듣고 기억을 되살려보겠다.

조영임 경영대 84학번이다. 87년도 당시에는 경영대 비서로
활동했다.

조이권 전설의 비서.(웃음)

김문숙 인문대 85학번이다. '기독학생회'라는 서클에서
활동했다. 사실 당시 기억은 거의 없지만 오늘 여기 오신 분들과
활동을 같이 했기 때문에 비슷한 일을 하지 않았을까 한다.

김원숙 나도 인문대 85학번이다. 그때는 동아리라는 말 대신 서클이라는 말을 사용했다. 당시 서클은 종교 서클, 학술 서클, 문화 서클, 4C 등으로 분야가 나뉘었다. 원래 나는 기독학생회였는데 87년도 3학년 때는 역사마당이라는 학술 서클을 책임지고 있었다. 지금 기억으로는 역사마당 말고도 독서사랑방(전 황토) 등 4개 정도의 학술 서클이 있었다.

양인자 인문대 국문과 85학번이다. 87년도에 국문과 학생회 학술부장이었다. 우리 과는 학생회가 잘 운영되고 있어서 비공개 조직과 공개조직이 거의 결합된 형태였다.

이향숙 85학번으로 인문대 국문과다. 87년에 전남대학교 교지〈용봉〉편집실에 있었다. 4학년까지 쭉 편집실에 있었다. 당시 보리(가명)라고 불렸다.

정정희 본명은 모르고 보리로 알고 있었다. 당시에는 거의 다 가명이 있었다. 그것도 하나의 문화였다고 생각한다. 나 역시 학교 다닐 때는 난주라고 불렸다. 나는 조금 애매한 게 자연대 85학번이라고 알고 있지만 원래는 간호학과 85학번이다.

이향숙 간호학과였나?

정정희 그렇다. 아는 사람이 거의 없었다. 나는 단과대의 언더 서클(단대 비공개 조직), 그러니까 비공식 서클 활동을 했다. 1학생회관에 있던 사회조사연구회와 서클룸을 함께 썼던 게 의대, 약대, 자연대, 간호학과였다. 이렇게 모여서 언더

서클(단대 비공개 조직)을 구성하여 87년에서 88년 사이에
상징적인 학생회를 건설하기 위한 기틀을 마련했고, 이후
4학년이 되면서 자연대 학생회가 만들어졌다. 그리고 그
과정에서 6월항쟁을 맞이하게 되었다.

이영운 자연대에는 운동권 학생회가 없었는데 1987년에
수학과 김현석 선배가 자연대 회장을 한 기억이 난다.

정정희 1987년도에 싹을 틔우기 시작한 거다. 1988년도에
정식으로 자연대 학생회가 만들어지면서 과 학회도 다 생기고
그랬다. 나는 간호학과였지만 자연대 학생회 일을 했다.

정충현 영상패 '아리랑' 출신이다. 아리랑 활동을 했고
이후 신파에서 활동을 하다가 신구파가 통합되었을
때 조직국에 있었다. 통합 이후에 기관지〈구국의 길〉
팀을 잠시 맡았었다. 3호까지 만들고 이후에 홍보팀으로
옮겨갔다. 그리고 6월을 맞이했다. 쭉 홍보팀으로
활동하다가 졸업을 했다.

내 투쟁 서사의 시작

김원숙 고등학교 1학년 때인 1982년에 길에서 나눠준 유인물을 통해 박관현 열사[1]의 약력을 보고 전남대 '사회조사연구회 (사조)'를 알게 되었다.[2] 누가 쓴 유인물인지 글이 무척 좋았고 눈물을 흘리며 읽었던 기억이 있다. 그때 대학에 가면 꼭 '사회조사연구회'에 들어가겠다고 생각했다. 그런데 입학하고 보니 '사회조사연구회'에 들어가려는 사람이 많았다. 85학번 신입생들이 드글드글했다. 그래서 그 서클 대신에 나는 '기독학생회(기생)'로 갔다. 말이 기독학생회지 종교의 가면을 쓴 운동권 학생 서클이었다.(웃음)

김문숙 1학년 때 총학생회장이 오병윤(국어교육과) 선배였다. 검정 두루마기를 입고 시위를 했었는데 선동을

---

1. 1953~1982, 1980년 당시 전남대 총학생회장으로 민주화운동 선봉에 섰으나 신군부가 5·17 비상계엄 전국확대 조치와 함께 재야인사 체포에 나서자 광주를 빠져나가 여수로 피신했다. 1982년 4월 8일 내란예비음모 등의 혐의로 체포된 뒤 징역 5년을 선고받았던 그는 5·18 진상규명 등을 요구하며 50일간의 옥중 단식 투쟁을 하다가 같은 해 10월 12일 세상을 떴다.
2. 박관현 열사는 사회조사연구회 창립에 참여했다.

무척 잘해서 가슴이 두근거릴 정도였다. 떨림을 주는 선동이었다. 총학생회장을 많이 따라다녔다.

양인자 나는 서클에 가입할 생각이었지만 학과 OT 자리에서 선배들이 국문과에 왔으니 당연히 과에서 활동해야 한다고 했다. 선배들이 노래도 가르쳐 주고 하는 와중에 김승남 선배(국문과, 21대 국회의원)가 『철학에세이』(동녘 간)를 가지고 오라고 했다. 그러면서 자연스럽게 활동하게 되었다.

이향숙 2살 위의 언니가 먼저 학생운동을 했다. 언니가 전일빌딩에 있는 고등학생 서클에 나를 보낸 적이 있었는데 성격이 나빠서(웃음) 면접을 통과하지 못했다. 이후 대학교 가자마자 선배들과 연락해서 기독학생회에 가게 되었다.

양인자 우리 과 노래가 '빼앗긴 들에도 봄은 오는가'였다. 신입생이었는데도 향숙이는 이 노래를 알고 있었다. 선배들도 향숙이를 알고 있었고. 1학년인데 어떻게 이 노래를 아는가 싶었다. 운동권 영재였나보다.(웃음)

정정희 나는 중앙여고를 나왔는데 고등학교 2학년 때 담임 선생님이 전교조 활동하신 임추섭 선생님이었다. 선생님은 칠판에 늘 고등학생이 읽어야 할 책을 적어 두셨는데 리영희 선생님의 『우상과 이성』, 『전환시대의 논리』 같은 것들이었다. 그 책들은 대학에서 선배들이 읽으라고 한 책이었는데 나는 이미 고등학교 때 그 책을 다 읽었다. 고등학교 때 그런 책을 읽으면서 대학 진학을 해야 하나,

고민하기도 했다. 학생운동에 대한 고민을 많이 했기
때문에 대학에 와서도 어느 서클에 들어가야 할지 신중하게
생각했는데 당시 간호학과의 한 선배가 여러 단대가 모인
모임에 가보지 않겠냐고 해서 그 모임에 가게 되었고
그것을 계기로 학생운동을 시작했다. 그게 '아모스'(자연대
단대 서클 이름)였다가 나중에 '동인'으로 바뀌었다.

이영운 나는 학생운동을 조금 늦게 시작했다. 우리 어머니가
늦게 배운 도둑질이 날 새는 줄 모른다고 하셨는데 나는 3학년
올라가면서 시작했다. 자연대는 운동권 학생이 많지 않았다.
여학생은 나밖에 없었다. 대신 의대 친구들이 많았다. 자연대
84학번은 활동을 많이 하지 않아서 선배들이 별로 없었다.
자연대는 단대 집회 한 번을 못할 줄 알았는데 87년도에 집회를
해냈다. 김현석 선배(수학과)가 그걸 해 내더라.

김미순 나는 여수에서 고등학교를 다녔다. 내가 고등학교
3학년 때 전남대에서 삼민투위 사건이 있었다. 그래서
전남대에 가면 절대 데모를 하지 않겠다고 생각했다.(웃음)
그런데 입학하자마자 남학생들이 31사단에 입소하게 됐다.
그때 마중을 나갔다가 85학번 선배가 자기가 활동하는
서클에 놀러 오라고 했다. 역사 공부하고 독서 토론을 하는
언더 서클 '황토'였다. 서클에 가보니 여자가 나 혼자였다.
남학생들이 굉장히 잘 챙겨줬다. 처음에는 무서워서
데모하는 데도 못 가고 밖에서 수건이나 가져다주는 역할을
했었다. 그러던 중에 86년도 아시안게임 반대 투쟁을 하러
나간 선배와 동기들이 구속되었다. 5명 정도가 구속돼서

서클이 쑥밭이 됐다. 서클은 거의 와해되다시피 했으나
꾸준히 챙겨 주는 선배들이 있었다. 그 전에는 무서워서
데모하는 곳에도 못 갔었는데 함께 지내던 선배와 친구들이
구속되는 것을 보고 악에 받쳤던 것 같다. 그때부터 데모를
해야겠다고 생각했다.

<u>이현미</u> 중학교 1학년 때부터 친하게 지내던 친구가 중앙여고
임추섭 선생님의 제자였다. 그 친구는 고등학교에 입학한
뒤부터 외박도 하고 담배도 피고 굉장히 자유롭게 살았다.
자유분방한 사고를 지닌 친구였다. 나로서는 굉장히 염려스러운
친구였다. 이 친구가 1985년 학력고사 끝나고 전교조의
전신인 전교협(전국교사협의회)에서 탈춤을 가르쳐 준다며
함께 가자고 했다. 아마도 의식화를 위한 하나의 문화운동
차원에서 했던 것 같다. 그 자리에서 만난 사람 중 한 명이
전남대 수학교육과 84학번 선배였다. 그 선배와 이야기를
하다가 놀러 오라고 해서 가게 된 데가 정해직 선생님[3]이
운영하는 도서문화연구소 '무등서고'였다. 사회과학서적을
빌려주기도 하는 사랑방 같은 곳이었는데 나는 당시 재수를
할 때여서 자주 그곳에 놀러갔다. 그때 만난 선배 중에는
실제 5·18 때 징집을 당했다가 막 나온 선배들도 있었다. 또
민문연(민족문제연구소) 선배들도 그때 만났다. 5·3인천사태
때 테이프 팔러 따라가기도 했고, 농민운동이 활성화될 때여서
'여자의 일생', '아빠의 청춘' 이런 노래들을 개사해서 농민

3. 5.18민주화운동 전남도청 항쟁지도부 민원부장, 전교조 중앙집행위원 등을
    역임했다.

테이프를 만들고 그것을 농민 운동 쪽에 보내는 일도 했다. 덕분에 나는 그때 광주의 운동 쪽 원로를 거의 본 것 같다. 그래서 실제로 대학교에 들어가서는 학술 운동을 하려고 했다. 지적으로 성숙한 이론가가 되고 싶었다.(웃음) 그래서 선배들에게 얘기하지 않고 혼자 한 서클을 찾아갔다. 2생(2학생회관)에 있는 '대문'이라는 서클인데 여름방학 때 OB들과 만나는 자리에 가 보니 이미 알고 지내던 선배들이 다 있었다.(웃음)

> 최유정 나는 굉장히 자연스러운 계기가 있었다. 언니가 84학번 목포대 운동권이었고 언니 친구는 전남대 84학번이었다. 둘이 절친이었는데 언니와 언니 친구가 늘 데모를 해야 한다고 이야기했다. 그래서 자연스럽게 데모는 해야 되는 것으로 생각했다. 두 번째 계기는 1학년 때 친하게 지내던 공대 남학생이 있었다. 친구들을 만나러 가자고 하길래 따라갔더니 그 자리에 김세진 열사와 이재호 열사의 동생이 있었다. 같이 이야기를 나누다가 그 사실을 알게 되었다. 이재호 열사가 광주 출신이다. 입학한 지 얼마 되지 않아 그런 이야기를 들으니 가슴에 와 닿는 것이 있었다. 멀게 느껴졌던 사건이 굉장히 가깝게 느껴졌다. 내 친구가 될 수 있는 사람의 형에게 그런 일이 일어났다고 생각하니 감정이 올라왔다. 그래서 자연스럽게 운동을 하게 되었던 것 같다. 세 번째 계기도 있다. 나는 어릴 때 임동에 살았었다. 아주 어릴 때지만 5·18민주화운동 때 일신방직, 전남방직 공장 노동자 언니들이 머리띠를 두르고 가두 투쟁을 하고 리어카에

시체를 싣고 가는 모습을 목격했었다. 마치 DNA처럼 그와 같은 일련의 일들이 몸 안에 저장되었던 것 같다. 대학 가서 제 발로 서클을 찾아 들어간 것도 너무나 자연스러운 일이었다. 심지어 서클에서 담배를 피는 언니, 오빠들의 모습도 굉장히 멋있었다.(웃음) 나도 저 뽀얀 연기 속으로 들어가야겠다고 생각했다.(웃음) 그만큼 나한테 운동은 굉장히 자연스러웠다.

김원숙 우리 시대가 그랬다.

이현미 우리 때 행복의 조건 중 하나라면, 학점을 잘 받아서 취직하는 것이 아니라 자연스럽게 투신하는 것이었다. 노동 현장에 가고 사회 운동 현장에 가는 것이었다.

정정희 그 당시는 경쟁 사회가 아니었다. 대학을 졸업하면 대부분 취직이 되었다. 투신한다는 것은 대학을 졸업하지 않고 노동 현장을 가는 것, 그러니까 기득권 포기를 의미했다.

정충현 그때만 해도 대학에 올 정도면 집안이 괜찮았다. 그리고 전남대 정도 나오면 머리도 괜찮았다.(웃음) 괜찮다는 것은 취업도 웬만하면 다 된다는 것을 의미한다. 운동을 한다는 것은 모든 기득권을 내려놓는다는 것을 의미했다.

조이권 사학과, 사대 국사교육과는 가난한 학생들이 많았다. 그래서 끊임없이 갈등이 있었다.

이론과 실천은 두 다리와 같다

이현미 운동을 하더라도 사상 학습을 하지 않으면 안 되었기 때문에 학습을 많이 했다.

조영임 당시 동기들과 합숙하면서 공부를 했던 것 같다.

이현미 인문대도 합숙하면서 1박 2일 동안 학습했다. 학습 끝나면 전투에 나가고 전투가 끝나면 남녀 구분 없이 학습을 했다.

조이권 전투조가 현장에서 직접 몸으로 싸우는 일을 주로 했다면 이 자리에 있는 사람들은 학습하고 의식화하고 조직화하는 과정을 일상적으로 진행했다.

이영주 나는 역사를 좋아해서 사학과에 입학했다. 국문과나 사학과 같은 인문대는 이미 학회가 자리를 잡고 있었다. 입학 전에 고창 선운사에 1박 2일로 OT를 갔었는데 거기서 분과 소개를 하더라. 사회경제, 근현대사 등 한 다섯 개 정도의 분과가 있었는데 처음에는 각 분과에 다 들어가야 했다. 그래서 나는 사회경제과에 들어갔다. 일주일에 한 번 정도 모여서

84학번 선배들의 지도 아래 『철학에세이』부터 읽었다. 집회가
있으면 과 단위로 나갔다가 다시 들어와서 공부하고 그랬다.
자연스럽게 운동을 하게 되었는데 한두 번 나오다가 마는
친구들도 있었고, 1년 잘 버텨 2학년 올라가면 또 신입생을
데리고 선배들이 했던 일을 하는 친구들도 있었다. 세포복제
작업인가?(웃음) 지금 생각해 보면 입학 전 교수님과
면접시험할 때부터 선배들이 움직였던 것 같다. 사학과는
학생회 자체가 소위 오르그(조직의 약칭)였다. 5월이면
80년도에 강제 징집당했던 선배들이 와서 1학년을 모아 놓고
당시 상황을 이야기해 주기도 했다. 물론 과 전체 학생들이
똑같은 생각이었던 것은 아니다.

조영임 나는 고등학교를 곡성에서 나왔다. 가난했다. 중학교
때 광주로 학교를 못 올 정도로 가난했다. 3년 후에는
대학교를 광주에서 다닐 수 있을 거라고 생각하면서
곡성여고를 다녔다. 83년도 유화조치(1983년 12월 21일
문교부가 단행한 제적생의 복교허용을 골자로 하는
일련의 조치) 때 학생들이 데모하는 것을 비판적으로
바라보기도 했다. 대학생이 되면 진정한 자유주의자가 될
것이라고 생각했다. 그래도 나는 농촌에 살고 농가부채가
많은 상황이었기 때문에 부채라는 이야기를 들으면
개선해야겠다는 인식이 있었다. 데모를 할 생각은 없었지만
공부는 해보고 싶었기 때문에 '3세계 연구회'에 들어가기도
했다. 그러던 중 9월쯤에 '모닥불'에 갔는데 사람들이 무척
따뜻했다. 계속 그곳에 눌러앉아 활동을 했고 겨울방학
때는 오치동에 방을 얻어 합숙하면서 학습을 했다. 그러던

중 2학년 때 경영대 학회 건설을 위해 활동하기 시작했다. 당시 인사대 등은 학회가 안정이 된 상황이었고 그 외 다른 단대는 개척 단계에 있었다. 경영대도 마찬가지로 학회를 구성하던 시기여서 모닥붉 구성원 중에 경영대생들은 모두 단대의 각 과로 옮겨갔다. 이후 학회는 대중 조직으로 발전해 갔다.

전남대학교 6월항쟁의 시작

조영임 우리의 6월항쟁을 언제로 볼 것인가, 이것을 좀 얘기해 봐야 할 것 같다.

조이권 6월 16일로 봐야 하지 않을까? 6월 16일이 처음 혈서를 쓴 날이다. 6월 15일 월요일에 모여 처음으로 총회(제1차 민주학생비상총회)를 했다. 수업 거부를 논의하고 이를 확산시키기로 했다. 15일 오후에는 모든 과에서 회의를 했다. 16일은 단과대 별로 모여 중앙도서관 쪽으로 왔다. 6월 9일부터 12일까지 축제를 했다. 13일, 14일은 토, 일요일이었다. 16일에 처음으로 학생 2~3천 명이 모여 혈서를 쓰고 정문으로 향했다. 정문에서는 최루탄을 쏘기도 했다. 그날 비가 왔다. 끝나고 난 뒤에 중앙도서관으로 가서 향후 대책 논의를 했다. 17일에 그랜드호텔 앞에서 여승현(인문대 85) 등이 연행된 것을 시작으로 18일에는 시내 공방전이 확산되는 분위기였다.

양인자 내 기억으로도 6월에 단과대에서 수업 거부를 결의하고 과별로 비상총회를 했다. 과별 구호를 정하고 성명서도

낭독했다. 인문대의 경우 과별로 행동할 수 있는 분위기가
형성되어 있었다. 오전에 과별로 소규모 집회를 하고 그 대열이
5·18광장으로 가곤 했다. 우리 과는 계속 수업을 거부했고
도서관에 있던 학생들까지 참여할 정도의 분위기였다.
사실 5월부터 싸움을 계속 해왔기 때문에 많은 사람이 그때가
5월인지 6월인지 헷갈려 한다.(웃음) 하지만 나는 과
집행부였기 때문에 대중적인 활동 차원에서 5월에 제주도로
과 수학여행을 다녀왔다. 그래서 확실히 기억이 난다.
이후에 점점 참여하는 학생 수가 늘었다. 또 수업 거부를 할 때도
사전에 교수님들께 이러이러한 이유로 수업 거부한다는 것을
말씀드렸고, 당시 교수님들도 수업 거부를 할 수밖에
없는 상황을 인정해 주셨다. 나중에는 기말고사를 연기해
주시기도 했다.

김미순 내 기억으로는 용봉대동제를 6월에 했었다. 축제를
준비하던 중 6월 9일에 이한열 동지가 최루탄을 맞아
의식불명 상태에 빠졌다. 그래서 우리가 축제를 해야
하는지, 싸우러 나가야 하는지 갑론을박이 있었다. 축제는
그대로 진행되었고, 덕분에 전남대가 가장 늦게 6월항쟁에
동참하게 됐다.

정정희 1987년의 싸움은 호헌철폐부터 시작해서 쉬지를 않았다.
호헌철폐 독재타도, 5월투쟁, 이한열 열사의 죽음, 6·10항쟁이
이어지면서 모든 싸움이 겹쳤다. 용봉대동제 때 마라톤 대회와
행사를 하면서 2~3일 정도는 가두 투쟁을 하지 않았던 것으로
기억한다. (했던 것 같은데?) 당시 전국 총궐기대회가 있었는데

원천봉쇄를 해서 집회를 못 하게 했었다. 게릴라식의 타격 같은
것은 있었지만 큰 집회는 열 수가 없었다. 오랜 시간 시내를
돌면서 시위를 하지는 않았던 것으로 기억한다.

<u>정충헌</u> 언급한 대로 87년 초부터 싸움을 굉장히 오래 했다.
하지만 5월 싸움에서 우리가 많이 졌다. 5월투쟁이 끝나고
전체적인 평가를 하면서 대중 속으로 들어가자고 했다.
한마디로 5월투쟁의 평가는 "대중 속으로"다. 전국적으로
굉장히 시끄러울 때인데 우리가 대중 속으로 들어가는
게 맞냐는 말도 있었지만…. 아무튼 6월투쟁은 대중들과
함께 하는 거였다. 축제의 기본 방침도 대중과 함께 하는
것이었으니 자연스럽게 모두가 축제에 참여하게 된 것이다.
원래 운동하는 학생들은 대부분 축제에 참여 안 한다.
하지만 그해는 조직원 대부분이 축제에 참여했다. 그래서
우리의 6월항쟁은 좀 늦게 시작되었다.

6월의 가두 투쟁

조이권 6·10민주항쟁이 시작된 6월 10일에 단과대는 다 축제에
참여했지만 동아리(서클)는 가두시위를 나갔다.

정정희 맞다. 우리처럼 학생회가 없는 데는 다 시내로 나갔다.

조영임 나는 6월 10일에 마라톤 대오를 따라갔다가 "호헌철폐,
독재타도"를 외치면서 돌아왔다. 그렇게 돌아오는 길에 잡혀서
서부서에 들어갔는데 형사가 누가 오더를 내렸는지 묻고
경준이가 시킨 거냐고 계속 물었다. 나는 마라톤이 재밌으니까
그 대오 속에서 구호를 외치며 따라갔다 온 건데 그렇게 물으니
일부에서 오더가 있었던 것은 아닌가 싶었다. 그것으로 인해
사람들이 잡혀 오기도 했다. 그날 4학년 3명이 잡혀 와서 72시간
동안 구금되어 있었다.

이현미 1월 14일 박종철 고문치사사건 이후 3월까지 박종철
고문치사사건 규명을 위해 투쟁했다. 그때 잡혀서 북부서에
갔더니 수십 명이 앉아 있더라. 원천봉쇄를 하고 시위를 못
하게 하는 상황들이 87년 3월부터 이어졌다. 6월항쟁 때는

한 달 내내 거리에서 살다가 저녁 10시~11시가 되면 걸어서 학교로 돌아오곤 했다.

조이권 그때는 주로 학생회와 각 단과대별로 많이 움직였다. 장기간 싸움을 했음에도 불구하고 계속 조직적으로 묶여서 시내에 나갔는데 어떻게 그렇게 움직일 수 있었는지 궁금하다.

양인자 처음에는 시간을 정해줬다. 그리고 나중에는 시민들이 함께 싸워 주니까 학교로 들어오지 말고 알아서 싸우라고 했다. 그때 오더가 중요하다는 생각을 했다.

정정희 뒤로 갈수록 별도의 정리가 없었다. 싸울 사람은 끝까지 싸우라는 얘기였다. 당시 학생운동은 신파, 구파 분열이란 문제가 있었다.4 그 때문인지 6월항쟁 때 선배들의 모습을 볼 수가 없었다. 직속 선배가 없었기 때문에 오더를 받고 움직인 적이 없다. 보통 자사공(자연대, 사대, 공대)이 묶여서 함께 움직였는데 나는 직속 선배가 없어서 아쉬웠다. 오더도 눈치껏 껴서 받았고 혼자 움직이는 외로운 싸움을 했다.

김원숙 나는 농성동 담당이었다. 국본(민주헌법쟁취 국민운동본부)에서 나오는 유인물이 있었는데 나는 날마다 그것을 배포하고 자보(금남로에 있는 자동차 보험회사) 앞으로 5시에 갔다.

---

4. 신파는 반미투쟁을 중심에 놓고 민주화, 조국 통일을 주장했고, 구파는 군사파쇼정권 타도를 중심에 놓고 민주 헌법 쟁취를 주장했다.

조이권 누가 그렇게 하라고 했나?

김원숙 모른다. 다만 학교 홍보실에서 유인물을 나눠줬다.

이영주 유인물의 내용을 대자보에도 옮겨 썼다. 종이를 접어서 줄을 맞춰 글자를 써 내려갔는데 같은 내용을 몇 장씩 써야 했기 때문에 책상을 붙여 종이를 여러 장 깔아 놓고 한 명이 내용을 부르면 여러 명이 받아쓰는 방식이었다. 학교에 붙이고 시내에 가지고 나가서 몰래 붙이기도 했다.

김미순 총학생회 홍보부에서 매일 아침 단대별로 대자보에 쓸 내용을 나눠줬다.

이영주 주로 여학생들이 썼는데 아침 11시쯤 어디로 모이라고 하면 그곳으로 집결해서 대자보를 썼다.

이영운 보통 총여학생회실과 그 안쪽 골방에 모였다.

최유정 단위 홍보부장이 총학생회로 가서 대자보에 쓸 내용을 받아왔다.

조이권 시내에 붙인 대자보를 사람들이 많이 봤는지 궁금하다.

이현미 대자보가 유일한 소식지였다. 그래서 많이 봤다.

여학우들의 역할

정정희 6월항쟁 때 대자보 작성을 물론이고 여학생들의
역할이 컸다. 전투조가 활동하기 위해서는 여성이 있어야 했다.
무기 조달을 하기 위해서는 여성이 필요했다. 수많은 짱돌을
누가 만들고 누가 배달해 줬겠는가. 전투조가 신경 쓰지 않고
싸울 수 있게 뒤에서 보좌하고 지원한 것이 여학생들이었다.
삼엄한 경비를 뚫고 끊임없이 화염병을 운반한 여성들이
없었더라면 전투조도 싸우기 힘들었을 것이다.

양인자 시위를 할 때 교문 앞에는 전경이 막고 있으니 먼저
남학생들이 화염병을 던졌다. 그리고 그 뒤에서 보도블록을
깨서 계속 나르는 여학생도 있었고 길에서 노래하며 구호를
외치는 선동대도 있었다. 주변 학생들은 주로 동조를
하거나 구경을 했는데 개중에는 전경이 들어올 때 소리를
지르는 학생들도 있었다. 전남대는 구경하는 학생들이
유난히 많았다.

김미순 나는 어리게 생겼다는 이유로 화염병 운반을 했다.
고등학생처럼 보여서 안 걸릴 거라고…. (웃음) 항상 배낭에

화염병을 담아 학교에서 출발했다. 모금하는 일도 했다.
내 기억에 모금함에 100만 원 정도의 돈이 모였던 것 같다.
지금 생각해 보면 당시로서는 어마어마하게 큰돈이라 내가
착각한 것은 아닌가 싶을 정도다.

  조영임 아마 맞을 것이다. 서현교회 중앙대교 바로 지난
곳에서 보도블록을 깨고 있으면 시민들이 요구르트와
김밥을 가져다줬다. 그때 나도 동기와 함께 서현교회
주변을 돌며 모금을 했었는데, 당시 46만 원이 모였다.
그 이후에 대대적으로 모금을 했다.

조이권 싸움이 확대되니까 물량을 감당하기가 힘들었다.
전단지도 만들어야 하고 화염병도 만들어야 하고…. 그래서
모금을 했다.

  정정희 당시에는 신나를 개인적으로 팔지 말라는
이야기도 나왔던 것 같다. 나는 동네 페인트 가게에 가서
미술학도라고 이야기하고 신나를 구입하기도 했다.

이현미 나는 화염병을 대체 누가 가져다줬는지 궁금했는데, 오늘
그 궁금증을 해결했다.(웃음)

  김미순 학교에서 정해 놓은 운반책이 있었다.

조이권 당시 화염병을 학교에서도 만들고 중앙교회 지하에서도
만들었다.

부록 2. 여성동지 집담회

정정희 나는 학교에서 시내까지 화염병을 운반하기도 했지만, 중앙교회 지하에서 만든 화염병을 가지고 가장 치열하게 싸우는 곳까지 가기도 했다. 엄청난 숫자의 경찰을 뚫고 가서 화염병을 전달했었다.

백골단과 사과탄

정정희 전경들 앞을 지나가면 너 또 나왔냐, 조심해라, 하고 말하기도 했다.(웃음)

이현미 그때 경찰들이 학생 한 명 잡으면 통닭을 한 마리씩 받는다는 이야기도 있었다. 그래서 우리 별명이 통닭 한 마리 아니었나?(웃음)

김미순 백골단이 나왔을 때 많이 잡혔지 사실 전경들은 덜 잡았다.

정정희 맞다. 백골단이 잔인했다. 전경들은 괜찮았다. 개인적인 일화가 하나 있는데, 우리 엄마가 청바지를 새로 사줬을 때다. 원각사에서 싸우고 중앙로 쪽으로 나오려고 하는데 전경들이 숨어있다가 바로 앞에서 사과탄을 던졌다. 무릎 쪽에서 사과탄이 터졌다. 아프기도 아팠지만 새 청바지가 망가져서 무척 속상했던 기억이 난다.(웃음) 가까이 있던 시민들이 피가 나니까 옷을 찢자고 했는데 새 청바지라 그럴 수 없었다. 무릎에 박힌 사과탄의 자잘한

파편은 병원에 가서 뽑았지만 몇 년 뒤에 제거하지 않은
사과탄의 아주 작은 파편이 나오기도 했다.

조이권 보통 청바지를 입고 현장에 나갔다. 다른 바지는 찢어지곤
했다.

김원숙 나는 최루탄은 별로 안 무서웠는데 사과탄은
무서웠다. 몸에 박히니까.

김미순 전경이 학교에 들어왔을 때 과 1학년 후배인 김재구가
직격탄에 맞아 실명되는 일도 있었다.

이현미 전경이 밀고 들어와서 학교에서 쫓겨난 적도 있었지
않나?

김미순 87년 이전에는 전경들이 중앙도서관까지만 들어왔는데
나중에는 학교 여기저기 들어와서 학생들이 학교 밖으로
도망가기도 했다. 그때가 87년 5월이었다. 전경들이 방패를
들고 학교에서 상주를 했다.

조이권 그때 사복 전경 두 명을 붙잡아서 도서관 안에 묶어
놔서 그랬다.(웃음) 그 사람들 찾느라고….

김미순 너무 무서웠다. 학교 안에서도 군화를 신은 사람들에게
짓밟힐 수 있다는 사실이 굉장히 두려웠다.

정충현 최루탄 직격탄에 맞은 친구들이 여럿 있다. 그중 경영대 이웅범이 기억난다. 당시 굉장히 위험하다고 그랬었다.

조이권 현재 최루탄 부상자회 대표로 활동하고 있다.(웃음) 부상 당한 적이 있으면 그 친구에게 연락해라.

정충현 싸움을 끝내고 집에 가는 길에 내가 걸어가는 곳마다 사람들이 재채기를 했던 일도 생각난다. 버스를 탔는데 버스 안 사람들이 다 재채기를 했다. 버스에 내려 골목을 걸어가는 데도 사람들이 재채기를 하더라. 그리고 집에 갔는데 어머니께서 막 눈물을 쏟으셨다.(웃음) 알고 봤더니 바지 뒤에 최루탄 가루가 잔뜩 묻어 있었다. 바지에 묻은 걸 몰랐었다.

시민과 함께 싸우다

정정희 보리(이향숙)와 저는 아지(선동)팀이었다. 투쟁 대열이 아니어도 사람들이 모여 있으면 두세 명씩 짝을 지어서 구호를 외치고 유인물을 나눠줬다. 그리고 언제 어디서 싸움이 열리는지 알리며 선동을 많이 했다. 그래서 우리는 모금은 안 했다.

최유정 버스 홍보도 했다. 버스에서 유인물을 나눠주었다. 시민의 반응이 좋았다. 버스 기사님께 양해를 구하고 선배가 앞에서 선동하면 우리는 승객들에게 유인물을 나눠줬다. 그러면 버스 안 시민들이 박수를 보내시곤 했다.

김미순 광주는 시민들과 늘 함께 싸웠다. 시민들은 치약을 가지고 나와서 학생들에게 발라주고 대열을 만들기 전에 우유나 빵을 사서 던져 주기도 했다. 최루탄이 터지면 어느 식당이든 들어와서 밥을 먹고 가라고 하고 몸을 숨겨주었다.

조영임 당시 시민들이 먼저 나와서 학생들은 언제 오냐며 기다리기도 했다. 시민들의 호응이 굉장했다.

김문숙 당시에 밤에는 새벽까지 밖에서 싸우고 낮에는
잔디밭에서 시들시들 잠을 자곤 했다.(웃음) 시민들이
기다리고 있다는 생각이 들면 피곤하고 힘들고 무서워도 나갈
수밖에 없었다. 또 든든한 시민이 힘이 되었다. 그만큼 시민은
광주의 문화이자 힘이라고 생각한다.

정정희 검정 비닐에 빵과 우유를 담아 주신 분들도 많다.
5·18민주화운동을 겪어서였을까? 광주시민은 학생에 대한
신뢰가 무척 컸다.

이현미 어떤 시민이 만 원을 주면서 택시 타고 가라고 하기도
했다. 나중에는 모금함을 들고 일부러 사복 경찰에게 갔다.
그럼 어쩔 수 없이 경찰도 모금을 했다. 사복 경찰은 딱 보면
표가 났다.(웃음)

정정희 막판에는 새벽 4시~5시까지 했다. 우리가 밤샌 것이
아니라 동참했던 시민들이 밤을 샜다. 나는 영화 〈1987〉을
보고 조금 화가 났다. 여자 주인공이 투쟁해 봐야 뭐하냐는
대사가 있었는데 우리 때는 그렇지 않았다. 정말로
세상이 바뀔 줄 알았다. 5·18민주화운동은 우리만의
싸움이었지만 6월항쟁은 그렇지 않았다. 그래서 6월항쟁
때는 정말 세상이 바뀔 것만 같았다. 그런 희망을 안고
이번에는 혁명을 성공하겠다는 의지가 있었다. 특히 광주는
5·18의 경험이 있었기 때문에 도시 게릴라 전에 능숙했다.
곳곳에서 전경이나 백골단[5] 등을 무장해제시켰다.
매일매일 무장해제시킨 소식을 들었고, 또 전국에서도

싸움을 하고 있었기 때문에 우리는 세상이 바뀔 것이라는 확신을 갖고 싸웠다. 영화를 보면서 '5·18 경험이 없는 사람들은 저런 생각을 했구나' 싶었고 우리가 이런다고 뭐가 달라지냐는 영화 속 멘트가 정말 싫었다. 광주는 노태우가 6·29선언을 했어도 속임수라 생각하고 끝까지 투쟁했다.

<u>이영운</u> 육이구(6·29)를 속이구라고 했다.

<u>정정희</u> 맞다. 속임수이기 때문에 그것에 굴복하지 않고 끝까지 가야만 그들에게 정권을 넘겨주지 않을 수 있다는 생각은 5·18을 겪은 우리만의 경험에 의한 것이었다. 다른 곳은 다 시위를 정리했다. 그래서 결국에는 우리가 얻은 성과를 다시 노태우에게 줘버리지 않았나.

5. 시위대를 연행하기 위해 조직된 경찰 부대. 당시 하얀 헬멧을 착용해서 백골단이라고 칭한다.

6월항쟁 이후의 투쟁

김원숙 6월항쟁이 무척 길었다는 생각이 드는데 6월 16일부터로 보면 실제 기간은 길지 않다. 아마도 4·19 직후부터 싸웠기 때문에 장기전이었다는 생각이 드는 것 같다.

정충현 실제로 우리는 6·29 이후에도 계속 싸웠다.

조이권 6·29를 속이구로 볼 것인가 대중의 승리로 볼 것인가 하는 논쟁이 있었다. 전국적으로 거의 철수를 했는데 우리는 속이구로 보자는 입장이었다.

정충현 하지만 그러한 입장에 대한 대중의 반응은 크지 않았다. 게다가 오랜 싸움으로 지치기도 했고….

조이권 후배들의 증언에 의하면, 승리했다는 의견이 대다수였지만 6·29 이후에도 끝장을 봐야 한다는 조직 내부의 의견은 상당했다고 하더라. 사실 6월항쟁 이후 가장 폭발적이었던 것은 공감단(공정선거감시단)의 싸움이었다. 11월부터 시작했는데 당시 8,000여 명 정도가 조직을 이뤘다.

부록 2. 여성동지 집담회

이후 자치운동으로 활성화되었다. 실제로 공감단에서 활동한 사람들 중심으로 지역 조직을 만들기도 했다. 또 공감단 활동을 근거로 의회에 진출한 사람들도 있다.

이영주 나는 공감단에서 함께 활동한 사람과 결혼했다.(웃음) 원광대 한의학과 학생이었다.

이영운 그때 전국 곳곳의 대학생들이 자기 주소지로 왔다.

조이권 공감단은 대중들이 스스로 조직화하는 계기가 되었다. 6월항쟁 과정에서 대중 투쟁의 성과를 얻었고 이후 공감대 활동을 통해 대중의 결속이 강해졌다.

김미순 그때 만들어진 조직이 오래갔다. 친목회처럼 고향에 오면 만나곤 했다. 나도 지금까지 만나는 사람이 있다.

조이권 공감단 활동은 전국적으로 이루어졌지만, 광주만큼 활성화된 곳이 없다.

이영운 나는 선거 당시 개표 참관인으로 활동한 적이 있다. 북구청에 도착한 봉인함 중에 문제가 있는 것이 몇 개 있었다. 봉인을 뜯으려고 해서 내가 그 봉인함을 잡고 개봉하지 못하게 했다. 개표를 지연시켜서 그 모습이 언론에 나가야 전국적으로 개표를 지연시킬 수 있을 것이라고 생각했기 때문이다.

김미순 나는 한 달 동안 여수에 내려가서 공감대

활동을 했다. 투표 당일에 일찍 나가 참관인 활동을
했는데 투표장에 아버지가 오셨다. 아버지는 골수
민정당(민주정의당) 지지자였는데, 내게 와서
음료수를 주고 가셨다. 알고 봤더니 아버지는 민정당
쪽 참관인이었다.(웃음) 그때 지침이 민정당 지지자가
주는 건 아무것도 받지 말라는 것이었다. 그래서
아버지가 주신 음료수도 마시지 않았다. 그날 저녁에
당신이 주는 음료수도 마시지 않았다며 나에게 독하다고
이야기하셨다.(웃음)

이영운 공감단 활동을 하긴 전에도 모금을 많이 했다. 조선대에서
있었던 김대중 전 대통령 합동연설 때 선전물을 나눠주고
왔는데 모금함이 꽉 찼다. 그날 거국중립내각 관련 게시물을
썼던 기억도 난다. 글씨를 잘 못 썼던 기억도 나고….

조영임 학생회장 선거가 끝나고 3학년들에게 다음 학생회
업무를 넘겨주기 위해서 4학년들이 모인 적이 있다.
그때 84학번 4학년들이 104명이었고 85학번은 90명이 좀
안 됐다. 84학번이 엄청 많았다. 나는 그러고 나서 노동
현장 쪽 준비팀이 있어서 그쪽으로 빠지고 공감단 활동은
거의 하지 않았다. 그때 대선에서 졌다는 소식을 들었다.

조이권 84학번이 많았다. 보통 4학년이 되면 싸움에서 많이
빠지지만 87년 6월항쟁 때는 84학번이 전면에 나서야 된다고
해서 굉장히 적극적으로 활동했다.

나의 삶에서 6월항쟁의 의미

이현미 그 시절을 나는 '대중과 함께 한 승리의 경험'이었다고 말하고 싶다. 나는 학교에서 학회 활동을 할 때도 대중 노선이었다. 그래서 공부도 열심히 하고 수업도 들어가야 한다고 생각했다. 또 학우들이 봤을 때 운동권처럼 보이지 않는 친구도 하는 것이 운동이라고 생각해 주길 바랐다. 그래서 나는 무채색 옷보다는 화려한 옷을 입고 다녔다. 대중성을 확보해야만 운동이 승리할 수 있다고 생각했다. 6월항쟁은 그것을 보여줬다고 생각한다. 한 번은 도로에서 대오가 만들어지지 않아서 답답한 마음에 "짭새는 인도로, 시민은 차도로"라는 구호를 외쳤다.(웃음) 그런 구호를 외치니 순식간에 대오가 만들어졌다. 인도에 있으면 짭새가 되니까.(웃음) 그때 그 느낌을 잊을 수 없다. 그 전에는 학생 신분으로 늘 조마조마하게 게릴라처럼 운동을 했었다. 그런데 87년 6월에는 도로 한복판에서 구호를 외쳐도 대중의 호응으로 대오가 만들어지고 그것을 적들이 깰 수 없는 상황이 되었던 것이다. 5·18을 경험한 세대가 지금도 여전히 촛불의 대열에 서 있을 수 있는 것은 6월항쟁의 경험이 있었기 때문이다. 6월항쟁 때 많은 시민과 함께 움직였던, 날이 새는지도 모르고 함께 했던 경험이 이후 공정감시단이나 선거 혁명을 꿈꿀 수 있게 했다. 모두에게 승리의 기억을 만들어 준 것이다.
이러한 승리의 기억이 촛불을 들고 박근혜 퇴진을 시킬 수
있었던 동력이 되지 않았나 생각한다.

> 김원숙 나는 민주노동당이 만들어질 때까지 전민항쟁으로
> 세상을 엎어야 한다고 생각했다. 6월항쟁을 겪었기
> 때문에 그런 방식이 맞다고 보았고, 2000년 들어 농민
> 운동권에서 조직적으로 당에 가입할 것을 종용했지만, 나는
> 당 운동에 대해서는 초창기에 동참하지 않았다. 지금
> 생각해 보니 6월항쟁의 기억이 오래 뇌리에 박혀 있었기
> 때문이었던 것 같다.

이영운 노동자의 정치세력화, 당을 만들자고 했던 사람이
이중에서는 내가 가장 먼저였던 것 같다. 두 번째 민중당이었던
진보정당 추진위원회가 결성되었을 때 나는 광노협(광주지역
노조협의회)에 있었다. 85학번들은 졸업하면서 노동 혹은 농민
쪽으로 조직적인 투신작업을 엄청나게 했다. 나는 노래패에
들어가서 테이프를 만들고 대학가에서 공연하면서 돈을 벌었다.
91년도부터 광주시의 대부분의 노동조합에 노래패를 만들었다.
지금도 시에서 이주노동자의 조직화 등을 목적으로 노동 쪽
일을 하고 있다. 그때나 지금이나 노동자의 현실은 거의
별 차이가 없다. 항상 아들에게 엄마를 자랑스러워하고 엄마와
이모(이영주)의 삶에 대해 긍지를 가지라고 이야기한다.(웃음)
운동을 하면서 자산이 된 것은 전남대 출신이라는 것과 87년을
겪으면서 의미 있는 삶에 대한 생각을 하게 된 것이다.

<u>이현미</u> 광주의 전남대 출신이라는 것이 상당히 자긍심을 갖게 한다.

<u>정정희</u> 5·18민주화운동은 광주의 트라우마이자 이루지 못한 안타까움을 갖게 하는 역사이기도 하다. 우리는 대학에 들어와서 끊임없이 광주의 진실을 요구하고 치열한 싸움을 했다. 그런데 독재 정권 타도를 위해 전국이 함께 움직인 6월항쟁은 우리가 5월에 이루지 못한 것을 이룰 수 있을 것만 같은 환상을 줬다. 만약 전국에서 멈추지 않고 계속 싸웠다면 성공했을 수도 있지 않을까 생각한다. 그때는 매일 싸우면서 민주주의를 열망하고 그것이 분명 이루어질 것이라는 기대감에 투쟁했다. 지치지 않았던 것 같다. 그리고 대중의 힘이 있다는 것을 6월항쟁에서 느꼈다. 점 조직은 한계가 있다, 대중 속으로 들어가서 대중 조직을 키워내야 한다는 기치 아래 전투적인 학생회의 필요성을 6월항쟁을 통해 느낀 것이다. 이처럼 운동의 전환을 가져온 것이 6월항쟁의 가장 큰 의미가 아닐까 생각한다. 더불어 기득권을 포기해야 한다는 것을 알게 되었고.(웃음) 끝까지 치열하게 남았다는 것은 내 삶의 큰 자랑거리이다. 그 힘으로 촛불의 힘을 받쳐주고 자식들도 건전하게 키울 수 있지 않았나 생각한다. 지금도 직장에서는 정의로운 사람으로 통한다.(웃음) 잘 살았다고 생각한다.

<u>이영주</u> 운동을 하며 끊임없이 나에게 물었던 것이 있다. 나중에 내 아이들이 자라서 암흑기인 80년대에 엄마는 뭘 했냐고 물었을 때 어떤 대답을 해야 할 것인가를 생각했다. 그때 내가 당당하고 자랑스럽고 정의롭게 살았다는 것을

꼭 이야기해 줘야 한다고 생각했다. 만약 지금과 같이
운동을 안 해도 되는 시대였다면 공부를 열심히 해서
유럽으로 유학을 갔을 것이다.(웃음) 30년이 지난 지금
촛불을 들어야 할 때 나는 선뜻 나가지 못하는데 우리
애들은 그 추운 거리에 촛불을 들고 나가더라. 우리가
정의롭고 올바르게 살았기 때문에 우리 애들도 저런 것이
아닐까 생각한다.

이현미 촛불 현장에 나가면 그때 그 사람들을 다시 만난다.
아이들의 손을 잡고 나오곤 한다.

조영임 나는 대중 조직, 시민들과 함께하기 위해
소모임을 꾸리는 일을 한다. 배운 게 도둑질이라고,(웃음)
학교 때부터 했던 활동 때문이지 않나 생각한다.
삶의 패턴이 된 것 같다.

김미순 나는 데모를 하지 않으려고 했던 사람이다. 선배들이
다들 쟤는 데모 못 하는 애라고 이야기할 정도였다. 어쩌다
보니 노동 운동에 남아있게 되었는데, 대학 때 이론적 깊이가
탄탄해서 운동을 한 것은 아니다. 그러지 못 했기 때문에
행동으로 보여 주려고 더 노력했다. 서울에서 단식도 하고 점거
농성에 참여하곤 했다. 내가 노동 운동을 한다고 하면 다들
놀란다. 그만큼 연약했던 사람이다. 그래도 지금까지 이어올
수 있었던 것은 대중과 함께 싸웠던 힘, 이론과 틀에 박힌 것이
아니라 경험에서 얻은 힘과 믿음이 나를 지탱했기 때문이라고
생각한다. 최근의 홍콩 사태를 보면 우리의 87년을 보는 것

같다. 시민들이 학생들을 도와주고 함께 싸우는 것이 30년 전의
한국을 보는 것 같다. 요즘 들어 그때를 많이 회상한다.

최유정 6월항쟁 때 매일 데모를 했는데 하루도 무섭지 않은
날이 없었다. 선배들이 어디에 나가라는 말이 무서웠다.
끝까지 하긴 했지만, 신념으로까지 발전하지는 않은 것
같다. 아직도 현장에서 활동하는 선후배, 동기들을 보면
미안한 마음이 들기도 한다. 하지만 나름대로 일상에서
내가 가진 가치나 정의를 구현해 보려고 하는 것은 길에서
배운 것 때문이다. 역사의 수레바퀴는 어김없이 굴러간다는
것을 깨달았다. 87년 6월의 현장 속에 내가 있었기 때문에
오늘 우리가 투표장에 갈 수 있는 것 아니겠는가.

이향숙 어릴 때부터 사필귀정(事必歸正)이라는 고사성어를
자주 떠올렸다. 87년 6월 이후에는 더 자주 떠올리곤 한다. 모든
일은 반드시 바른 데로 돌아갈 것이라는 믿음이 있다. 신체는
나이가 들었지만 워낙 격렬하게 젊은 날을 보내서 그런지
여전히 그 속에 있는 것은 아닌가 싶다.

양인자 87년을 경험하면서 학생회 조직에 대해 고민을
많이 했었다. 그러면서 대중과 함께하는 것이 얼마나
중요한지 깨달았다. 대중과 함께 활동하면서 완전한 승리는
아니더라도 하면 된다는 것을 느꼈다.

이현미 87년 6월항쟁 이후에 대중적인 활동이 늘어났다.
학과장도 민주적으로 선거하고 총장을 직선제로 뽑기도 했다.

우리는 그 열매의 단맛을 많이 맛본 세대이기도 하다.

<u>정충현</u> 그때 그 시절에는 신문을 믿지 않았다. 아예 보지도 않았다. 그런데 지금은 제일 정확한 기억이 신문이다. 개인의 기억이라는 것은 시간이 지나면 왜곡되기 마련이다. 내가 한 일인지, 들은 이야기인지 헷갈린다. 같은 시위 현장에 있었더라도 내가 있던 위치에 따라 시각이 달라진다. 한 명씩 인터뷰하면 기억이 왜곡되지만, 집단 증언을 하면 기억을 끼워 맞출 수 있다. 똑같은 시간에 똑같은 현장에 있었으니까 각자의 기억이 맞춰지는 거다. 오늘 이 자리가 여러분들에게 87년 6월을 다시 기억하고 맞춰 보는 소중한 시간이 되었기를 바란다.

부록 3.

개인구술
이제는 말할 수 있다

1987년 6월민주항쟁 당시 전남대 학생운동에 참여했던
사람들의 구술 내용과 서면 인터뷰를 정리한 내용이다.
당사자들의 증언과 기록을 그대로 정리했기 때문에 증언자들
사이에 내용이 서로 어긋나거나 다른 기록들과 차이가 있을 수
있다. 그럼에도 증언자들의 현재 기억을 기록해 두는 이유는
이를 통해 조금이나마 전남대 학생운동 역사를 보강하고
향후 연구에 초석이 되길 바라기 때문이다. 특히 구술
작업에 많은 동지가 전화 통화와 직접 채록으로 참여했지만,
기록으로는 남기고 싶지 않다는 뜻을 밝힌 동지들의 의사를
존중하여 수록하지 못한 내용도 많이 있음을 밝힌다.

이제는 말할 수 있다   1

고병용
법대 84, 1987년 총학생회 총무부장

· 87년 3월 10일, 총학생회 출범식 이후 활발한 대중 활동을
전개한 것으로 알고 있는데 기억에 남는 활동은 무엇인가?

고병용 전체적으로 보면, 총학생회 활동했을 때의 기억은 해마다
진행해 온 투쟁과 사업(학생회 출범식, 4.19정신계승투쟁,
광주학살 진상규명과 학살 원흉 처단을 위한 5월제,
6월 대동제, 농촌봉사 활동, 박관현 열사 정신계승투쟁 등),
정치적 격변기였던 1987년의 정치 상황(박종철 열사 고문치사
책임자 처벌, 4·13호헌조치 분쇄, 6월항쟁, 수해복구, 남대협
출범식, 대통령 선거 등)에 대처하기 위한 행사와 투쟁을
기획하고 진행하면서 정신없이 1년을 보낸 것으로 기억된다.

　　조직적인 측면에서 학생 대중조직으로서의 학생회의
위상과 역할에 대한 고민이 제기되었고, 정치 투쟁 일변도의
학생회 활동에서 학생대중의 일상적인 요구를 담아내 학생회의
대중적 기반을 확대하자는 문제가 제기되어 일상적 학원민주화
투쟁을 강화했다. 인권복지위원회를 중심으로 학생들의 일상적
요구를 쟁점화했고 어용 교수, 어용 총장 퇴진 등이 학원민주화
투쟁의 주요 이슈였던 것으로 기억한다. 학원민주화 투쟁
과정에서 요구사항을 내걸고 대학본부를 점거 농성했지만 투쟁
성과를 내지 못해 투쟁 이후 정리가 매우 곤혹스러웠던 기억이
있다(어용 교수 퇴진, 등록금 인하, 차등·분할 납부, 기성회비
공개, 장학금 공개와 공정성 확보, 기숙사 확충, 교내식당
질 개선, 학내 구내서점, 안경점 등의 단가인하 등의 문제,
대학자치관리협의회, 어용 총장 퇴진과 직선 총장선출 등).

　　과·단대 학생회 차원의 자체 문제를 해결하기 위한 투쟁도
자발적으로 조직되는 등 학생회의 기본 단위인 과 학생회
활동을 강화하기 위한 노력도 시도했던 것으로 기억하고 있다.

· 87년 초부터 전투적인 학생회를 지향(지양)하면서
학생회 활동에 많은 변화를 가져왔다고 하는데 구체적으로
어떻게 활동했는지?

고병용 '용봉학우로부터 용봉학우에게로'라는 슬로건이
상징하는 것처럼 출범 초부터 학생대중조직으로서의 총학생회
위상을 정립하는 문제, 학생대중의 일상적인 요구와 정치적인
요구를 총화하여 투쟁을 조직하는 문제를 고민했지만
학생운동의 조직적 차원에서의 접근과 변화는 87년 하반기로
기억하고 있다. 구체적으로 보면, 학생대중조직의 틀을 세우기
위해 총학생회장, 단과대 학생회장회의 조직, 미조직 과학생회
조직 지원 등 조직을 정비했다. 또 향락적 축제 중심이던
6월 대동제의 변화를 시도했고, 참가 단위 선정과정에서
학생회, 서클 등 각 학생회 단위가 대동제에서 학생대중의
참여를 유도하고 결합력을 높이는 것을 목표로 행사를 기획하고
진행하려는 시도가 있었던 것으로 기억한다.

　　6월항쟁 때 과·단대·총학생회로 이어지는 단위별 대책위가
구성되었고, 학내 비상 총회를 통해 전체 학생들이 집결하고
시내 진출 시에는 3,000~4,000여 명의 학생들이 각 학생회
단위별 깃발 아래 모여 투쟁에 조직적으로 참가하기도 했다.
한편으로는 7월 수해복구 활동, 농촌봉사활동, 공정선거감시단
조직 시 일반 학생대중의 참가를 높이는 방향으로 기획,
진행했다. 과 학생회가 자리 잡는 과정에서 각급 학생회
단위에서 자체 문제 해결을 위한 투쟁이 자체적으로 조직되기도
했다. 이러한 경험들이 축적되어 12월에 지역별로 조직된
공정선거감시단의 규모가 초기에는 6월 투쟁 참가자에
버금가는 수천 명에 이르렀던 것으로 기억한다.

총학생회 출범 초기부터 전투적 학생회를 바꾸려는 논의와 조직적인 접근이 진행된 것은 아니었던 것으로 기억한다. 조직 구성 측면에서도 활동 기간 중 간부들이 과중한 실무 때문에 힘들어하고 간부(차장) 충원을 요구했던 일과, 단대 학생회와 총학생회 간부들과 공개, 비공개의 조직 문제로 갈등이 많았고 이로 인해 스트레스가 심했던 기억이 있다.

학생회 사업 측면에서 학생대중 운동에 대한 인식 변화와 학생대중을 사업의 중심에 놓고 학생회의 대중적인 기반을 확대하는 방향으로 사업을 진행하려는 노력이 있었지만 전체적으로 보면 과도기였으며 체계적으로 준비되어 활발하게 진행된 것은 아니었다.

당시 모든 단위의 학생운동 조직 활동가들과 마찬가지로 학생회 단위에서도 정치적인 격변기였던 87년의 상황에서 당면 투쟁을 어떻게 전개하고 성공적으로 성사시킬 것인지, 어떻게 하면 많은 학생대중을 투쟁의 대열에 동참시킬 수 있도록 조직할 것인지, 이런 문제들이 주요 관심사였다.

· 당시 서클연합회나 대의원대회, 인권복지위원회 등 다른 자치기구들의 활동은 어떻게 전개되었는가?

고병용 서클연합회는 기독교 계열 서클에서 회장이 선출되었는데 조직적 결합이 밀접하지는 않았고 큰 틀에서는 협조 관계를 유지했다. 그리고 대의원대회는 의장(김평석, 인문대 84)이 따로 있었고, 당시까지도 학생회 조직의 별도기구로서 총학생회에 대한 견제와 감시라는 협소한 시각에 머물러 있었다. 학생회의 기본 단위인 과 대표들로 구성된 대의원대회가 학생회 조직 차원에서 위상이 제고되지 못한 독립된 기구 상태였다. 다만, 총학생회 차원에서 이에 대한 문제의식을 가지고 대의원들을 관리했고, 의장과 대의원들과의 우호적인 관계 하에 사안에 따라 대의원대회의 역할을 추동했는데, 대표적인 사례로 6월항쟁 시 수업 거부를 결의하는 등 중요 역할을 담당하기도 했었다.

인권복지위원회는 예비역 중심으로 조직되었고 송태종 위원장(자연대 83)이 총학생회 회의에 참석했다. 단과대 인권복지위원회가 88년에는 확실히 조직되었던 것으로 기억하는데 87년에는 정확히 기억나지 않는다. 주로 학교 당국을 상대로 복지제도 개선을 요구하는 학원민주화의 일상적 활동과 총학생회 차원에서 진행한 학원민주화 투쟁의 기본적 내용을 제공하는 활동을 했다.

· 전남대 총학생회는 6월항쟁 이전에 정세를 어떻게 인식했으며, 6월항쟁 이전에 주요한 활동 목표는 무엇이었나?

고병용 학생회 회의를 통하여 주·객관적 상황과 기본적인 정세 인식은 공유했던 것으로 기억되나 실제 내용은 기억이 나지 않는다. 당시의 일반적인 흐름과 크게 다르지 않았을 것이고 《용봉》지 편집장(정종완, 사대 84)이 총학생회 회의에 참석했으니, 당시의 상황을 담은 《용봉》지에 잘 기록되어 있을 것이다.

그때 활동의 주요한 목표는 학생회의 대중적 기반 강화, 학생대중의 일상적인 요구의 실현, 청년학생의 정치적 각성과 당면 정치 투쟁의 선도적 역할 등이었다고 본다.

- 4월~5월 투쟁과정에서 총학생회 차원에서
  지역사회운동과의 연대사업이 진행되었다고 하는데
  주체는 누구였으며 어떻게 진행되었는가?

고병용 역할상 섭외부장(지대위)이 담당하였을 것이고
국민운동본부에는 내가 참석한 기억이 있는데 공정선거감시단
활동이 진행될 무렵의 후반기였던 것으로 기억한다.
주로 섭외부장이나 총학생회장이 수행하지 않았나 생각한다.

- 4월~5월 학교 간(학간) 연대사업의 주체는 누구였으며,
  6월항쟁 당시 연대사업은 어떻게 진행되었는가?

고병용 호남 지역 학교 간 회의에는 내가 한두 번 참석한 기억이
있다. 당시 호남지역대학생대표협의회 발족 등을 논의하는
회의였다. 행사 당일 호학련 건준위로 바뀌면서 조직 형태
(명칭 문제)에 대한 이견이 있었고 그 이후 연대사업은 관여하지
않아 잘 모르겠다. 5월투쟁 이후 7월경 전대협 출범식 관련
실무회의에 내가 참석했다. 전대협, 남대협 출범 이후 학교 간
연대사업은 오용구가 맡았던 것으로 기억한다.

- 6월 9일~11일까지 대동제가 진행되었다. 당시 명동성당
  농성이 시작되면서 이에 대한 논쟁이 있었다고 하는데
  총학생회 차원에서는 어떤 내용이 얘기됐는지?

고병용 시점과 내용은 정확하지 않으나 당시 급변한 정치적
상황에서 대동제를 강행하는 것이 옳은가에 대한 고민이
있었고, 대동제를 계획대로 진행하는 문제에 대해 간부 회의가
진행되었다. 대동제 내용에 투쟁(횃불 시위, 마라톤 시 선전활동
등)을 결합하고, 대동제를 통하여 결집된 학우들을 광범위한

대중투쟁으로 연결시키는 방향으로 대동제를 진행하자고
결론지은 기억이 있다. 행사 기간 중에 시민단체와 일부
학생들이 학생회를 방문해 항의했고 대동제 강행에 대한 반발도
일부 있었다.

· 대동제 끝나고 나서 총학생회 간부들이 김승남 회장의
  고흥 집에서 전원 연행됐다는데 구체적인 상황이 어땠는지
  말해 달라.

고병용 4월 투쟁(호헌철폐, 학원민주화투쟁 등)과 오월제,
대동제로 이어지는 연이은 행사와 투쟁 일정에 간부들이 몹시
지쳐 있었고 피로감으로 사기가 저하된 상태에서 주말을 틈타
머리 좀 식히면서 간부들의 단합을 도모하기 위해 김승남
회장의 고흥 집에 다녀오자는 제안에 방문한 것으로 기억한다.
참석했던 주요 인물로는 총학생회 간부들, 농대 학생회장과
총여학생회장만 기억에 있다. 당일(정확한 날짜는 6월 13일
즈음으로 기억) 저녁 식사를 하고 있는데 70여 명의 전투복
차림의 고흥경찰서 경찰들이 집을 포위한 뒤 수갑을 채워
고흥서로 전원 연행했다. 그리고 다음날 광주 서부경찰서로
이동하여 조사받고 풀려났다. 이동하는 중에 차 안에서 언성이
높아지고 충돌이 있었다.

· 6월 16일 2차 학생비상총회에서 삭발 및 혈서 투쟁을
  전개했는데 이는 어떤 정세 인식 하에 결의하게 되었는가?

고병용 당시 6월항쟁 국면에 이르는 전국적 투쟁 양상을 보면
타지역, 특히 서울지역과 전남대(광주)의 투쟁 흐름은 최고조에
이르는 과정과 시기에 차이가 있었다. 전남대는 내부적으로

4월 호헌철폐 투쟁과 5월투쟁에 총력(철야 농성, 단식 투쟁, 본부 점거 투쟁, 5월 7일~27일 전 기간에 걸쳐 진행된 투쟁, 오투위 전원 체포)을 다하면서 조직적 손실에 따른 조직 정비가 필요했고, 더군다나 서울지역에서 최대 규모의 투쟁이 진행됐던 6·10대회 전·후 시기에 전남대는 총학생회 주관의 대동제가 개최되면서, 물론 대동제 기간에도 자체 투쟁을 조직하고 6월 투쟁에 적극 결합했지만, 광주시민과 함께 하는 전면적인 정치 투쟁 국면으로 전환하지 못하고 있었다. 광주지역 사정은 서울 등 여타 지역과 달리 전남대를 제외하면 대규모 시민 투쟁을 추동할 학생운동조직(조선대의 경우 학내상황이 매우 열악했고 학원민주화투쟁에 집중하고 있었던 것으로 기억됨. 물론 이후에 시내 투쟁에 적극적으로 결합함)이 존재하지 않았고, 지역의 조직과 종교단체 등 사회단체가 최선을 다해 자기 역할을 다하고 있었지만 경찰력을 뚫고 시민들에게 자신감을 심어주고 시민들의 광범위한 투쟁 참여를 선도하기에는 역부족이었던 상황이었다. 이런 상황에 대해 일부 지역 인사들이 대동제 기간 중 전남대가 투쟁에 더욱 적극적으로 나서야 한다는 문제를 제기했던 것으로 기억한다.

    87년 6월 전국 투쟁의 초기 중심이었던 서울지역의 경우 명동성당 투쟁 이후 6·10 시민항쟁의 투쟁국면을 이어가지 못하고 다소 소강상태에 접어들어 산발적인 투쟁에 머무르는 상황이었고 다수의 시민들이 참여하는 전국적인 지역 투쟁으로 확산이 필요한 시점이었다. 광주지역 역시 6월 투쟁을 광범위한 학생 대중이 참여한 가운데 지역투쟁을 선도할 수 있는 국면 전환이 절대적으로 요구되었다.

    전국 상황과 객관적으로 조성된 정치 환경에서 상황을

주시하고 있던 전남대 다수 학생대중을 단기간에 투쟁으로 집결시키기 위해 간부들의 결연한 의지를 보여줄 선도적인 투쟁이 필요하다는 판단에서 총학생회장과 총여학생회장이 삭발을 결의했고, 특히 총여학생회장의 긴 생머리는 학생들의 마음을 격동시키고 투쟁에 나서게 할 수 있는 효과적인 전술로 선택되었다. 당시에 혈서는 총학생회 단위의 계획에 없었는데 삭발이 진행되는 와중에 누군가 갑자기 앞으로 나와 자신의 셔츠를 벗어 혈서를 쓰면서 자연 발생적으로 일어난 일로 기억하고 있다. 나중에 누군가 천을 구해 와 현수막을 만들어서 많은 학우가 혈서 결의에 동참하게 되었다.

사족이지만, 과거의 기억을 소환한 김에 광주지역과 전남대 6월항쟁에 대한 일부의 왜곡된 평가가 있고 이에 대한 문제 제기와 함께 전남대와 광주지역 6월항쟁에 대한 기록 정리작업의 동기가 되고 있어 내 개인의 경험과 객관적 사실에 근거하여 입장을 덧붙인다. 대략적인 내용은 6월항쟁 당시 광주지역의 투쟁을 폄하하고 그 책임을 전남대 학생운동에서 기인한 것처럼 평가한 것과 80년 광주항쟁의 피해 의식 때문에 광주에서 6월항쟁에 적극 동참하지 않았다는 등의 왜곡된 내용이다.

이는 광주지역의 6월항쟁을 직접 경험하지 못하고 6월항쟁 전 과정을 전국적인 시각에서 이해할 수 없었던 인사들이 6월항쟁을 6·10 대회 당일 규모에 국한한 부실한 기록과 서울 중심의 평가에 의지한 주관적 상황 이해에 원인이 있다고 판단된다. 더불어 전남대와 광주지역 투쟁이 자료로 보존되고 기록되지 못한 것, 6월항쟁 주체들의 무관심도 이들의 폄하와 왜곡을 용인한 것이다.

실제로 산발적으로 진행되던 전남대와 광주지역의

투쟁은 6.16 전남대 투쟁을 기점으로 수많은 학생들이 시내로
진출하면서 격화되었고 치열한 공방전 끝에 6월 20일 이후
금남로를 비롯한 광주 시내가 학생들과 시민들에 의해
장악되기에 이르렀고 군사정권 공권력의 통제 불능 상태가
되었다. 6·10대회 이후 한국의 정치적 상황은 계엄령으로 한국
정치 상황이 악화될 경우 88올림픽 참가를 거부하겠다는 국가의
입장이 표명되기도 했고 계엄령을 우려하는 미국의 메시지가
나오는 등 긴박한 상황이 감지되었다. 군사정권의 계엄령 카드는
6월 20일 전, 후까지 선택할 수 있었던 카드였다, 이후 이러한
정황은 사실로 확인되었다.

　　서울지역에서 진행된 명동성당 농성 투쟁의 시작과 해산
과정에 이르는 투쟁 양상을 볼 때 광주, 부산을 비롯한 전국에서
치열하게 투쟁이 진행되지 못하고 서울지역에 국한되었다면
80년 상황이 재연되지 않았으리라는 보장이 없었다는 측면에서
광주를 비롯한 전국 단위에서 진행된 6월항쟁에 대한 이해와
평가가 필요하다.

· 　6월 16일 투쟁 이후 전남대 학생운동이 본격적으로 시내
　　진출을 시도한다. 16일 이후 시내 투쟁에 대한 구체적인
　　계획은 무엇이었고, 이후 시내 투쟁은 어떻게 진행되었는가?

고병용　도청 광장과 금남로에서 광주시민이 참여하는 대중집회
개최, 단대, 과별 깃발 아래 집결하여 진출했으나 실제
시내에서는 도청과 금남로로 진출하기 위해 치열한 공방전이
벌어지면서 자연 발생적으로 현장을 지휘한다는 상황 보고를
들었지만 현장을 정확하게 확인할 수 없는 위치였다. 결국에는
치열한 공방전에서 승리한 시민, 학생들에 의해 금남로와 도청

광장에서 시민집회가 성사되었다.

- 6·10대회 당일 총학생회 간부들은 시내 가두시위에
  참여했는가?

고병용 나는 대동제와 결합된 투쟁 외에 총학생회 주관
대동제 행사 진행 관계로 참석하지 못한 것으로 기억한다.
다른 간부들의 참여 여부는 기억나지 않는다.

- 6월 16일 삭발과 혈서 시위에 동참한 학우들을 기억하는가?

고병용 남정수(88년도 총학생회 부회장)가 손가락을
깨물었는데 피가 안 나 누군가 손가락을 깨물어도 피가 나지
않는 사람들의 손가락을 칼로 베고 다녔는데 정확히 누군지
모르겠다. 몇 명은 너무 깊이 베어서 2학생회관 보건소에서
꿰맸고 보건소에 협조를 요청한 기억이 있다.

- 6월 17일 이후 시내 투쟁에 대한 인상적인 기억이나
  상황이 있다면?

고병용 6월 20일 이후(?) 금남로가 학생들과 시민들에게
장악되면서 늦은 밤에 군부독재 타도를 외치며 가로등을
두드리는 소리가 엄청났다. 가로등이 켜지지 않아 거리가
캄캄했는데 금남로가 뚫리자 골목 곳곳에서 시민들이 쏟아져
나와 금남로를 가득 메우고 철근 따위로 가로등을 두드렸다.
그 소리가 울려 퍼질 때 소름이 끼쳤다.

- 6월항쟁 당시 각 단과별, 그리고 일반 학우들의 참여와
  분위기는 어떠했는지?

고병용 학내 집회 참석자가 3,000~4,000여 명을 상회할 때도
있었고 본부(현 용봉관) 앞 당산나무 쪽에서 단대별로 모여 투쟁
지침을 전달받고 시내 진출할 때는 장관이었다.

- 당시 항쟁의 중심거점이었던 중앙교회, 서현교회, 원각사 중
  어디에서 주로 활동을 했는지?

고병용 당시에 본격적인 가두시위가 진행되면서 총학생회에
상황실을 설치했다. 나는 상황실에서 상황(투쟁 상황, 대치 중인
투쟁 장소, 연행자 현황 파악, 대열에서 이탈한 학우들에게 투쟁
장소 전달 등)을 보고 있었다. 가끔 시내 곳곳을 돌면서 상황을
파악했던 것으로 기억한다. 20일 이후 어느 날부터는 상황 보고가
되지 않아 시내 상황이 궁금하여 충장로, 금남로로 나갔다.

- 당시 시민들의 참여가 대단했던 것으로 기록되어 있는데
  인상적인 기억은 없는가?

고병용 수많은 인파가 금남로 진출했다. 시위 참가자들에게는
건물에서 빵이 쏟아지고, 전경들한테는 물이 쏟아지고 무장이
해제되기도 했다.

- 6월 19일 이후 계엄령이 내릴 수 있다는 소문이 무성했는데
  이에 대한 기억이나 그리고 대처방안이 있었는지 궁금하다.

고병용 6월 13일 김승남 회장 집에서 수갑 찰 때 계엄령이 내린 줄
알았다. 그 얘기를 들은 적이 있고 예상도 했다. 계엄령 선포 시
학교로 집결하자는 등 몇 가지 지침을 공지한 것 같은데 구체적인
계획은 기억나지 않는다.

이제는 말할 수 있다   2

박춘애
사범대 84, 87년 총여학생회 회장

송미숙
인문대 84, 87년 총여학생회 총무부장

김혜자
사범대 84, 87년 총여학생회 섭외부장

김선미
인문대 84, 87년 총여학생회 문화부장

- 당시 총여학생회는 어떻게 구성되었는가?

김혜자 당시 시작 자체가 정리되는 과정이 따로 있어서 된 것이 아니라 학과에서 선배들이 공부하다가 싹수가 있어 보이거나 말 잘 들을 것 같으면 배치를 한 것 같다. "가서 해라" 하면 그렇게 해야하는 분위기였다. 조직적인 오더에 의한 것인지 그것까지는 모르겠고. 나는 홍인화, 오연숙 선배가 정리해서 가게 된 것으로 알고 있다.

박춘애 내가 학생회 선거에 나가나는 것은 정말 생각해보지도 않은 일이었다. 어느날 선배가 네가 여포(총여학생회장)로 선거에 나가야 할 것 같은데? 라고 했다. 할 사람이 나 밖에 없냐고 했더니 내가 가장 적격이라는 거다. 조금 의아스러웠지만, 시국이 시국이니만큼 나에게 주어진 역할을 피해서는 안 된다라는 사명감? 그런 것이 있었던 것 같다. 물론 구속될 수도 있고 그러면 내 인생이 많이 달라질 수도 있을 것이란 생각은 했었고…. 그때 사귀고 있던 지금의 남편에게 상의했더니 누군가 해야 하는 일이라면 해야 하지 않겠냐고 해서 결정을 했다. 이후에 총여학생회 간부들이 구성되고 단과대학 여학생회가 만들어졌다.

- 당시 총여학생회 부서에 부장들 말고 부원들은 있었는지. 당시 부여학생회장도 있었던 것 같은데?

김혜자 당시 총여학생회 부서로 총무부(사학과 송미숙), 학술부(지질학과 정은주), 홍보부(국문과 최은연), 문화부(국문과 김선미), 섭외부(교육학과 김혜자)가 있었다.

박춘애 부회장은 당선되고 얼마 안 돼 그만 뒀다. 우리가 고창까지 찾아갔는데 설득하지 못했고, 그래서 궐석인 상태로

일했다. 당시 학생회 일을 하는 것은 운동권으로 뛰어든다는
의미이고 위험요소를 감수해야 하는 것이어서 이 부담을 견디지
못하면 하기 힘든 일이었다. 그 친구도 많이 미안해했다.

김혜자 각 단과대별로 여학생회장들이 있었다. 우리
하부조직으로 있었다. 그 친구들이 85학번이고 우리가
84학번인데, 그 친구들과 회의해서 결정하고 활동을 같이했다.
그리고 그때 '회지' 같은 것이 있었다. 총여학생회에서
독자적으로 만들었는데 홍보부장 은연이가 만들었다. 그전에
선배들이 만들었던 것을 우리가 이어서 만들었던 것 같다.

박춘애 우리 회의 구조는 총여학생회와 단과대학 여학생회가
함께하는 구조였다. 제법 잘 굴러가는 단과대학 같은 경우는
자기 나름대로 독자적인 사업을 진행하기도 했다.

  나는 당시에 단대여학생회장들과 함께 하는 회의체계를
매우 중요하게 생각했던 것 같다. 어떤 일이 있어도 정례 회의는
꼭 개최하려고 했고, 회의를 통해 의견을 수렴하고 회의에서
결정된 일을 중심으로 일하려고 했다. 나는 당시 학생운동권
조직에 의해 단련된 사람도 아니었고 그 중심에 있었던 사람도
아니었기 때문에 시국의 엄중함 속에서도 총여학생회장이라는
직함에 맞는 여학우들의 권익 증진 같은 문제들도 많이
생각했던 것 같다.

· 당시 총학생회와 관계는?

박춘애 총학생회 회의에 내가 참석했고 총학이나 총여에서
서로 협조 요청이 있을 때 회의에 참석하거나 했다. 정기적인
총학생회 회의 구조에 참여하지는 않았다.

김혜자 총학과 총여는 각자 독자적으로 사업을 전개하는

구조였다. 간부들 간 협의나 회의구조는 없었다. 총여학생회가
출발할 때는 '지구의 절반은 여성이고 학우의 절반은 여성이다.'
라거나 일반적인 운동 차원을 벗어나 여성운동을 강조한다는
측면에서 의의도 있었다고 보는데, 그때 우리는 여성운동에
대한 선명한 의식도 부족하고 학습도 많이 안 된 상태였고 소위
운동권 여성들의 전형적인 모습도 아니었던 것 같다.

   선배인 현숙, 해주, 금자 언니들은 항상 심각하고, 우리는
세상 물정 모르는 애들처럼, 조직 안에서 일반 대중들과 우리의
경계는 크지 않았던 것 같다. 나는 교육학과에 다니고 있었는데,
당시 학생들은 운동권과 대중 사이의 경계가 크지 않았다.
그래서 운동조직에 들어가고 총여학생회 부장을 맡았다는 것은
앞으로 나는 더욱 선명하게 무엇인가를 하겠다는 선언 같은
의미였던 거다. 그래서 주위 친구들이 쟤는 저기에 들어가서
활동하는 것을 보니 앞으로 힘들어지겠구나 하고 짠하게 봤다.

박춘애 당시에는 총학생회가 학내 투쟁을 이끄는 선도적인
역할을 하는 조직이었고 총여학생회는 투쟁사업보다 학내
투쟁을 측면 지원하거나 여학우들의 권익을 중심으로 한
대중사업을 전개하는데 중점을 두었던 것 같다.

김혜자 우리는 약간 부품처럼, 가지처럼 하나 있었다고 할까?

박춘애 그런 점이 늘 아쉬웠다. 기억하기로 예산도 그렇고 공간도
그렇고, 또 당시 운동권 학생들의 성인식도 낮은 수준이었다.
우리는 그런 열악한 상황에서도 참 많은 것을 하지 않았나? 당시
상황이 군부독재 타도, 민주 쟁취 이런 사회적인 요구가 뜨겁던
시절이 아니었다면 여성운동의 한 획을 긋는 뭔가를 하지
않았을까?(웃음)

김혜자 당시 시국에서 여학생회 차원에서 독자적인 사업을

전개하는 것에 대해 조직 차원의 비판이 있었다. 그때 많이 속상해했다. 총학의 여성부 같은 느낌을 지울 수 없었고 전체적으로 여성주의에 입각한 여학생회 활동이 제대로 정립되지 않았었다.

<u>박춘애</u> 이전 총여학생회도 전남대 운동 차원에서 제대로 위상 정립이 되지 않아 선배들도 많이 고민하고 문제의식을 느꼈던 것으로 알고 있다.

<u>김혜자</u> 당시 총학생회와 주요 회의에는 회장이 갔고 부장들은 참여하지 않았던 것으로 기억하는데?

<u>박춘애</u> 맞다. 안건이 생기고 협의가 필요할 때 결합하는 형태였다.

    6월 16일에 내가 삭발을 하게 된 것도 16일 아침에 총학생회실에 갔더니 그 전날 문현승 투위장하고 김승남 회장이 오늘 삭발을 하기로 했다고 그러더라. 내가 삭발은 왜 하려고? 했더니 분위기를 띄우고 결사 항전을 해야 하는데 뭔가 해야 하지 않겠냐고 했다. 그래서 내가 웃으면서 "야, 남자 둘이 삭발한다고 분위기가 뜨겠냐? 내가 할게" 했다. 승남 씨가 놀라면서 나는 안 된다고 그랬다. 그래서 내가 "야, 삭발로 분위기를 띄우려면 내가 해야 분위기가 뜨지.(웃음)" 그때는 무슨 맘이었는지 몰랐지만, 하여튼 죽는 것도 아닌데 삭발 그까짓 거, 지금 이 상황에 뭔들 못 하겠나 그런 심정이었던 것 같다. 그리고 총여학생회실로 가서 이러저러해서 내가 삭발을 해야 할 것 같다 하니까 그때 분위기가 싸해졌다. 그때 혜자도 있었고, 미숙이는 금세 눈물이 그렁그렁해져서 하지 말라는 말도 못 하고 그랬다. 그리고 다시 총학생회에 가서 오늘 집회에 삭발식 있다는 사실을 학우들에게 대자보로 알리라고 하고

그렇게 오전에 대자보가 붙고 오후 2시 집회에서 삭발을 하게
된 거다. 나는 실제 집회에서 삭발이 그런 분위기를 몰고 올 거라
걸 상상 못 했다. 그런데 생각보다 너무 많은 학우가 울면서 혈서
쓰고 너도나도 삭발하겠다고 하니까 정말 울컥하더라. 집회
시작 전에 공대생들이 공대 깃발 들고 끝도 없이 5·18광장으로
들어 올 때 이제 됐구나 하는 확신은 이미 들었다. 가발을
그날 미숙이가 사러 갔었나? 며칠 있다 사러 갔는지? 그날 잘린
머리카락을 누가 챙겨서 내게 준 것 같은데?

김혜자 내가 잘린 머리카락을 챙겨줬다. 가발은 삭발한 날
미숙이가 시내로 맞추러 갔었고. 빡빡 민 머리로 가투 못
나간다고 하면서. 아마 며칠 있다가 나왔던 것 같다. 그리고 바로
가발 쓰고 다녔다.

박춘애 그때 챙겨준 머리카락을 지금까지 가지고 있다.(웃음)
모자를 같이 사와서 시내 나갈 때 가발 쓰고 그 위에 모자 쓰고
그러고 다녔다. 그때 우리 총여회실에 선미, 미숙, 혜자 등 당시
간부들이 나를 쳐다보면서 애잔해하고 짠한 얼굴로 쳐다보던
모습이 지금도 눈에 선하다. 지금 생각해 보면 우리는 팀워크가
상당히 좋았던 것 같다. 서로에 대한 동지적 신뢰 이런 거.
실제로 긴밀하게 나와 함께했던 사람들은 여학생회를 중심으로
한 동지들이었고, 그래서 다른 동지들은 거의 모른다. 알려고도
하지 않았고, 오히려 아는 것이 더 위험하던 시절이기도 했고.
우리 총여학생회실에서 날밤 새운 적도 참 많았다.

· 박춘애 회장은 머리를 깎은 상태에서 시내 가두시위에도
  참석하고 활동을 했는지?

송미숙 춘애는 상징적으로 보여져야 하니까 학내에서는 옥색

저고리에 검정 치마를 입고 다녔다. 그 치마저고리도 내가 맞춰
줬고. 시내 가두시위 나갈 때는 또 튀면 안 되니까 옷을 준비해
가지고 가서 현장에서 갈아입고 시위를 주도하고 그랬다.
그래서 총여 간부들이 항상 옆에서 준비하고 있었다.
박춘애 그때는 날마다 시내 나가는 것이 일이었지 않았나?
당시에는 주동자 보호조가 있었을 텐데 그 친구들 고생이
이만저만이 아니었다.

· 초기에는 삭발한 사람은 현장에서 바로 연행하고 그런
  것으로 알고 있는데?
박춘애 삭발한 이후에는 가발 쓰고 그 위에 모자 쓰고 일반
학생처럼 행동했고, 그것도 후반에 접어들면서는 투쟁 대오가
늘어나니까 함부로 하지도 못하더라. 사복경찰들도 모른 체하는
것 같았고, 내가 지나가면 "저기 총여학생회장 지나간다" 하는
말이 들리는데 잡으러 오지는 않았다.

· 당시 박춘애 회장이 시위를 주도한 장소를 기억하는가?
박춘애 원각사 앞, YMCA 앞 등이 주된 장소였다. 삭발한 후에
내가 시내 집회장에 나타나면 시민들이 알아보고 "벗자, 벗자"
외쳤다. 신문기사 보고 다 아셨다. 그래서 가발을 벗으면 정말
큰 박수와 환호를 보내주셨는데, 진짜 우리 그 시민들 덕분에
날마다 힘내서 싸웠던 것 같다. 그때 시민들 앞에 서면 정말 몸에
힘 팍팍 들어가고 역사적 소명을 다하고 있는 것 같은 자부심
같은 게 있었다. 몸은 힘들고 위험을 감수해야 하지만 충분히
그럴 만한 가치가 있었고 그때는 이렇게 하다 삶을 마감해도
괜찮겠구나 하는 생각이 문득 들곤 했다.

김혜자 나는 모자도 생각나고 가발도 생각나고 가발이 참 잘
어울렸다. 박춘애 등장하면 시민들 환호가 엄청났다.

· 대동제 기간에 총여학생회에서 행사를 진행했을 텐데
　기억나는 행사는 없는가?

송미숙 전통혼례도 하고 돌도 깨서 '행주대첩'을 재현하는
'짱돌 나르기' 행사도 하고, 학교 주변 주민들을 초청한
'주민위안잔치'도 벌였다. 그때 막걸리 상자를 잃어버려서
막걸리 배달하던 아저씨에게 혼났던 기억이 아직도 난다.
김선미 나는 '개사곡 경연대회'가 생각난다. 내가
문화부장이어서 어떻게 하면 학생들이 참여하기 쉽고 재미도
있으면서 투쟁적인 분위기를 만들 수 있을까 고민하다가 생각해
낸 것이 '개사곡 경연대회'였다. 대회에서 가장 인기 있었던
곡이 가수 윤수일의 '아파트'(일명, '반파쇼군단'=A.F.T)를
개사한 곡이었는데, 그 곡을 부른 친구가 1등을 했고 이후에 이
친구는 운동도 열심히 했던 것으로 기억한다.
박춘애 대동제 기간 동안 총여학생회가 무엇을 할지 꽤 오랫동안
논의를 했던 것으로 기억하고 일반 학우들이 참여할 수 있는
대중적인 프로그램을 배치하기 위해 노력했던 것 같다. 그리고
이후 평가도 상당히 좋았던 것으로 기억한다.

· 당시 기억나는 것은 없는가?

김혜자 당시 나는 서현교회에서 모금을 했다. 지금도
트라우마처럼 남아 있는데, 모금함 메고 "호헌철폐, 독재타도"
외치면서 그 많은 사람 속에서 무슨 용기로 그것을 했는지
모르겠다. 그때 시민들이 모금을 많이 해주셨다. 그리고

금남로 방향에서 쫓기다가 신발이 벗겨진 적이 있는데, 잡히진 않았지만 공포스런 긴장감 그런 게 있었다.

박춘애 내가 지금도 생생하게 기억하는 몇 가지 장면이 있는데 지금도 삭발하고 정문으로 진출하기 위해 맨 앞에 서서 대열을 이끌고 나가면서 느끼던 그 긴장감을 잊을 수가 없다. 그때 정말 많은 학우가 모였고 정문으로 진출하는 행렬이 끝도 없이 이어졌다. 아, 우리는 이제 어떻게 되는 걸까? 두려움과 소명을 다해야 한다는 책임감이 얽혀서 지금 생각해도 아득해진다.

나를 가장 황홀하게 했던 기억은 YMCA 앞에서 연설하려고 일어났는데 광주은행 사거리를 넘어 끝도 없이 들어차 있는 시민들의 모습이 눈에 들어온 순간이다. 지금 생각해도 너무 벅차다. "벗자 벗자" 외치는 시민들 앞에서 가발을 벗어 던지고 이 싸움을 기어이 승리하자고 선동할 수 있었던 나에게 그때 정말 잘했다고 말해주고 싶다.

이제는 말할 수 있다　　　3

최석채
예술대 84

송미경
인문대 84

조영임
경영대 84

남정수
법대 85

· 6·10대회 때 시내 가두시위에 참여했나?

남정수 주막 준비하다가 갑자기 가두시위 오더가 나와서 나갔다. 6월 9일이 대동제라면.

· 전남대 대동제가 6월 9일 시작해서 6월 11일까지 진행됐다.

남정수 준비하다가 정신없이 막 시내로 나갔으니까.

· 지금 기록에 의하면 6월 9일은 없고 6월 10일에 6·10대회가 있으니까. 오후에 대강당 앞에서 집회를 하고 6시에 있을 시내 대회에 참가를 결의한다.

조영임 그게 10일 날이라고? 나는 10일 날 경찰서에 연행되어서 3박 4일 살고 나와서.

남정수 내 기억에는 주막을 한창 하고 있다가 나간 것이 아니고 준비를 하다가 시내를 나갔거든. 10일 이전에 가두시위에 나간 것으로 기억하는데.

· 6월 10일 날 오전에 마라톤을 하고 여기서 학우들이 연행됐었다.

최석채 거의 내 기억에도 그랬던 것 같다. 전남대 같은 경우 대동제를 연기 하냐 마냐 논쟁이 있었는데 준비한 대동제를 치르고 대동제를 활용하자, 그런 이야기도 있었던 것 같다. 우리가 5월투쟁을 오래 하지 않았나. 상당히 치열하게 해서 그때 내 기억에는 우리가 너무 지치지 않았나? 조직을 좀 추스를 필요가 있었다. 그리고 대동제를 계기로 조직을 추스르고 힘을 다시 모아서 준비를 다시 하자는 의견이 있었다. 그것이 강했던 것 같다. 다른 대학교에 비해 전남대가 너무 치열하게 싸우고 조직의 너무 많은 사람이 연행되거나 구속되어 들어가고 친구들이 피곤하고, 쉽게 말해서 인원 파악이 안 될 정도로 친구들이 지쳐 있었던 것 같다. 조직 내부에서는 대동제 기간을 조직을 추스르는 시기로 삼았던 것 같다. 5월투쟁하면서 나는 현수막도 많이 만들고 우리 문화패도 일을 많이 했다. 그때부터 뭐가 바뀌었냐 하면, 쉽게 말하면 그전에는 집회와 문화를 결합하는 경우가 없었다. 집회만 달랑하고 단조롭게 진행됐는데 이때부터는 문화적인 요소를 가미하기 시작한다.

남정수 횃소리가 87년에 생겼다.

최석채 87년도부터 집회에 문화적인 것이 결합하기 시작했을 거다. 집회하면 항상 마이크 잡고 선동만 했는데 뭐가 다른 형태로 시작되지 않았나?

조영임 87년도에 대중운동에 대한 고민을 많이 했기 때문에 전반적으로 서클 중심에서 학생회 중심의 조직체계로 어떻게 변화시킬 것인지 많은 고민을 했고, 당시 조직 논의도 많이 하는 분위기였고 그런 연장선상에서 문화운동으로 문화적인 요소를 집회에 많이 가미시키지 않았나?

최석채 그때가 경희가 문화부장을 할 때였다. 속된 말로 문화팀에서 경희를 오픈조직인 학생회 문화부장으로 보낸 거지. 우리가 뒤에서 경희를 지원하는 식으로 했었던 것 같다.

· 그러면 최석채 씨는 당시에 무엇을 했는지?

최석채 우리는 문화패를 두 개로 나누지 않았나. 탈패와 횃소리로. 그쪽으로 한 팀, 그리고 우리가 2생에 있었다. 용봉, 그다음에 미술패, 아리랑. 충현이가 그때 홍보팀으로 가버렸다.

· 그 시점이 언제인가?

최석채 87년도 같은데 충현이가 빨리 갔다. 그렇게 빨리 갔으니까 경희가 문화부장인데, 2생 문화패는 내가 했고 1생 문화팀은 고경애가 지도했을 거다. 고경애가 횃소리하면서 광업이는 사대로 가버리고 우리와 박강의는 대부분 공연 짜고 이런 일 하고. 그때 당시 탈패가 하는 일이 많았다. 탈패도 서클 중심이었는데 나중에 학회나 이런 곳에서 대중조직 만들고 이렇게 쭉 나갔던 것 같다.

· 여기 있는 사람들은 6월 10일에 시내 가두시위에 참여했나?

최석채 나는 안 나간 것 같다. 많이 안 모였지?

남정수 내 느낌에 주막 준비하려고 말뚝 박다가 부랴부랴 시내로 나갔던 것 같다.

최석채 오더가 내렸을 것 아닌가? 그런데 문화패는 다음날 공연이 있는 팀은 그대로 준비하고 공연이 없는 용봉문학이나 나머지 팀, 특별히 대동제와 관계없는, 대동제를 준비하지 않는 팀은 참가해라 그랬을 거다.

· 문화패는 전투조가 있었나? 있었다면 누가 책임자였는가?

남정수 그때 문화패는 전투조가 없었던 것 같은데. 문화패 전투조가 고정적으로 있었던 건 아니잖아?

· 대동제 폐막식 이후 시내 투쟁에 어떻게 참여했는가?

최석채 그 뒤로는 계속 나갔었다. 서현교회나 중앙교회로 오더가 나오니까.

남정수 서현교회에서 하다 뒤지게 도망치다가 그쪽에 옛날 집들이 있었지 않나. 나는 진짜 지붕 몇 개를 타고 넘어가다가 도저히 더이상은 안 될 것 같아서 어떤 집 안방으로 쑥 들어가 버렸다….

조영임 87년도 서현교회 상황이 그럴 정도의 상황은 아니었는데….

남정수 전남대는 주로 금남로에서 하지 않았나?

· 6월 16일, 혈서 쓰고 삭발한 사람 중 기억나는 사람 있는지?

조영임 나도 썼다. 나는 혈서를 어떻게 썼냐면, 다른 사람들은 칼로 했는데 나는 칼로 하지 않고 이빨로 오른손 새끼손가락을 깨물어서 했는데 피가 잘 안 나와서 겨우 썼던 것 같아.

남정수 나는 고등학교 때 배운 등신불을 생각하고 새끼손가락을 이빨로 물고 손가락을 돌렸는데 아프기만 하지 피가 안 나오더라. 근데 다시 깨물려고 하니 아파서 못 깨물겠더라. 그래서 누가 나와서 칼로 했다.

· 삭발한 사람은 기억나는가?

송미경 우리 과 옥분이 같은데.

· 시내 원각사 방향에서 싸움에 참여한 적이 있나?

남정수 원각사 쪽에서도 많이 싸웠다.

조영임 19일에 비가 많이 오는데 세무서 앞 옛 원호청 앞에서 엄청 치열하게 싸웠다. 내가 기억하기로는 비 오면서 계속 싸워서.

· 그러면 19일 계림파출소 점거하고 집기 태운 것 기억이

나는지?

조영임 기억이 없는데…. 그때는 우리가 든 깃발이 태극기였다, 태극기. 세무서 골목으로 사람들이 흩어지면 골목 안에서 태극기를 들고 한 번만 노래 부르면 사람들이 다시 모여서 공원 천변길로 나가고 그랬다. 그때 우리가 다른 깃발이 아니라 태극기를 들었다는 거지. 시위가 끝나면 전남대 쪽으로 걸어가고 전남대 앞에 있는 집에 가고는 했다.

남정수 나는 후문 쪽이 집이라 걸어서 집에 갔다. 그때는 시내에서 전남대까지야 걸어 다녔다. 우리는 2학생회관이라 잠을 잘 수가 없으니까.

· 송미경 씨는 어디에서 활동했나?

조영임 미경이는 인문대와 법대를 담당했지.

송미경 4C가 다 단대로 왔다. 법대를 하고 있었다, 재율이는….

조영임 나는 84년 9월부터인가 2생 서클 모닥불(추후 아래아 표기)에서 활동했다. 2학년 시작하면서 경영대 학회건설을 위해 모닥불의 경영대 83학번과 84학번이 모두 경영대 각 학과 학회를 구성하고 활동했다. 당시 경영대 학회로 온 83학번은 6명(강성욱, 오석순, 채정섭, 오정석, 이준 등), 84학번은 5명(기종표, 변동명, 채상채, 김승국, 조영임)으로 5개 학과 학회의 중심을 이루었다.

모닥불은 김정기와 김원중이 이끌었던 것으로 알고 있다. 모닥불은 나중에 청사로 이름을 바꿨다. 85년도에 학회로 오면서 대중적인 학생회를 만들 것을 계속 고민하고 있었다. 그래서 학회를 만들고 그랬다. 87년에는 내내 대중적인 학생회 건설에 대해 논의했다. 그런 논의 하느라 전대협 출범식에도 참여하지 못했다

· 경영대는 당시 조직 활동을 어떻게 했는가?

조영임 조직 활동은 학회를 기본으로 해서, 그 대표가 단대 학생회 대표였다. 과 학생회장을 놓치면 학회연합회를 만들어 활동했다. 3학년 때 모닥불 출신 준이 형이 단대 학생회장 선거에 나갔다가 졌다. 단대 학생회를 놓쳐서 우리가 학회연합회를 만들어 나와 영태가 학회연합회를 담당했는데, 사무실도 없이 어디 한쪽 구석에서 앉아서 그렇게 서럽게 활동했던 적이 있다. 4학년 때는 학생회 조직으로 갔고.

· 그때 당시 같이 활동하던 85학번은 누구인가?

조영임 웅범이가 무역학과, 한동이가 경제학과 그리고 진이는 지역개발학과인데 서클하고 왔다갔다 하면서 활동했다. 나주현(회계학과)이 85학번이었고 편집부에 준환이, 최민희 같은 후배들이 있었다. 여학생회장에 85학번 정연실이 활동했다.

· 그때 전투장은 누구인가?

조영임 이웅범이 전투장이었다. 그래서 87년도에 웅범이가 많이 다쳤다. 87년에는 용선이가 경영대 학생회 회장이었고 내가 명목상 홍보부장이라는 형태로 형식적으로 있으면서 조직 책임자로 활동했다. 4학년 때 동성이와 나, 용기 셋이 남았는데 동성이가 잡혀가고 용기는 다른 데로 가고 나만 남았다.

· 법대에는 재율이만 있었나?

송미경 민규, 희도도 나중에 법대로 왔다. 86학번 병락이와.

· 법대는 전투조가 있었나?

송미경 재율이가 전투장이었고 잘했다.

조영임 87년에는 집회하기 전에 학과 총회를 하고 단대 총회를 하고 집회를 나갔다. 항상 경영대 앞 잔디밭에서 학과 총회, 학번별 총회를 하곤 했다.

남정수 87년 항쟁이 대중화될 수 있었던 것은 딱 그 찰나였다. 단대, 과별로 들어가는 찰나에 6월항쟁이 터지면서 단대별로 많은 학우들이 참여했다. 그전에는 5·18광장에서 서클끼리 2~3백 명 모여서 '2만 학우 여러분' 이러면서 집회했었다. 과, 단대로 들어가고 그리고 예비역 학우들도 예비군복 입고 나오고 그랬다. 예비역들의 모임이 형성되기 시작한 것도 87년 6월항쟁 시기라고 봐야 한다.

조영임 학생회 산하에 인권복지위원회 형태로 그 당시 예비역들이 조직화되기 시작했다. 그리고 이것이 예비역협의회 형태로 발전해 갔다.

송미경 강제징집 당했던 81, 82학번들이 당시 예비역으로 활동했다. 인문대에서는 그 형들이 과 총회할 때 들어오곤 했다.

· 87년 당시 문화패에서 변화된 활동은 무엇인가?

최석채 87년부터 집회 때 연대 시 낭독 같은 시도를 했다.

남정수 내가 박종철 고문치사 사건 때 연대 시를 했다. 그런데 관우나 재홍이, 관영이와 하는데, 그 애들은 고등학교 때부터 문학을 했던 애들이고 나는 아니었다. 나는 연대 시가 뭔지도 몰라 "야! 그런데 이 상황에 욕을 하나 넣자"고 했다. "아! 시팔 놈의 세상" 이렇게 넣어라. 그래서 넣었다.

최석채 그런 것이 왜 시도가 됐냐면 경희가 문화부장으로 있었다.

그런데 승남이가 집회 문화를 바꾸어 보자고 해서 경희가 자꾸
조직에 요구한 거다. 문화패한테 이것도 해 보고 저것도 해
보자고 하면서 계속 시도했다. 그다음에는 내용도 중요하지만,
형식도 중요하지 않나. 그래서 두루마기를 펼치는 등 형식이
다양해지고, 또 한 번 했던 형식을 다음에 또 하면 사람들이
식상해 하니까 그래서 많은 시도를 하게 된 거다. 이렇게 하다
보니까 나중에 집회 전에 분위기를 띄워야 하는데, 그게 뭘까
생각하다 보니 음악이 나오게 되고 발전하게 된 거다.
<u>남정수</u> 내가 처음에는 무엇을 했냐면 나레이션을 했다. 86년
건대 항쟁 있지 않았나. 그때 대강당에서 문화패가 무엇을 했냐
하면 슬라이드와 영상, 탈패가 막 무엇을 해, 우리가 영상기술이
없으니까 슬라이드 척척 넘기면서 "그때 군부독재 정권은
무엇 무엇을 했다"고 나레이션을 넣었는데 내가 옆에 서서
그것을 했다. 그때가 건대 항쟁 때인데, 그런 식으로 많이 했다.
<u>조영일</u> 87년도에는 누구나 함께 싸우는 상황이라서.

· 87년도에 문화 운동에서 특색 있는 것은 무엇인가?
<u>최석채</u> 내가 미대를 다녀서 글씨를 썼더니 잘 쓴다고 하는 거다.
그래서 나한테 현수막을 맡기기 시작했다. 대동제 때는 경희가
대동제 분위기가 안 뜬다고 해서 판화를 실크인쇄해서
만국기 모양으로 걸어 분위기 살리는 것을 했는데, 집회에서도
이러한 것을 결합해 보면 좋겠다고 해서 87년도에도 많이 했고
그것이 88년으로 이어졌다. 걸개그림 같은 경우는 87년도에는
판화를 확대해서 했고 88년도에는 수준이 높았다. 그리고
그때는 양동시장에 공단이라는 천이 있었다. 우리는 안료를
사용했다. 페인트는 빨리 안 마르고 안료를 쓰면 바로 말라

버린다. 그 가게를 많이 이용했다. 우리 문화부 사무실이 총학생회실에 칸막이를 하고 옆에 있었다. 우리는 총학생회실에 사무실을 두고 같이 활동을 했던 거다. 우리는 조직에서 오더가 내려오면 사람을 동원하는 것이 아니라 무언가를 생산해야 하지 않나. 그래서 학생회실에 같이 있었다.

이제는 말할 수 있다 4

조영임
경영대 84

자전거 타고 마라톤 주자들
"호헌철폐, 독재타도"를 외치다

1987년 6월 10일

그날은 전남대 대동제의 꽃, 마라톤 대회가 열리는 날이었다. 당시 전두환의 4·13호헌선언으로 호헌철폐와 직선제 개헌에 대한 요구가 높아지고 있었으며, 이를 학생들과 시민들에게 알리고 힘을 모으는 것이 중요한 상황이었다. 나는 전남대학교 4학년으로 경영대에서 활동을 하며 경영대 학우들과 시민들의 '호헌철폐 독재타도' 대오에 힘을 모으기 위해 활동하고 있었다. 이런 상황에서 마라톤 대회는 시민들에게 호헌을 철폐하고 민주적인 개헌을 쟁취하여 독재 정권을 종식해야 한다는, 특히, 직선제 개헌에 대한 필요성을 알리는 중요한 장이라고 생각했다.

전년도에는 마라톤에 직접 참여하여 함께 뛰면서 마라톤 참가자들과 시민들에게 독재타도와 민주쟁취, 5·18 진상규명 등 구호를 외쳤던 것으로 기억한다.

그러나 87년에는 마라톤에 직접 참여하지는 않았다. 대신 마라톤 참가자들과 시민들에게 '호헌철폐, 독재타도'의 시대적 요구를 알려야 한다는 생각으로 자전거를 빌려 타고[1] 뒤늦게 출발해 마라톤 코스를 달렸다. 동신대학(현 동강대학) 정문에 이르니 마라톤 대열이 돌아오고 있었다. 그래서 방향을 틀어 마라톤 대열과 함께 자전거로 달리면서 "호헌철폐, 독재타도"를 외쳤다. 내가 "호헌철폐, 독재타도" 선창하면 마라톤 참가자들이 뒤이어 "호헌철폐, 독재타도"를 외치며 달렸다. 그렇게 달리다가 살레시오 고등학교 정문(현 모아타운)

앞에 이르렀을 때 까만 지프가 멈춰서면서 내 앞을 가로막고
경찰들이 달려들어 나를 연행했다.

연행되어 조사를 받으면서 조직적인 지시가 있었느냐는
질문과 추궁을 받았다. 그러나 이 일은 조직적인 계획이 아니라
나의 개인적인 행동이었다. 마라톤이라는, 시민과 함께하는
축제의 장에서 현 시국에 대해서 시민들에게 알려야 한다는
생각과 조금은 축제라는 형식으로 자연스럽게 할 수 있겠다는
생각으로 행동에 옮긴 것이었다.

조사 도중에 머리를 맞기도 하고 다른 사건 관련 조사를
받기도 했다. 조사를 받으면서 72시간을 다 채우고 나오니
용봉대동제는 끝나가고 대체로 학내 분위기는 조용한
상황이었다.

6월항쟁의 기억

87년 6월 14, 15일경. 당시에도 학내 집회를 통하여 결의를
다지고 시내 집회를 한 것으로 기억한다. 그날 시내에서

1. 당시 나는 전남대학교 정문 근처에서 살고 있었다. 어머니가 정문 앞에서
작은 식당을 하고 있었기에 순간적으로 마라톤 대열을 따라가려면 자전거를
타고 가는 것이 좋겠다는 생각을 하고 어머니께 부탁하여 근처에서
부동산중개업을 하시는 분의 자전거를 어렵게 빌렸다. 자전거를 어렵게 빌려
타고 가는데 이렇게 경찰 연행을 당하고 나니 연행 사실보다 자전거의
안위(?)가 걱정되었다. 자전거를 무사히 주인에게 되돌려줘야 하는 책임을
다하지 못할 수도 있겠다는 걱정에 나를 연행한 경찰들에 대한 분노가 더욱
컸다. 그래서 연행 당시에도 자전거를 제대로 챙기라는 요구와 연행돼서도
자전거를 주인에게 돌려주어야 한다는 요구를 계속하고 있었다. 당시
생각해 보면 자전거로 인해 내가 경찰들에게 연행되어서도 큰소리를 쳤던
것으로 기억한다. 구금에서 풀려나와 보니 자전거는 무사히 주인에게
인계되어 있었던 것으로 기억한다.

호헌철폐, 독재타도를 외치며 시위를 하고 있었다. 충장파출소, 광주세무서 부근에서 경찰과 대치하며 시위를 지속했다. 당시는 대오를 이루고 있다가 최루탄 발사가 지속되면 대오가 흩어지고 시위대는 골목으로 들어갔다 다시 대열을 지어 나오기를 반복했다.

　광주세무서 뒤쪽 골목으로 들어갔던 나는 대열들을 모으기 위해 태극기 깃발을 들고 호헌철폐, 독재타도 구호를 외치면 순식간에 500명의 대오를 형성할 수 있었으며 이 대오를 천변길을 타고 중앙대교 쪽으로 이끌어가며 다시 대로에서 시위대열에 합류했던 것을 기억한다. 당시 누구나 현장에서 자발적으로 바로 현장 상황에 대응하면서 시민들의 분출된 민주화에 대한 요구를 호헌철폐, 독재타도 구호를 중심으로 모아내고 대응했던 것으로 기억한다.

　그리고 대오 뒤쪽에서는 보도블록을 깨서 돌멩이를 만드는 일과 시위대열 뒤쪽에 있는 주민들에게 모금활동을 했던 것으로 기억한다. 내가 중앙대교의 서현교회 방면에서 보도블록을 깨고 있는데 시민들이 주먹밥, 요구르트 등을 건네주고 함께 했던 것으로 기억한다. 당시 가로세로 각각 30cm 정도인 보도블록을 작은 돌멩이로 만들기 위해 찍기 신공을 하며 한 번에 내리쳐 깨기 위해 기를 모았는데 보도블록을 참 잘 깼던 것 같다.

　보도블록을 깨다가 시민들이 주변에 많아서 모금을 했다. 당시 시민들이 자발적으로 천 원, 이천 원을 건네주고 있었다. 이 상황을 보고 순간적으로 모금을 해야겠다는 생각을 했고 옆에 있던 동기(용구)와 함께 내가 매고 있던 땡땡이 무늬 천 가방에 모금한 돈을 담았다. 시민들은 너도나도 참여했고 순식간에 가방이 꽉 찰 정도로 모금됐다. 당시 순식간에 50만

원 가까운 돈을 모금했고 이를 투쟁본부 쪽에 용구가 전달하고 이후 모금이 본격적으로 추진된 것으로 기억한다.

이렇듯 시민들의 민주화에 대한 열망이 표출되며 누구든 자발적으로 함께 하며 이루어냈던 6월항쟁이다.

학교에서는 매일 학생총회를 열었고, 과별로 학년 총회, 과 총회 등을 거쳐 단과대 총회 등으로 결의를 다지고 중앙도서관 집회에 단과대 깃발을 들고 참여했다. 기억은 많으나 여기까지.

이제는 말할 수 있다 5

김원중
경영대 84

· 선전팀은 어떻게 구성됐나?

김원중 87년 초기에는 총학생회 홍보부와 반합법적인 내부조직인 선전팀이 분리되어 구성되었다. 5월투쟁 이후에는 통합되어 움직였다. 송영미, 신순아, 양정은, 이난이, 정충현, 최경옥, 송강희 등 84학번이 주축이 되어 활동했다. 한 장의 유인물과 대자보는 구성원들과 함께 정세 분석과 전략 전술에 따른 전략적인 구호와 요구사항을 담아내야 했다. 이러한 논의를 통해 집필자를 선정하고 글을 쓰고, 직접 등사하고, 배포 라인에 배부하는 등의 과정을 거쳤다.

87년 상반기는 선전팀에게 있어서 가장 힘들었던 때였지 않나 싶다. 수많은 집회마다 빠지지 않는 것이 유인물이었으니까.

· 당시 상황에 대한 인식은?

김원중 5월투쟁위원회가 5월 18일 연행되지 않고 끝까지 갔다면 5월 말에 시작된 사회운동, 종교계의 투쟁과 결합되면서 우리 싸움도 달라질 수 있는 좋은 조건이지 않았나 생각했다. 5월투쟁이 자연스럽게 6월항쟁으로 이어지는 상황이었다고 본다. 그런데 5월투쟁위원회가 빨리 연행되면서 이것을 조직 내부에서는 커다란 손실로 봤다. 5월이 지나고 6월이 다가오는 상황에서 오투위 이후 새로운 투위를 만들기도 애매한 상황이었다. 딱 그 시점에 6월항쟁의 시기가 닥쳐오고 있었다. 하지만 전남대 내부 상황은 총학생회의 주요 사업인 대동제를 앞두고 있었고, 조직을 추슬러야 하는 조건에서 총력 투쟁에 나선 5월 이후 6월까지 이어나간다는 것은 어찌 보면 무리한 조건이었다고 판단한 것이었다. 6·10대회에서도 서클과 전투조

단위만 산발적으로 시내 가두시위에 참여하는 식으로 한
것이다. 당시는 조직적으로 다른 지역에서 한 것과는 다르다고
보는 것이 맞다고 본다. 우리 조직 전체가 뭔가를 보여주지는
못했다. 가두에 가서 어떻게 하자는 기본적인 전술만을 가지고
참여한 거다.

    그때 내가 봐서는 계림파출소 등 몇 곳을 찍고 왔는데….

- 6월항쟁의 초기 시작은 산발적으로 했는데 밤중에
  접어들면서 시위가 심해졌다.

김원중 전국적으로 보면 광주치고 대단히 미미한 것이었다.
예를 들면 이런 거다. 전주가 2~3만 명 모였다고 했는데 광주는
1만 1천 명 정도 모였다고 하니.

- 실제로 광주는 10일 대회 이후 가두시위가
  15일까지 없었다. 그러면 6·10대회 이후 지도부에서는
  어떠한 고민을 했나?

김원중 그때 고민한 것이 어떤 식으로든 침체된 분위기를
전환시킬 방안을 마련해야 한다는 압박감이 있었다. 대동제
한가운데에 6·10 국민대회가 위치하면서 전남대는 총력투쟁에
나서지 못하고, 이에 대해 학교 밖의 운동 세력의 압력도
있었기 때문이다. 투쟁을 어떻게 촉발할 것인지 내부에서
논의하다가 나온 것이 삭발투쟁이었다. 그래서 시급하게 잡은
날이 16일이고, 그때가 또 시험 기간이라 애매한 상황이었지만,
그때 누가 조직했는지는 모르겠으나 사대에서 수업 거부,
시험 거부 등 단대 쪽에서 분위기가 올라오면서 그다음 날까지
연결된 것이다.

학생비상총회에서 총학생회장이 삭발하고 상징적으로 여학생이 한 명 참여해야 한다고 해서 총여학생회장이 삭발하는 것으로 이야기됐다. 삭발은 개인적인 의사에 맡기자는 의견이 제시되기도 했는데 총여학생회장이 삭발한다고 했다. 애초 계획은 소수의 준비된 사람들만 삭발하고 혈서를 쓰기로 했었다. 시내 가두 투쟁에서 삭발한 사람은 눈에 잘 띄기 때문에 많은 수가 삭발에 참여하면 안 되는 상황이었다. 하지만 계획과는 달리 일부 여학생들과 다수의 학생이 삭발투쟁과 혈서에 대거 참여하면서 분위기가 고조되면서 향후 6월항쟁이 전면전의 형태로 폭발하게 되는 전환점이 되었다.

이제는 말할 수 있다   6

정충현
법대 84

최경옥
자연대 84

· 87년 당시 선전팀은 어떻게 구성되었나?
정충헌 조직 통합 이후 내가 만난 것이 원중이다. 임동 빵집에서 만나서 처음에 기관지 팀을 맡았다. 광엽이, 미정이와〈구국의 길〉을 만들었다. 원중이가 하는 말이 선전팀을 세분화한다면서, 기관지 팀과 유인물 팀으로 나누고 전문적이고 정책적인, 이를테면 내부정책 방향을 제시하는 팸플릿 팀 비슷하게 만든 것이 기관지팀이다. 유인물 팀은 일상적인 홍보 활동을 한다고 그때 원중이가 말했다.〈구국의 길〉이 3호까지 나왔을 거다. 그러다가 다시 발령이 나서 가니까 기관지 팀은 해소됐다. 그때 기관지 내용의 수위가 강하고 높아서 투쟁위원회가 고생했다. 그래서 홍보팀을 단일화한다면서 총여학생회 골방에 갔다. 그때 갔더니 내 기억에 지선이는 없었고 운치, 양양이, 순아 등이 먼저 있었던 것 같다.

· 기관지 팀이 87년 초반에 해소된 것처럼 말하는데?
정충헌 3월경 투쟁위원회 출정식 때 기관지로 발행했는데 4월까지 있었을 거다. 구학투가 출범할 때 한 번 냈고 그 다음에 한 번 더 내고 3호까지 냈던 것 같다. 우리가 3호를 같이 만들고 해산된 것으로 기억한다. 좌우지간 나는 총여학생회 뒷방으로 갔다.
최경옥 나는 총학 홍보부에 있었다. 준서가 홍보부장이었고 영미와 봉림이가 먼저 있었고 나중에 내가 합류했다. 총학 홍보팀이 여기로 합류했다. 나중에는 병철, 분이도 합류하고.
정충헌 병철이는 우리 옆방이었다. 우리 옆방에 방이 하나 있었지 않나. 병철이와 설오, 완이가….

- 그러니까 원중이는 선전팀을 초기부터 했다고 기억하고 있는 거다. 그리고 원중이는 공개와 비공개 선전팀 성원을 정확하게 구별하지는 못하고 있다.

정충현 그렇다. 5월경에는 합법과 합쳐서 선전팀이 단일화된 것 같다. 처음에는 총학 홍보부장인 준서가 책임지지 않았을까?

최경옥 아니. 처음에 나는 원중이가 데리고 갔다.

- 조직이 재편되면서 군사국은 해소되고 선전선동국으로 통합됐다. 그래서 선전선동국 구성원으로 병철이가 보충됐다. 여기서 병철이 역할은 군사국 역할이었다. 당시 선전팀에 85학번들은 없었나?

최경옥 우리가 합류했을 때에는 85학번 후배들은 없었다. 당시에 선전 쪽 일이 많아서 도와주기도 했다.

정충현 막판에 대통령 선거 때 85학번들이 넘어왔다. 그리고 초기에 정기와 함께 원중이를 만났다. 당시에 정기가 투위 유인물을 만든 것 같고, 내가 기관지 팀을 맡고 이렇게 선전팀을 분화한 것 같다.

최경옥 맞다. 정기는 선전팀에 있었다. 유인물에 사람 얼굴을 찍어서 만드는 아이디어를 정기가 냈다.

- 다른 사람들은 정기를 주로 투위 관련한 일을 한 것으로 기억하던데?

최경옥 아니다. 정기는 6·29선언 이후에도 있었다. 내가 기억하기에 6월항쟁을 평가하면서 정기가 6월항쟁을 작은 승리라고 평가한 기억이 나는데, 그때까지 있었다.

정충현 나는 기관지 팀에서 늦게 결합했던 것 같다. 왜냐하면

기관지를 두 달에 한 번꼴로 냈으니까. 3호까지 냈다. 그러니까 5월경에나 결합했나 보다.

최경옥 그러면 미정이랑 같이 들어왔나 보다.

정충현 그래, 맞다. 우리가 해체되면서 미정이랑 같이 들어갔다.

- 광업이는 87년 초에 기관지 팀이 해소된 것으로 기억하던데?

정충현 아니다. 그렇게 빠르지 않다. 내가 정확히 기억하는데 〈구국의 길〉 1호가 투위 발대식에서 배포되고, 2호가 전방 입영 시기에 발행된 것 같다. 왜 내가 기억하냐면, 그때 '미제의 용병인가? 민족자주 군대인가?'라는 제목으로 광업이와 이틀 동안 논쟁했다. 우리는 당시 기관지를 인쇄소에서 찍었다. 그 인쇄소를 광업이가 뚫었다.

- 맞다. 미정이가 인쇄소 심부름을 했다고 하더라.

정충현 나중에 '성문인쇄'라는 데서 〈구국의 길〉 3호인가를 5월에 맞춰서 칼라로 한 번 찍었다. 그때 우리가 센세이션하다고 그랬다, 운동권 유인물을 칼라로 뽑았다면서. 우리가 새벽에 가서 인쇄소 문 열어 놓고 찍어 왔다. 6월항쟁 때도 학교에서 유인물을 등사기로 밀다가 나중에는 도저히 물량 감당이 안 돼서 시내 인쇄소에서 바로 찍어서 시내에 바로 공급하고 그랬다. 당시에는 우리가 인쇄를 한다는 것을 생각 못 하지 않았나. 그런데 우리가 처음으로 기관지를 만들면서 인쇄소와 거래했다.

- 6월항쟁 당시 스티커 같은 종류의 홍보물도 제작했나?

정충현 당시 국본에서도 유인물을 배포하고 사회 쪽에서도 유인물을 배포했다.
최경옥 당시에 그런 것은 없었던 같다. 대선 시기가 아닌지 모르겠다.

· 당시 홍보물 내용 중 기억나는 것이 있나?

정충현 당시 내가 주로 유인물을 쓴 것 같은데, 기존에 있던 내용만을 쓰다가 서울에서 나온 유인물 중 '평화가 강물처럼 흐르고…' 이런 서정적인 표현이 있었는데 그때 내가 그 표현을 자주 써먹었다. 그 시기에는 내가 많이 썼던 것으로 기억한다. 지금 담양에 있는 85학번 지연이와 대선 때 '참세상 증언대'를 같이 만들었다. 그때는 30분 단위로 막 써야 하니까 오래 연구하고 말고 없이 바로바로 썼다. 당시 나는 스스로가 유인물 자판기 수준이었다고 기억한다. 누르면 바로 나오는.

· 〈대동함성〉이라고 기억이 나나? 구학투 시위에 6호까지 나오던데.

정충현 기억에 없는데…. 당시에 우리가 모여서 뭘 했었나?
최경옥 유인물 가지고 시위도 나갔다. 유인물도 돌아가면서 썼는데 송강희도 쓰고 지선이도 쓰고 돌아가면서 썼다.

· 그러면 최경옥 씨는 자연대에 있다가 선전팀으로 갔나?

최경옥 자연대에 있다가 총학 홍보부로 갔다 선전팀으로 결합했다. 내가 갔을 때 영미와 봉림이 둘이 있었다. 그래서 텃세를 부렸다. 영미가 옥상에서 보자고 한 적도 있었다.
정충현 그러면 남자는 나 혼자 있었나?

최경옥　정정기가 있었다. 경영대 최병철도 있었고.

· 　정정기는 선전 일을 했다는 증언은 별로 없던데?
정충현　정정기가 한 일은 투위팀 홍보 일이었을 거다. 투쟁위원회 쪽 파트에서 일했으니까.
최경옥　선전팀에 자연대 남정기도 있었다.

· 　그러면 선전팀은 끝까지 그대로 유지됐나?
최경옥　지선이가 중간에 그만두고 정정기도 그만뒀다. 내 기억에는 그렇다.

· 　6월항쟁 시기에 도심 투쟁 상황에 대한 기억은 있는가?
정충현　서현교회에서 심하게 싸웠다고 하는데 나는 그 기억이 없다.
최경옥　나는 서현교회 쪽에서 쫓기다 남의 집에 들어가서 자고 아침에 나왔다. 서현교회 쪽에 고등학생들도 많았고 당시에는 외신기자들도 와 있고 그랬다.
정충현　밤에 시위할 때 가드레일이나 철제 셔터를 두들기지 않나. 그것은 상당히 위협적이다. 나는 그때 어둠 속에서 그 소리에 전경들이 얼마나 겁이 났을까를 생각했다.

· 　6월 16일을 기억하나? 이날 우리가 삭발하고 혈서 쓰고 했는데 기억나는가?
최경옥　그때 우리가 좀 늦게 시작했지? 전국적인 상황과 비교하면 아마 그랬을 거다.
정충현　우리 내부에서 상당한 반발이 있었던 것 같다. 당시에

우리가 5월투쟁을 대중과 함께하지 못했다는 반성 속에서
대중과 함께해야 한다며 축제를 했는데 당시에 내부에서
반발이 있었던 것 같다. 6월 10일 대회가 그렇게 크게 터질 줄
몰랐던 거다. 그런데 서울 명동성당 농성이 전개되고,
다른 지역도 상황이 커졌다. 삭발도 처음에는 시내 가두 투쟁을
나가면 잡히니까 소수만 삭발하자고 했다.

최경옥 나도 자연대에서 손가락을 칼로 그어 혈서를 썼다.
휴숙이는 피를 보자 기절해 버렸다. 그래서 혈서를 못 썼다.

정충현 그리고 나서 정문에서 시위했지? 처음으로 나도
아스팔트에 누워봤다. 그런데 우리가 오래 버텼을 거다.
그전에는 대열 지어서 전투경찰이 달려들면 바로 도망치지
않았나. 그래, 이것이 오래 가는구나, 이렇게 생각했다.

· 당시 후배들은 가장 힘들었던 시위 형태였다고 기억들을
하고 있다.

정충현 그 전에 우리 시위는 몇 초짜리였지 않았나. 그런데
연좌, 연와시위가 생각보다 오래 가는 거다. 그리고 6월항쟁
당시에 주로 교내에서 유인물을 제작하고 있었는데 계속
유인물을 보내주라고 연락이 왔다. 그래서 유인물을 등사기로
밀고 또 밀다, '에라 모르겠다' 한마디 뱉고 시내로 나갔다.
대체 무슨 판이 벌어져 있길래 이러는지 확인하고 싶었다.
그런데 조이권이 선동을 하고 있었다. 대열이 중간에 끊어져
있어서 나는 나도 모르게 한 10분 정도 선동을 했다. 대열이
어마어마하게 있어서 중간중간 계속 선전 선동하고 그랬다.
그때 내가 처음으로 선동을 했으니까. 그런데 우리가 어떻게
싸움을 했지? 처음에는 비폭력이었는데.

· 19일부터 시위 분위기가 가열되기 시작했다.

정충현 내 기억으로도 비폭력 투쟁을 빨리 접어야 한다고 말했었다.

· 20일부터는 철야 투쟁을 전개하고 학교에서 자고 그런 상황이었다.

정충현 당시 전남대 학생운동을 제외하면 광주는 아무것도 할 수 없지 않나. 물론 종교계가 대중적인 참여에 도움을 주었지만 우리가 거의 주력군이지 않았나. 우리가 나가야만 싸움도 되었고. 그런데 기존 기록에는 전남대는 아무것도 안 하고 교회가 다 했다고 정리되어 있다.

이제는 말할 수 있다　　　　　　　7

박미정
사범대 가정교육과 84

· 당시 소속된 단위가 어디며 무슨 일을 수행했나?

박미정 〈구국의 길〉 선전물 만드는 팀이었다가 87년 봄
(4, 5월경으로 추측)에 해산하고 총학생회 홍보부로 합류했다.
87년 5월부터 총학생회 홍보부에서 선전물을 제작했다.
1학생회관 2층에 총학생회와 총여학생회실이 있었고
총여학생회실 맞은편 작은 방에서 처음에는 철필이나 타자로
글을 쓰고 직접 등사해서 유인물을 제작했다.(학내 집회에
나갈 정도의 적은 분량) 6월항쟁이 본격화되어 시민들에게
배포할 유인물의 양이 많아지면서 인쇄소에서 인쇄해 배포했다.
아침에 학교에 오면 선전물의 내용을 만들고 직접 등사하거나
인쇄소에서 인쇄하여 택시로 총학생회실 앞으로 가져와
단과대와 동아리 여학생들에게 나눠 가방에 담아 배포하도록
했고, 시민들의 참여가 본격화된 시기에는 인쇄소에서
바로 시민들이 운집하고 있는 충장로와 서현교회 집회 대열로
운반하여 배포했다. 6월항쟁 기간에는 아침에 학교 가서
홍보물을 만들어 오후 가두집회 때 홍보물을 배포하고 10시
이후 귀가하는 것을 매일 반복했다. 총학생회 홍보팀원은 4명,
정충현, 양양(양정은), 운치(최경옥), 나(주희)였던 것으로
기억한다.

· 전남대 학생운동은 4·13호헌조치 이후 6월항쟁 이전까지
　정세를 어떻게 보고 있었나?

박미정 해마다 4월은 대학가가 4.19 행사나 마라톤 등으로 집회를
시작했다. 87년에는 4·13호헌 발표로 일찍 집회가 시작됐다.
4.19 관련보다는 호헌철폐와 독재타도라는 구호로 대정부
투쟁 양상이 예년과 달리 일찍 시작됐다. 4.19 추모 행사 이후

소강상태로 4월 말과 5월 초를 보내다가 본격적으로 5·18 즈음에 대정부투쟁을 했는데, 87년은 4월 호헌철폐 투쟁부터 바로 대정부 투쟁에 들어가 소강상태 없이 계속되었고 그 열기로 5·18 진상규명투쟁과 연결되었다. 그리고 그것이 6월 대항쟁까지 쭉 이어가는 양상이었다. 1학기 내내 수업 들으러 강의실에 가본 기억이 없고 시험을 거부하고 자체 휴강하여 교내집회, 가두투쟁에 참가했다.

- 6월항쟁 발발 시 어떻게 정세를 인식하고 있었으며 당시 어떤 자세와 각오로 임했나?

<u>박미정</u> 전두환 정권의 호헌 주장에 군부독재가 계속될 것이라는 두려움과 미국이 다시 군부독재가 유지되도록 도울 것이라는 생각이 들면서 결사 항쟁을 해야 한다는 비장한 마음이 들었다. 시민들이 대대적으로 집회에 참여하면서 이번에는 승리할 수 있겠다는 확신이 생겼고 가두집회에 처음으로 두렵지 않고 편안한 마음으로 참석하게 되었다. 시간이 지나면서 연일 늦은 시간까지 시위에 참여하다 보니 피곤이 쌓여서 힘들었지만, 매일매일 책임감을 가지고 참여했다.

- 6월 9일부터 6월 11일까지 진행된 대동제 때문에 전남대 학생운동은 6월항쟁 초기 대응에 문제가 있었다는 지적이 있다. 이에 대한 기억이나 당시 분위기는 어떠했나?

<u>박미정</u> 그 당시에는 축제라 하지 않고 대동제라고 했다. 이는 즐기기 위한 것이 아니라 하나로 대동단결하여 투쟁하자는 의미가 담겨 있다. 당연히 대동제 기간에도 투쟁이 배치되었고 여기에 참여했다.

- 6월 10일 국민대회에 참여했나? 참여했다면 어떻게
  활동했나?

박미정 당연히 6·10국민대회에도 참여했다. 대인동 버스터미널
부근과 충장로 원각사 쪽으로 기억한다.

- 6월항쟁 당시 각 단대 과별 그리고 일반 학우들의 참여와
  분위기는 어떠했나?

박미정 중앙도서관에서 공부하는 학생들이 거의 없을 정도로
대부분 참석했다. 집회하면 중앙도서관 중앙 보도블록에 앉은
학우들과 주변을 에워싸고 서 있는 학우들의 숫자를 보고
그날 집회 참가 숫자를 가늠했는데 6월항쟁 기간에는 많은
학우가 관심을 갖고 참여했다. 가두시위는 단과대별로 가두시위
시작 위치에 나뉘어 배치됐다.

- 당시 항쟁의 중심 거점이었던 중앙교회, 서현교회,
  원각사 중 어디서 주로 활동했나?

박미정 주로 서현교회, 원각사에서 가두시위를 한 것으로
기억한다.

- 시내 현장에서 수행한 주요한 활동 내용과 방식은
  무엇이었나?

박미정 나는 홍보부 소속이라 홍보물 제작과 운반 후 가두
대열에서 유인물 배포를 주로 했다.

- 당시 시민들의 호응이 대단한 것으로 기억하는데 시민들의
  호응이나 참여 분위기는 어떠했나?

박미정 밤이 늦어도 흩어지지 않았고 시민 중 누군가는 내일
또 참석하기 위해 학생들은 먼저 들어가 쉬고 내일 집회를
하자고 했다. 유인물을 인쇄소에 맡겨 찍어낼 수 있을 정도의
모금이 계속 모였고 시위 현장에서는 물과 빵도 나눠 주었다.
모두가 하나되는 공동체였다.

· 6월 19일 이후 계엄령이 내릴 수 있다는 소문이 무성했는데
  이에 대한 기억이나 대처 방안이 있었는지?
박미정 계엄령에 대한 소문들이 돌았고 불안한 마음은 있었으나
시민들이 대대적으로 합세하여 시위 규모가 커지면서 불안한
마음은 점점 사라졌다. 계엄령이 내릴 때 국민운동본부 차원의
대책과 구체적으로 어떻게 하라는 내용은 기억나지 않는다.

· 시내 가두 투쟁에서 가장 인상적인 기억이 있다면
  무엇인가?
박미정 경찰의 물리력이 시위대보다 우월하여 시위대가 항상
밀리는 상황만 보다가 시민들 숫자가 많아지면서 오히려 경찰이
밀리고 후퇴하는 것을 보고 저럴 수도 있구나 하고 통쾌해 했던
기억이 난다.

· 여성 동지들의 경우 선전 활동과 가두에서 모금 활동을
  전개한 것으로 기록하고 있다. 구체적인 내용 및 방식
  그리고 항쟁 현장에서 했던 활동을 말해 달라.
박미정 직접 모금하지는 않았고 모금통을 총학생회에서 만들어
시위 현장에서 돌렸던 것으로 기억한다. 모금된 것은 다음날
총학생회에서 모아 시위에 필요한 화염병 재료 구입이나

홍보물 제작 등에 썼던 것으로 기억한다. 나의 주 활동은 아침에 홍보부에 와서 유인물에 들어갈 내용을 정리하고, 일부 유인물은 직접 등사기로 밀었고 시위대가 많아져 유인물이 많이 필요할 때는 인쇄소에 맡기는 일이었다. 맡긴 유인물을 찾아와 단대와 동아리 대표에게 배부하기도 했고 시위대가 거대해지면서는 굳이 경찰의 눈을 피해 여학생들 가방에 숨겨가지 않아도 됐는데 택시로 인쇄물 상자를 곧바로 시위 현장으로 가져가 시위 참여자가 알아서 주변에 자발적으로 나눠주기도 했다.

- 6월항쟁이 학생운동에 미친 주요한 영향은 무엇이라 보는가?

박미정 학생들만의 투쟁이 아닌 각계각층의 국민이 공감하고 함께하는 대중 투쟁의 위력을 알게 해 주었다는 점, 그리고 승리할 수 있다는 자신감을 심어 준 점이라고 생각한다.

- 본인이 생각하는 6월항쟁의 의의와 사회적인 영향은 무엇이라 생각하는가?

박미정 진실은 결국 승리한다. 주인답게 산다는 것은 정치에 관심을 갖고 참여하고 행동해야 한다는 것이다. 시민들과 함께 대중적으로 싸워야 힘이 생기고 정권을 항복시킬 수 있다. 넘을 수 없는 벽처럼 생각했던 독재 정부도 국민이 힘을 합하면 이길 수 있다는 희망과 자신감을 심어주었다.

이제는 말할 수 있다   8

서일환
사회대 85

· 언제부터 '전투조'에서 활동했는가?

<u>서일환</u> 2학년 중반부터로 기억한다. 2학년 때 사회조사연구회(사조)에서 활동하다가 사회대로 갔는데 당시 신, 구파로 갈라졌다. 나는 이상하게 구파에 속했는데 나와 몇 사람 안 됐다. 같이 사회대로 갔던 강성휘는 신파였고 1학년 12월경에 구속돼서 1학년을 마치고 밖으로 나갔다. 그래서 통합되면서 2학년 때 구파는 정섭이 형, 상정이 형, 오진국 형, 나, 그 외는 거의 없었다. 사회대 대윤이와 봉룡이 다 신파였다. 유일하게 사학과가 신파가 많았다. 2학년 때는 숫자가 얼마 안 되니까 사회대는 화염병을 제작하는 것도 아니고, 가을에 통합되면서 사회대, 인문대, 법대, 농대로 분리됐던 것 같다. 86년 당시에는 전투조가 많지 않았고 두 개로 분열되다 보니 단과대는 별로 없었다. 서클에는 숫자가 됐지만, 사회대는 특히 구파가 약했다. 아무런 상황도 모르면서 선배가 하라면 하는 것이었다. 86년부터 87년 초 방학 때 인사대에 있었고 3.3 박종철 49제 대회를 준비한다고 중앙도서관에 가서 조기를 걸었다. 그 무렵에 내가 사회대 전투조를 거의 책임졌던 것 같고 금영이가 인문대를, 농대는 한승철이가 맡았고 법대는 누가 했는지 모르겠다.

· 고재율이 아닐까?

<u>서일환</u> 재율이와 민규가 번갈아 가면서 했던 것 같다. 87년 들어 우리가 3학년이니까 우리가 책임지고 위에는 김동성 형이 했던 것 같고, 김병철 형과 그리고 농대 정정기 형이 했던 것 같다. 여러 사람이 돌아가면서 했다.

· 처음에는 동성이가 했다. 그런데 동성이가 구속되면서
  송강희가 주로 했다고 한다. 그리고 같이 활동한 사람들은
  누구인가?

서일환 설오와 완이는 전문적으로 투위 관리하고 그랬다.

· 설오가 처음에는 사범대 전장이었고 위로 올라와서
  전문적인 투위 관리를 했다고 한다.

서일환 상대는 웅범이가 주로 나왔고, 농대는 승철이가, 자연대는
정호가 나왔고 서클은 광윤이가 나오기고 하고 승진이가
나오기도 했다. 서클에서는 한 명이 나오기도 하고 두 명이
나오기도 했고, 2생에서는 류진원이 하다가 2생에서 불난 적이
있었다. 공대는 없었던 것 같고 당시에 화염병을 만들 수 있는
데가 서클밖에 없었다. 단대에서는 금영이가 좀 만들고 사회대는
나중에 만들기 시작했다. 신파, 구파로 나눠지면서 전투조의
티오가 늘어나 숫자가 많아진 것 같다. 6월항쟁 시기까지는
'전투조'라는 명칭을 사용했고 가을 즈음에 '자위대'로 이름이
바뀌었고 그다음 88년 5월 무렵부터 '오월대' 명칭을 사용했다.

· 5월경에 전투조 훈련을 간 적이 있나?

서일환 나는 88년도 5월경으로 기억한다. 3학년 때 갔다고 하는데
나는 아닌 것 같다. 4·13호헌조치가 발표됐을 때 단식농성할
사람을 차출해서 나도 자원했는데 세종이 형이 나는 싸워야
하니까 빠지라고 했다.

· 대동제가 6월 9일부터 11일까지 진행됐다.

서일환 낮에는 축제하다가 밤에는 가두시위를 나가기도 하고

오월 투쟁을 끝내고 대동제를 하고 당시 마라톤을 했던 기억이
있다.

· 6월 가두시위는 누가 지휘했나?
서일환 6월 당시에는 김병철 형이 많이 했던 것으로 기억한다.
당시에는 택시를 타고 화염병을 운반하기도 했다. 중앙교회에서
화염병을 만들기도 하고 당시 휴학 중인 활동가들이 많아서
같이 만들기도 하고 그랬던 것 같다. 당시에는 시위 군중들이
너무 많고 통신수단도 없는 상태여서 중앙통제가 되지 않는
상황에서 분산되어 활동했던 것 같다. 화염병을 들고 전경들을
향해서 나가면 시민들이 박수를 치고 "영차, 영차" 하면서
응원도 하고 그랬던 기억이 난다. 초반 싸움만 조직적인 정리가
있었고 나중에는 주변에 있는 동지들이 함께 모여서 싸우는
식이었다. 자연 발생적으로 "모여라" 하면 모여서 싸우고 하는
식이었다고 생각한다. 당시 현장에 보급되는 화염병도 상당히
조잡한 것으로 보였다.

· 6월항쟁 당시 특별한 기억은 없는가?
서일환 화염병을 들고 나가면 시민들이 주머니에 돈을
넣어주면서 격려도 해주고 했다. 큰 소주병을 들고 나가서
던지고 화염병으로 공격했던 기억이 있다. 당시에는 대다수
사람이 즐겼던 것 같다. 많은 시민이 참여하고 함께 하니까.

· 다시 화염병을 던지는 것이 보통의 용기는 아니잖은가?
서일환 그렇다. 당시 경찰들이 화염병을 들고 나가서 던지고
돌아올 때 최루탄을 많이 발사했던 것 같다.

- 당시 6월항쟁이 격화되면서 84학번들 중심으로 전투조를 통제했다는 증언이 나오기도 한다. 실제 그러했나?

서일환 당시 전투조가 횡적 연계보다 단대별로 활동이 많았던 것도 사실이다. 당시 사회대 세종이 형이 많은 지시를 내리기도 했다. 병철이 형과는 학교에서만 만나고 현장에서 본 적은 없다. 의외로 중간중간에 세종이 형과 소통을 많이 했다고 생각한다. 당시 현장에서 언제나 전경과 대치하고 있었고 좌우에 언제나 전투조가 있어서 누군가 화염병을 가방에 담아 운반해 오면 "야, 모여라" 하면 누구든지 모여서 화염병을 투척하곤 했다. 그 당시에 3학년이 한 20~30명 정도 됐을까? 2학년들은 더 많았을 것이다.

- 공영터미널 기습했을 때 생각나는가?

서일환 기억은 나는데 정확한 날짜는 생각나지 않는다.

- 26일 당시에도 공영터미널에서 전경 버스가 불타고 상당히 격렬하게 시위를 했다고 하는 데 당시는 기억이 나는가?

서일환 그 일은 우리가 한 게 아닌 것 같다. 그 당시에는 시민들이 많이 참여해서 상당히 격렬하게 시위했다. 나이도 우리보다 훨씬 많은 것 같았고, 시내에서 라이트 켜고 운행하다 시민들이 지시하면 운전사들이 라이트를 끄고 운행하고 그런 일들이 많았다.

- 그 당시에는 시내가 저녁이 되면 무정부 상태라 시내버스도 다니지 않았던 것 같은데?

서일환 수창초등학교 방면은 버스도 다니지 않고 공용터미널 쪽도 시내버스는 다니지 않고 거의 시내가 무방비 상태였다. 서현교회에서 드럼통도 나오고 타이어도 나오고 그랬던 것 같다.

· 서현교회 쪽은 약간 경사가 있어서 그런 것이 가능했다. 당신은 언제 구속되었나?
서일환 6월항쟁 끝나고 이석규 장례식 때 구속되었다. 7월 말인가 8월 초로 기억한다. 6월항쟁이 끝나고 기존 구속된 사람들이 다 석방되고 몇 사람만 남아 있을 때 나는 들어갔다.

· 당시 사회조사연구회 성원들이 공대로 많이 가지 않았나?
서일환 사조에 공대생이 몇 사람 있었는데 영선이와 웅채는 밖으로 나가서 야학한다고 갔고, 공대에서는 사업을 하지 않았다.

· 그러면 당시에는 영선이와 웅채는 학교에서 활동하지 않았는가?
서일환 당시에는 학교에서 활동을 안 한 것으로 안다.

이제는 말할 수 있다　　　　　9

오정규
공대 86

나의 6월항쟁과 최루탄 피해

달아오르는 항쟁

벌써 30년이란 긴 세월이 훌쩍 너무도 후딱! 바람처럼 빠르고 덧없이 흘러가 버렸다. 그러나 그날 그 밤은 잊기는커녕 선명하게 어제의 일처럼 또렷하다.

당시에는 몰랐지만 지나고 보니 결정적 시기에서의 상황과 분위기는 확실히 다른 데가 있었다. 조직적 학습이나 지도를 받아본 적 없는 스물한 살의 대학 2년생이자 일반 대중과 선진대중 사이(?) 정도의 청년학생에게도 끓어오르는 87년 전민항쟁의 열기는 너무도 자연스럽게 전달됐다. 교정을 걸을 때도, 어쩌다 들러본 공대 학생회실에서도, 5·18광장은 말할 것도 없고 총학생회실은 물론 당연하고…. 가는 곳마다 알 수 없는 기운과 긴장감으로 들뜬 분위기가 느껴졌고 그 분위기에 동조된 몸은 특별한 목적이나 목표도 없이 그러나 무언가에 홀린 듯 바쁘고 분주하게 사방을 닥치는 대로 싸돌아다녔다. 그 과정에서의 인상적인 기억들이 여럿 있지만 중략하고…. 그러던 중 급기야 전공수업시간에 교단에 나가 학우들을 선동하며 즉흥 연설을 하고 수업을 파투 놓고 5·18광장으로 뛰쳐나왔다. 학우들과 교수님은 이해를 하면서도 당황스러워하며 내 선동의 말발이 별로 먹혀들지 않았다. 광장까지 나를 따라 나온 사람은 당시 복학생 선배 한 사람뿐이었다. 학우들에게 야속한 마음이 들었지만, 무식 공대인지라 어쩔 수 없으려니 생각하면서 그러나 내 행동에 스스로 자긍심을 느끼고 있었다. 나의 정치의식은 빈약한 수준이었지만 당시의 정의로운 대세에 부합하여 그 역사의 대하에 합류하고 있다는 느낌과

내가 미력하나마 무언가를 주동하고 선동하고 있다는 긍지와
확신에 차 있었다. 학우들과 교수님들과의 재회는 며칠 뒤에
전남대학교 7병동 병실에서 이루어졌다. 얼굴에 붕대를 감고
퉁퉁 부어오른 얼굴로….

직격탄 SY-44

집에 들르는 건 오로지 밥을 먹기 위해서일 뿐이었고 배를
채우면 곧바로 시내로 향했다. 시내에 무슨 사업거리가
있는 것도 아니고 약속이 있는 것도 아니었는데 계속 가투
현장이 생각나고 끌려 그냥 매일 나갔다. 그러던 중 20일?
새벽 1시 30분경? 당시 태평극장 사거리에서 시위하던 중에
무심코 좌우를 보니 사람들이 안 보였고 앞을 보니 전경들이
우르르 전진하며 다가오고 있었다. 기억은 거기까지이고….
답답하여 눈을 떴는데 너무 잠이 왔다. 봉고차(?) 안이었다.
부상자가 여럿 있었고 실내는 어둡고 희뿌옜다. 내 가슴과
복부 부위가 피로 흥건했고 그 피범벅 위로 총류탄의
최루가루가 밀가루를 뒤집어쓴 것처럼 수북했다. 답답하여
코를 흥 풀었더니 핏덩어리가 티셔츠 가슴 위로 뚝뚝 떨어졌다.
그때 누군가 말했다. "우리는 직격탄 맞고도 쓰러지지는
않아!" 혼수상태에서도 무척 귀에 거슬렸다. '너도 나처럼
제대로 얻어맞으면 너는 아예 골로 간다 새꺄!'라고 한마디
하려는데 그냥 만사가 귀찮고 잠은 쏟아져서 '아이, 냅둬라!'
생각하며 잠이 들었다. 잠이 와 죽겠는데 깨워서 눈 떠보니
기독병원이었다. 현관 앞에서 젊은 의사가 내 얼굴을 이리저리
살피더니 아직 젊으니 상처가 남으면 안 되므로 큰 병원으로
가라 했다. 나는 무의식적으로 말했다. "선생님! 우리가

이렇게 싸우고 있습니다. 좋은 세상 함께 만들어 나갑시다!
함께 합시다!" 그런데 말하는 내 목소리가 내 귀에 들리지
않았다. 비몽사몽 혼수상태라 그런 모양이었다. 혼수상태가 곧
깊은 잠이고 잠은 죽음과 백지 한 장 차이인 모양이다. 좌초된
조난자가 지치면 밀려드는 파도가 푸근한 이불 같다지 않던가?
그때 잠이 들면 그대로 저승으로 간다는…. 다시 봉고차에
들어서며 쓰러지듯 잠이 들었다.

　　사람들 소리가 들렸다. "에취! 아이, 이런 뭐가 이리
독하냐? 어이 간호사, 이 환자 밖으로 보내서 최루가루 좀 털고
물수건으로 닦여서 들여보내!" 전남대 병원 응급실이었다.
밖으로 밀려 나와 잠들어 있는데 누군가가 손수건을 빨아가며
내 몸의 최루가루를 씻어내고 있었다. 훌쩍거리며 닦아내고
있는 분이 아버지인 듯했다. 사물이 얼추 눈에 보이기는 한데
판단도, 생각도, 머리도 돌아가지 않고 그저 몽롱하기만 했다.
아버지는 최루가루 때문에 훌쩍거리시는 게 아니라 울음을
참으며 울고 계셨던 듯하다. 대단한 효자셨던 아버지는
할머니가 돌아가셨을 때도 그렇게 우셨다. 아마 아무도 없는
곳에서는 울분과 복수심의 분노로 치를 떠셨으리라….

수술과 입원

좌측 안면부 광골 및 상악골 골절, 열상, 자상, 왼손 엄지손가락
골절 등과 치과병동에서의 수술…. 수술 과정에서의 단편적인
기억들은 중략….

　　조복(조상복) 때문이었으리라…. 천만다행으로
왼손으로 코와 잎을 손수건으로 감싸고 있을 때 직격 당해 왼손
엄지손가락이 골절되며 완충 작용했기에 망정이지…. 그런데도

안면부가 무너져 내려앉았는데 만약 왼손으로 얼굴을 가리고
있지 않았더라면 아마도 제2의 이한열 열사가 될 뻔했다고
생각하면 모골이 송연해진다.

3주간의 1차 입원치료 중에 정말로 많은 분이 찾아오셨다.
심지어는 시골 동네 아주머니들도 일하러 나가시는 와중에
쌈짓돈 몇만 원씩을 들고 여럿이서 또는 혼자서 와주시곤 했다.
시국이 시국인지라, 아니 그보다는 그만큼 6월 전민항쟁이 모든
국민의 공통된 한마음이었다는 것을 반증하는 것이리라.

나중에야 알게 되었는데 사건 당일, 그러니까 전경들이
대규모로 밀고 나오니까 시위대열이 급히 뒤로 빠지는 상황에서
나는 직격탄을 맞고 쓰러졌고 쓰러진 내 몸 위에서 최루탄이
터져서 나는 온몸에 독가스 가루를 뒤집어쓰게 되고…. 그때
그 긴박한 상황에서 애국시민 김화겸 선생이라는 분이 본인도
직격탄을 피해 돌아서며 달리려는데 내가 갑자기 푹하고
쓰러지니 바로 나를 곧바로 들쳐 메고 달렸다는 사실을 알게
되었다. 정말로 고마우신 분이며 당시에는 알지도 못하는
시민과의 전우애요 동지애의 발로였으며 그 따뜻한 의리와 정을
평생 잊지 못할 것이다. 특이한 추억과 함께….

병원치료가 끝나고 얼마 지나 그분이 일하시는 직장으로
찾아가 뵈었다. 내게는 은인이신데…. 한 번도 뵌 적 없는 은인을
뵈러 가고 있었다. 오묘한 인연과 인생살이의 한 단면이었다.

최루탄 후유증

3주간의 1차 입원치료를 마치고 퇴원해서 다 나았다고
생각했는데 그게 아니었다. 퇴원 당일 저녁부터 온몸에 손가락
마디만한 붉은 반점과 두드러기가 벌겋게 전신에 발진하면서

체온이 40도에 육박했다. 당황한 가족들은 다시 병원으로 나를 옮겼다. 이번에는 피부과였다.

역시 의사들은 공부를 많이 한 사람들이고 영리했다. 내 진료기록들을 살피고 나서 내린 처방이, 그러니까 1리터 정도 되어 보이는 링거액 큰 병을 하루에 18병인가를 투약했고 소변도 거의 그만큼씩 배출하고 그 소변들을 그 링거병에 담아 모아서 신고하도록 했다. 즉 온몸의 피 속의 독을 세척하려는 것이었으리라. 그렇게 2주를 보내고 나니 피부에 반점의 흔적들은 남아 있었지만, 독은 많이 빠져나간 듯했다. 그리하여 퇴원을 했다.

그런데 4년 후, 복학 직전인 91년 4월경에 조선대 근처에서 시위에 참가하던 중 최루가스를 꽤 들이마셨다. 그리고 그날 저녁부터 온몸에 엄청난 가려움증과 함께 아토피 피부염 증상이 발진했다. 최루탄 알레르기였다. 얼굴이 부어 괴물처럼 흉측했고 온몸이 옻오른 환자처럼 가렵고 진물 나고 나중에는 자잘한 수포로 변해갔다. 병원도 약국도 가봤지만 뾰족한 수가 없었다. 일주일 정도 고통과 인내의 시간이 필요할 뿐이었다. 그 후 그해 8월 범민족대회 상경 투쟁에 따라갔다가 서울 시내 가투 현장에서 4년 만에 최루탄 안개 속에서 원 없이, 아주 원 없이 최루탄 독가스를 마셔댔다. 쇠파이프를 들고 전조에 있다 보니 전경들 가까이에서 원 없이 가스를 들이마셨다. 여름 8월 무더위 땡볕이었다. 땀이 흐르고 최루가스가 땀과 융복합(?)되고 강렬한 자외선까지…. 온몸이 불덩이처럼 화끈거리고 쓰라렸다. 그 순간은 얼마나 고통스러웠던지 남총련 전투조들이 존경스러웠다. 그런 고통들을 이겨내고 티 안 내며 싸워나가는 전투조들이 진정으로 존경스러웠다. 그런데 훗날 평가해보니 내가 특이하게 고통스러웠던 것이었다. 바로 최루탄 알레르기 때문이었다.

그날 저녁은 잊지 못할 고행의 밤이었다. 저녁이 되자 최루탄 알레르기가 발흥하기 시작한 것이다. 지독한 아토피 피부염 그 자체였다. 너무도 가려워 울고 싶었다. 하소연할 데도 없었다. 급기야는 잔디밭으로 나갔다. 수만의 학생들이 이곳저곳에서 자리를 깔고 자고 있었다. 잔디밭과 인도는 자그마한 높이의 울타리 나무로 구획되어 있었는데 나는 그 울타리 나무를 한걸음에 넘어 안쪽 잔디밭에 종이박스를 펴고 누워 옷을 다 벗고 팬티만 입고 온몸을 긁어댔다. 바로 울타리 나무 건너편 1미터도 안 되는 지근거리에는 수많은 남학생, 여학생들이 있는데도 그런 것을 의식할 여유가 없었다. 한참 온몸을 긁다 보니 나중에는 온몸이 끈적끈적 축축해졌다. 참으로 괴로운 밤이었다. 다음날 인솔자에게 신고하고 친구에게도 사정 이야기하고 먼저 홀로 귀가했다. 최루탄 알레르기는 그 후로도 계속되었고 시간이 지나면서 또한 단련 및 적응되면서 점차로, 그러나 오랜 세월에 걸쳐 누그러졌다.

남은 것은….

돌이켜보면 직격당한 그 당시에 온몸에 밀가루 포대를 쏟아부은 듯 하얀 최루탄 가루를 뒤집어쓰고 있었는데도 전혀 독한 냄새를 맡을 수 없었다. 아마도 반 혼수상태인지라 후각과 신경이 맛이 가버렸던 모양이었다. 그러다 보니 그 지독한 독가스를 수 시간 동안 무방비로 들이켰으리라. 그 독은 몸속 깊이 배였고 그 후유증은 무척 고통스러웠고 오래 갔다.

그 사건으로 골절된 왼손 엄지손가락은 지금도 굽어 있고 얼굴은 약간 비뚤이고 왼쪽 어금니 두 개는 흔들거린다. 다행히 2008년도인가 민주화운동보상심의위원회를 통해 일정 금액의 배상을 받았다.

특이한 체험이라 할 수 있겠다. 조복이 있어 생명은 건졌으나 정말 아슬아슬한 상황이었고, 6월 전민항쟁 과정에서 본의 아니게 흔적(?)을 남기게 된 점이 영광이라면 영광일 수 있겠으나 사실은 운이 없어서 얻어맞은 것이며, 즉 애국심이나 투쟁 정신이 남보다 투철하여 투쟁하다 부상당한 것이 아니고 부주의했거나 운이 없어 직격당했다고 생각된다.

암튼 세월이 많이도 지났지만, 역사의 한 획을 그었던 당시의 역동적인 시민들의 모습과 그리고 민중의 승리! 그리고 역사의 현장들과 기억들은 일평생 지워지지 않을 듯하다.

이제는 말할 수 있다 10

류봉식
법대 86

· 당시 어디서 활동했나?
류봉식 1학생회관에 있었던 '한누리'에서 활동했다. 2학년 때는 그랬다.

· 당시 같이 활동한 사람들은 누구인가?
류봉식 학팀, 종교팀, 문화팀을 하나로 해서 하나의 중대였을 것이다. 88년도에 그랬나?

· 당시에는 소대, 중대 이런 개념은 별로 안 썼을 것이다.
  당시에는 1생, 2생, 단대 이런 식으로 편재했을 것이다.
류봉식 그때 1생에 광창이, 정신이, 또 철수, 재진이, 갑석이도 그때 1생에 있었을까?

· 갑석이도 1생에 있었을 것이다.
류봉식 2학기 때 대중운동을 이야기하면서 나도 단대로 갔다. 동아리 사업을 책임질 사람 몇 명만 남고 다 단대로 갔다.

· 85학번 선배들은 누가 있었나?
류봉식 전일수 선배가 있었고 광윤이 형도 있었다. 내 기억에 조선대 5.6사건 때 광윤이 형이 108계단 지나서 조선대 본관 벤치에 앉아 있다가 어디서 수상한 애들이 왔다고 광윤이 형 멱살이 잡히면서 싸움이 시작됐다. 그러니까 소위에 행동대원들을 지휘하는 85학번이 몇 명 있었을 것이다.

· 당시에 광윤이가 연행돼서 전일수가 1생 전장을 인수한 것으로 보인다. 혹시 5월경에 무등산에 훈련을 간 적이

있는가?

류봉식 정확한 시기는 모르겠는데 중대별로 훈련을 했다. 전남대 후문에서 버스를 타고 전남대병원에서 내렸던가, 증심사 입구에서 중대별로 코스를 달리하여 중봉으로 올라갔다. 전남대 병원 입구에서 우리가 증심사 입구까지 구보로 뛰어갔던가, 하여튼 증심사 입구부터 중간중간 프로그램을 하며 올라갔는데 체력훈련처럼 오리걸음으로 올라가다가 또 돌을 하나씩 메고 가다가 노래, 구호를 외치며 올라가고 그렇게 해서 중머리재까지 갔고 거기서 전체 프로그램을 했는데 시위 현장을 재현하고 화염병을 투척하고 했다.

· 몇 명이나 모였나?
류봉식 기억은 잘 안 나는데 2~3백 명 모이지 않았을까?

· 그때 87들도 갔나? 그리고 84들은 보이지 않았는가?
류봉식 84학번들이 선전 선동하고 그러지 않았나? 주써들은 84들이 아니었을까?

· 당시 현장에서 문현승, 김승남은 보이지 않았나?
류봉식 기억이 없다.

· 6월 10일 시내 가두 투쟁에 나갔나?
류봉식 나갔다. 다른 기억은 나지 않고 새벽 2시경이나 됐을까, 서현교회에서 외곽으로, 백운동 쪽에서 조선대 쪽으로 해서 학교 쪽으로 가려고 했었던가? 한 100여 명이 지산파출소를 공격하자고 했는데 조용한 것으로 봐서 경찰들이 뒤쪽에 숨어

있었던 것 같은데 전경들이 꽉 튀어나왔다. 그래서 도망쳤는데
전경들이 버스를 타고 우리를 쫓아왔다. 중간쯤 갔는데
전경들이 버스를 앞에서 세우고 문을 열고 튀어나오자 우리는
산 쪽으로 튀었다. 그때가 새벽 3~4시경이 됐을 거다.
산속에서 우리는 이놈들이 지키고 있을지도 모르니까 길도
잘 모르고, 산수동 뒤쪽 지금 두암동 방향인데, 나오지도 못하고
모기에 물리고 졸음이 쏟아져서 졸다 말다 하다가 나와서
시내버스를 타고 학교에 오니까 학교에서는 주막 정리하고
청소하고 그러고 있더라.

  그 뒤에도 비슷한 기억이 있는데, 서현교회에서 새벽기도를
나올 테니까 이때까지는 우리가 버텨주어야 한다고 해서
도로 위에다 불도 피우고 그랬다. 경찰들에게 밀려서 가다가
우여곡절이 있었던 것 같은데 숨어 있던 경찰들하고 접전을
했던가? 그때는 전등도 많이 꺼져 있고 차도 다니지 않아서
긴장하면서 외곽으로 많이 돌았다. 새벽 3~4시 정도였나
그랬다.

· 당시 주로 어디서 싸움을 했나?
류봉식 나는 중앙교회, 금남로와 중앙로 서현교회에서 많이
했다. 전투조가 짜여 있어서 오전에는 자고 오후 늦게 화염병을
만들어서 나가고, 늦잠 자고 화염병 제작해서 나가고, 그런
일정이 반복됐다. 새벽에 들어와서 화장실에서 씻고 자고
나가고 이런 생활의 반복이었다.

· 당시 현장에서 지휘하는 사람이 있었나?
류봉식 그때 누가 있었을까…?

· 조정신의 기억에 의하면 당시 결사대를 조직하여
  경찰저지선을 돌파하려고 했다는데 그러한 기억이 있는가?

류봉식 아니 꽤 됐다. 여러 명이 했다. 부탄가스가 안 터지니까,
못으로 긁어서 쉽게 약한 고리가 터지도록 만들고 그 조와
화염병조가 같이 동시에 나갔다. 보이지도 않기도 해서
던졌는데 터지지는 않았다. 던질 때는 2~30명이 화염병과 함께
나갔을 것이다. 화염병 불빛이 보이니까 전경들이 집중적으로
최루탄을 쏘고 그랬다. 그 당시 중앙교회였나, 지하실에서
화염병 제작도 했던가?

· 중앙교회 지하실에서 나중에는 화염병을 제작하고
  보급하기도 했다.

류봉식 언제부터인가는 화염병을 상자에 담아 택시에 싣고
나가기도 했다. 한 상자가 아니라 여러 상자 싣고 나갔다.

· 6월항쟁 당시 특별히 기억나는 것은 없는가?

류봉식 당시 혈서를 쓰려고, 이빨로 깨물어서 쓰려고 했는데
도저히 안 돼서 칼로 했던 기억이 있다. 시기는 기억이 나지
않는데 당시 계엄령 얘기도 나오면서 선배들이 시내에 하나도
없고 우리 86들에게 상황이 맡겨져서 광창이가 메가폰을
들고 선동했던 기억이 난다. 당시 광창이가 선동 나설 군번이
아닌데…. 선동을 많이 한 것이 아니라 구호를 선창하고 그랬다.

이제는 말할 수 있다 11

이웅범
경영대 85

- 전투조에서의 역할은?

이웅범 상대, 농대, 공대가 합해진 중대의 중대장. 당시 농대는 성엽이 공대는 화주가 소대장이었다.

- 6월항쟁 발생 전후 상황은 어떠했나?

이웅범 4·13호헌조치 이후 6월항쟁 이전까지 전남대 학생운동 세력이 어떤 정세 인식을 했는지 기억하지 못하지만 전투조들이 6월항쟁을 앞두고 무등산에서 최초의 대규모 연합훈련을 실시하는 등 매우 적극적인 자세로 임했던 것으로 기억한다. 6·29 선언 이후 대강당에서 열렸던 정세분석 토론회에서 설득력 있는 주장이나 결론을 도출하지 못했는데, 이는 전남대 학생운동 세력이 당시 정세에 대해 매우 혼란스러워했다는 것으로 기억한다. 개인적으로 6월항쟁 당시 시내를 시민들이 장악하면서 군부 쿠데타가 발생할 수도 있다는 생각이 들었고 80년 시민군처럼 싸워야 한다는 각오를 다지기도 했다.

- 6월 16일 삭발과 혈서 시위에 참여한 분들이 누구인지 아는가? 정문에서 연좌·연와시위가 전개되고 연행자가 있었는데 연행자가 누구인지 아는가?

이웅범 대부분의 활동가가 참여했으며 이와 관련한 사진이 다수 있는 것으로 알고 있다.

- 6월 17일 본격적인 시내 투쟁에 대한 인상적인 기억이나 상황에 대해 항쟁일지를 참조하여 기억나는 대로 기록 바란다.

이웅범 당일 가두시위에 전남대 학생운동 역사상 유례가
없을 정도로 많은 일반 학우들이 참여했다. YMCA 앞에서
연와시위를 벌이자 경찰이 사과탄을 투척하고 체포에 나섰는데
당시 현장에 수많은 학우들의 신발이 벗겨진 채 나뒹굴었으며
그것을 보고 어쩌면 우리가 이길 수 있을 것 같다는 생각을
처음으로 하게 되었다.

· 6월항쟁 당시 각 단대 과별 그리고 일반 학우들의 참여와
분위기는 어떠했나?
이웅범 도서관 앞 연못에 수천 명의 학생이 모여 집회를 개최했고
상대를 포함한 모든 단과 대학과 서클에서 일반 학우들이 대거
참여했던 것을 기억한다.

· 당시 항쟁의 중심거점이었던 중앙교회, 서현교회, 원각사
  중 어디서 주로 활동을 했나?
이웅범 곳곳에서 시위를 벌이다 밤이 되면 서현교회 앞에서
시위를 벌였다는 기억이 남아 있다.

· 시내 현장에서 본인이 수행한 주요 활동내용과 방식은
  무엇이었나?
이웅범 당시는 모든 활동가와 학우들이 시민을 대상으로
선동하고 조직하는 한편, 앞장서서 싸웠고 전투조들이 모범적인
역할을 했던 것으로 기억한다.

· 당시 시민들의 호응이 대단했던 것으로 기억하는데
  시민들의 호응이나 참여 분위기는 어떠했나?

이웅범 특별한 언급이 필요 없을 정도로, 전과 비교할 수 없을 만큼 적극적인 호응과 참여가 있었다.

· 6월 19일 이후 계엄령이 내릴 수 있다는 소문이 무성했는데 이에 대한 기억이나 그리고 이에 대한 대처방안이 있었는지.

이웅범 어느 날 밤 10시가 넘은 시간에 시위대가 시내를 장악하고 있다는 사실을 확인하고 계엄령이 내려질 수 있다는 생각을 했고 지도부에서도 가능성을 언급했다. 하지만 구체적인 대응방침이 전달되지는 않은 것으로 기억한다.

· 남성 전투조들은 현장에서 어떻게 활동했나? 시내현장에서 현장지휘는 누가 주로 했으며, 현장에서 어떻게 물자를 공급하여 투쟁을 전개했나? 밤늦은 시각에 현장에서 지휘체계는 어떻게 가동됐는가?

이웅범 학교에서는 기본적인 계획만 전달되고 현장에서 상황에 맞춰 새로운 지시를 내리는 방식이었는데 효과적으로 대응하지는 못했던 것으로 기억한다. 시간이 늦어질수록 서현교회와 중앙교회 등의 거점에 집결해 싸웠고 간헐적으로 지원된 화염병을 활용해 현장에 있던 전투조들이 비조직적이고 산발적인 투쟁을 전개했다.

· 6월항쟁이 학생운동에 미친 주요한 영향은 무엇이라 보는가?

이웅범 최초의 승리로서 학생운동을 비롯한 민족민주 세력에게 자신감을 부여했다고 본다.

- 6월항쟁의 의의와 사회적인 영향은 무엇이라고 생각하는가?

이응범 절차적 민주주의의 진전을 가져왔고 무엇보다 국민이 투쟁을 통해 민주적 권리를 확보하면서 시민의식을 형성하게 된 것이 가장 중요하다고 생각한다.

이제는 말할 수 있다   12

조정신
인문대 86

· 당시 1학생회관에서 활동했나?
조정신 독서사랑방에서 활동했다.

· 황토는 그 전에 없어졌나?
조정신 광천파출소 타격 건으로 황토 성원 11명이 들어가 버리고 안경주 선배와 나, 김기호, 송갑석과 세 사람이 남아 있었다. 그러니까 동아리도 재건하고 활동도 해야 하는데, 그때 이재형 선배가 만들었던 약간 리버럴한 독서토론회 성격의 서클인 독서사랑방이 주로 봉사 활동하고 책 읽고 하는 정도였다. 우리가 책임자였던 선배와 이야기가 됐는지 거기 들어가게 되어서 일종의 동아리 개조작업을 한 거다. 그래서 1년 만에 동아리가 완전히 바뀌었다. 처음 동아리에 들어간 것처럼 들어갔다. 일부는 나중에 나가고, 어느 날 갑자기 기존에 있던 동아리가 이상한 동아리가 돼버린 거다. 그래도 그때 동기들하고 잘 지냈다.

· 그러면 독서사랑방을 지도하던 85선배가 없었나?
조정신 그렇다. 그래서 경주 선배가 그 역할을 했다.

· 그때 1학생회관에 있었던 다른 서클은 기억하는가?
조정신 역사마당 등등, 서클 위치도를 보면 운동하는 서클은 집중적으로 모여 있고 우리는 검도 서클과 증산도와 같이 썼다. 우리가 들어가고 나서 엄청 성가시게 돼서 결국은 다 나가버리고 우리만 남았다.

· 그때 1학생회관에서 같이 활동한 86학번들 중 기억나는

사람이 있는지?

조정신 그렇다. 그때 역사마당 이광창, 대옥이도 좀 있다가 과로 내려갔고 기독학생회나 Y, 원불교 애들이나 기억나는 애들이 있다. 그때는 다 가명을 써서 이후에 계속 활동한 애들이나 본명을 알지 본명을 잘 모른다. 한누리도 있었다.

· 한누리가 1생에 있었다고?

조정신 2생에서 1생으로 왔다. 역사마당과 같이 쓰고 있었다. 87년 당시에는 우리가 후배들을 받았다. 덕수, 치산이 다 역사마당 공간에 있었고 그 선배가 류봉식이었다. 우리 동기 류봉식이가 한누리 출신이다. 그래서 그 선배들은 대부분 2생에 있었던 터라 선배들은 모르는데 동기들과 후배들은 아는 거다. 전일수 선배가 마지막까지 중대장을 했다. 그런 것으로 알고 있고 그 전에 전투조 체계로 있을 때 준이 형을 통해서 오더를 접했고 가끔 전체 중대 차원에서 할 때는 일수 형이 했다. 실질적으로 일수 형이 1생 전투조 책임자였다. 재민이, 봉식이 그리고 영수, 다 한누리 출신이다.

· 언제부터 전투조 활동을 했나?

조정신 전투조 활동은 1학년 때부터 했다.

· 전투조 활동하면서 훈련 간 적 있나?

조정신 6·10대회 준비한다고 했던 훈련이 제일 큰 훈련이었다.

· 무등산에서 있었던 훈련 날짜를 기억하는가?

조정신 날짜는 기억 못 하겠는데 하루 전날이었나? 그러니까

6월 9일이었을 것 같다. 6·10대회 준비한다고, 그 전날인가 전전 날인가, 증심사에서 시작해서 아무튼 오리걸음으로 어깨 걸고 중봉까지 걸어갔다. 그때 전투소조가 다 참여했다.

· 대충 몇 명이나 참여했나?
조정신 200명 정도라고 생각된다. 어마어마하게 모였다.

· 그 훈련을 누가 총지휘를 했나?
조정신 지휘자는 우리는 모르겠다. 준비해서 올라갈 때는 중대별로 올라갔고 자, 사, 공, 인, 사, 대, 법, 상, 농 등 다 참여했었다. 사대 애들과 우리가 그 전에 같은 중대는 아니었어도 시위준비과정에서 다 알고 있어서, 화염병 만들고 하는 준비 과정에서 다 익히지 않나, 그래서 다 참여했다. 무등산 자락 이쪽 계곡, 저쪽 계곡에서 중봉으로 올라가는 소리가 어마어마했다. 노래를 계속 부르면서 기어서 올라갔으니까. 저녁에.

· 다른 단위에서도 다 참여했나?
조정신 오섭이, 갑석이, 광창이, 류봉식, 재민이. 86이라면 특별한 일이 있어서 참여 못 한 애들 빼놓고는 전체가 다 참여했으니까.

· 85학번들은 누가 참여했나?
조정신 85학번들은 어쨌든 간부들이었으니까 지도하는 위치였다. 기는 것은 우리였지. 그렇다, 참여는 했다. 우리를 이끌었던 중대장들은 85학번이었으니까. 천신만고 끝에 올라갔더니 이미 도착한 중대가 쫙 있는데 84선배가 왔다.

세 사람이었는데 문현승 형, 그리고 완욱이 형. 그런데
완욱이 형은 정확하지 않다. 그래서 올라가서 무엇을 하려고
이렇게까지 왔냐 했더니, 투척하고 맞히고 하면서 작은
선동을 하던 기억이 난다.

· 무등산 훈련 시기가 언제인가 정확하게 기억이 있는지?
조정신 내 기억이 6·10대회를 준비하는 과정으로 기억한다.
하지만 날짜가 헷갈릴 수 있는데, 6월 22일, 6·29선언 딱 일주일
전인 6월 22일이 제일 치열했던 날이었다. 그래서 그때 계엄령
선포된다고 해서, 아무튼 부산에서는 계엄이 선포된 상태다,
소문이 그렇게 돈 것이 아니라 오더가 그렇게 내려온 거다.
그러니까 6월 22일이 그 지점이었으니까. 우리가 시위하고
돌아오면 대동제를 하고 있고 그랬다. 오월에 아직 6·10 가기
전에, 대동제는 내 기억에는 5월로 기억한다.

· 아니, 대동제는 6월 9일부터 11일까지 진행됐다.
조정신 항상 날마다 나갔다. 그땐 축제는 서브였고 날마다
시내 나가서 시위하고 축제에 가고 그래서 선배들 사이에서도
이 기간에 축제를 해야 되느냐 하는 이야기도 있었고, 그런데
어쩔 수 없었다, 대중노선이니 이러니저러니 하면서…. 그런데
우리의 관심은 시내에 있었으니까. 시내 나갔다 들어오면
어떤 때는 주막 정리하고 있고 우리의 관심, 조직의 관심은 계속
시내에 있어서 날마다 시위 계획이 있었고 실행되고 있었다.

· 6월 10일도 전투조의 오더를 받고 시내 가투에 참여했나?
조정신 그렇다. 모든 것이 오더 없이 간 적은 없었으니까. 기본

집회 계획인 게릴라 계획이 끝나고 난 다음에 일부 퇴근한 사람들, 실제로는 도시 룸펜들이 합세하여 새벽 2~3시까지 움직인 것은 조직적인 것이 아니었다. 그 과정에서 봉식이와 나는 둘이 같이 있었다. 새벽에 어떤 일이 있었냐 하면 모든 사람이 제각각 전혀 다른 방식으로 정말 무시무시하게 해버렸다.

· 여기서 말하는 전혀 다른 방식이라는 것은?
조정신 그래도 우리는 기본 상식이 있지 않은가. 그런데 그렇지 않았다. 그 애들한테 몇 번 화염병을 준 적이 있었다. 중앙교회에 있는 곳에서. 그땐 그냥 들고 들어가 버렸다. 경찰들 속으로. 그 뒤부터는 겁나서 안 줬다. 그 열 몇 살 되는 애들은 완전히 달랐다.

· 6월 16일 결사항전의 날이라고 하는데 기억나는 것은 없는가?
조정신 봉식이, 나, 오섭이는 혈서를 썼다. 아무튼 모자를 쓰고 다녔다. 삭발한 애들만 잡으려고 하니까.

· 17일에서 18일까지 비폭력 평화시위 형태로 진행되었는데 그때 당시 기억은?
조정신 초기에 교문 앞에서도 그랬고, 그냥 누워서 끌려가고 이런 거였다. 그러니까 그때가 가장 힘들었던 것 같다. 기억해 보면 아무것도 할 수 없는 상황에서 그냥 연행돼야 하는 거니까. 시위 중에서 가장 힘들었던 시위 같다. 제일 고난도 시위 아니었을까, 그런 생각이 든다. 그런 시위 과정들이 내 개인적으로 보면 나를

놓게 만드는 힘이었던 것 같다. 그런 과정들을 겪으면서 나는
많이 변했다. 나 자신이 변했구나 하는 느낌을 받았고 나를 좀
놓을 수 있었다. 그 시기에는 언제든지 나를 던질 수 있었다.

· 17일 이후 계속되는 시내 투쟁에서 기억나는 것은 없는가?
조정신 도청을 등지고 금남로를 3중으로 방어선을 치고 있었는데
중앙교회가 그 라인 근처였다. 거기서 5미터 정도 됐으니까.
중앙교회 지하에서 화염병을 만들어 보급받았고, 그쪽에
그 당시 어린 애들(도시 룸펜들)이 있었다. 22일, 우리 애들은
어디 다 나가 있고 학생이라고는 나와 봉식이밖에 없고
나머지는 시민들이었는데, 뜬금없이 일환 형이 와서는
"계엄령이 일부 지역에서 선포됐고 여기도 계엄령이 선포될
것이다. 그래서 지도부에서 도청을 접수하기로 했다.
뭔가를 해야 하는데 자원할 사람 나와라" 그러면서 부탄가스를
가지고 왔다. 가운데를 톱으로 썰어서 솜으로 감았다. 거기다
철사줄을 달아서 금방 터질 수 있게 만든 거다. 이걸로
1차 저지선을 깨고 후발대 계획이 있으니까 이걸 가지고 가서
던질 사람이 필요하다고 하는데 학생은 우리 둘밖에 없으니
어쩔 수 있나, 한쪽 골목길로 데리고 가더니, 아… 지금도…,
"죽어도 되겠냐?" 그러면 어쩔 건가, "예" 그때는 더이상 미련은
없었다. 그래서 봉식이와 둘이 했다. 항상 봉식이는 있었다.
그래서 지금도 생각의 차이를 떠나서 봉식이가 뭘 한다면
마음을 인정한다.

· 그 이후 상황은 어떻게 되는가?
조정신 그래서 자기들이 해보지 않고, 두 바퀴 이상 돌리면

안 되고 던지고 나면 그다음에 화염병, 그리고 철근이 가서
해결하겠다, 이렇게 한 것이다. 불을 붙여주는데 깜깜한 데서
불이 붙으니까 벌써 알고는 쏘는데, "파~ 파~" 하고. 공중전화
박스 유리가 다 깨졌고 최루탄이 지나가는 소리는 들었는데
다행히 내가 안 맞았다. 가서 그것을 던지고 공중전화 박스에
가서 숨었다. 그런데 저쪽에서 뭐라고 소리를 지르는 거다.
그래서 아래를 보니 아래쪽에서 화염병이 타고 있었다. 다행히
화상은 크게 입지는 않았다.

· 구해준 사람은 누구였는가?
조정신 일환이 형이었거나 다른 85학번이었을 것이다. 손짓하는
것은 보이는데 소리는 안 들렸다. 그 형과 중앙교회로 돌아와서
안 터지나 하고 있는데 "빵, 빵" 하고 터지더니만 화염병이
나가니까 전경들은 뒤로 물러나서 다행히 큰 사고는 없었다.

· 시내 투쟁에서 현장 지휘는 누가 했나?
조정신 현장에서 지휘하는 사람이 없고 그때그때 상황에 따라
모이는 사람들끼리 모여서 하는 식이었다. 그리고 11시가
넘으면 현장 지휘라는 개념이 없이 우리가 알아서 사람들을
모으고 다니는 식이었다. 초기에 약속된 시위만 지휘자가
있었고 다음에는 각자 알아서 싸우는 식이었다.

· 화염병은 어디서 보급을 받았나?
조정신 당시 현장에서, 중앙교회에서 직접 만들어서 보급했고
나중에는 우리가 손이 부족하자 시민들이 참여하여 만들기도
했다. 방법은 우리가 가르쳐 주고 그랬던 것 같다. 그 꼬맹이들이

나중에는 아주 잘 만들었다.

· 당시 시민들의 분위기는 어떠했는가?

<u>조정신</u> 그전에도 그랬지만 음료수, 빵, 우유 할 것 없이 어디서
오는지 모르게 손에 쥐여 주었다. 삭발한 것을 시민들도 알고
있었다. 모자 쓴 학생들 지켜야 한다며 화염병 같은 것을
던지고 나서 집이나 상가에 들어가면 그 앞에서 경찰이 온다,
안 온다 신호해 주고 그래서 도망치고 그랬다. 80년 5월이 이런
모습이었겠구나 하는 생각이 드는 장면들이 꽤 있었다. 이런
상황에서 그런 싸움을 하고 있다는 것 자체가 뭐랄까 굉장히,
조금은 안정감을 가져다주었다. 모두가 한마음이고 갈등할
수 있는 여지가 없었다. 모금하면 순식간에 모자에, 주로 여성
동지들이 모금했는데, 모자가 다 찼다.

· 당시 상황에서 6·29에 대한 생각은?

<u>조정신</u> 당시 우리가 공유하던 말이 '속이구'였다. 그래서
6·29는 일시적으로 위기를 만회하기 위한 그들의 술책이다,
여기에 속지 말아야 한다, 그것이 나를 비롯한 활동했던
친구들, 지도부의 기본 생각이었다고 느낀다. 6·29 당사자가
5·18 당사자인데 우리가 받아들일 수 없는 것이다. 일부
양보했는지는 모르지만, 더 큰 것을 얻으려고 하는 술책이라고
생각했다.

· 6월항쟁 끝나고 많은 사회적인 변화가 있었는데
　6월항쟁이 우리 사회에 미친 영향이나 학생운동에 어떤
　영향을 주었다고 보는가?

조정신 어쨌든 국민 입장에서는 자신들의 힘에 대해 새로운 자각을 했다고 본다. 우리가 항상 그렇지는 않지만. 시민들이 자기 권리에 대해 자각했다. 그전에는 주어지는 것으로, 어떤 의미에서는 정치나 권력을 바라보고 바람을 갖는 정도였다가 어쨌든 참여해서 뭔가를 강제하지 않았나. 그것도 상대가 원하지 않는 것을 참여해서 강제했던 그 힘들이 굉장히 크게 영향을 미쳤다고 생각한다. 기본적으로 삶과 정치를 바라볼 때 주인의식이 굉장히 커진 거다. 그것들을 실질적으로 담아내고 끌어내는 우리의 힘과 마인드가 많이 부재했던 것은 사실이고 지금도 그 연장에 있다고 본다. 어떻게 하면 개인이 가지고 있는 자주성을 발휘하게 하고 전체와 어울리게 할 것인가. 아직도 우리 몸 깊숙이, 제도와 개선은 누군가 주어진 것이란 생각이 상당히 몸에 배어 있다고 본다. 시민의식이나 민중의식이라는 것이 언어로서가 아니라 삶 안에서 조금씩 깨우쳐가는 과정이 아닐까? 확실한 것은 6월항쟁 경험이 없었다면 촛불의 경험은 없다고 본다. 절대 없다고 본다. 그런데 촛불은 사람들에게 또 다른 변화를 가져올 것으로 생각한다. 데자뷔를 경험했다. 6월항쟁이 색깔도 다르고 자기 자각이라는 측면에서는 굉장히 유사하다. 그런데 여전히 그것을 이끌어 나갈 준비는 과제로 남아 있다는 생각을 한다.

· 6월항쟁 이후 어떤 활동을 했나?
조정신 2학년 말경 과로 내려갔다. 때는 대중운동을 해야 한다는 분위기여서 내려갔다. 과에서 전혀 활동을 안 하던 사람이 내려가서 갑자기 선거부터 한 거다. 그래서 엄청 말을 많이 들었다. 수업도 안 들어 온 애가 선거로 나온다고 다들 뭐라 했다. 그런다고 거짓말할 수도 없고 솔직하게 나가자고 생각했다. "전남대 학생운동에서 독어독문과가 없어서는 안 되는 과로 내가 1년 안에 만든다. 내가 그런 약속을 지키겠다"고 했다. 뭐라도 찍어주고 싶은 명분을 보여주길 바랐는데 자기식으로 하니까 그나마 표를 준 것 같다. 그래도 다행히 내 시각에서 보면 과가 확 바뀌었다. 당시 학과 전체 학생 중 활동 안 하는 사람이 없을 정도였으니까.

· 그 전에는 독문과 활동이 많지 않았다.

조정신 과 차원에서 아예 없었다. 예비대학하면서 학교 당국에서 반의식화 교육을 해버리는 것이다. 그래서 우리가 그 전에 해 버려야겠다고 해서 입학하기 한 달 전에 나오라고 하고는 한 달 동안 공부하고 놀고 그렇게 시켰다. 과에 그때 80명이 있었는데 다 활동했다. 그때 참 뭣도 모르고⋯. 그러고 나서 전 학교에 예비대학이 만들어졌다.

· 광주지역 같은 경우 기록상 보면 초반에 대응이
  잘 안 됐다고 하는데 어떻게 생각하나?

조정신 내가 현장에서 느낀 분위기는 6·10대회 이후, 6월 16일 이후, 시위 현장에서 느끼는 분위기가 많이 변했다. 날마다 바뀌어 갔다. 구호를 외치는 시위가 아니라 다른 양상으로 바뀌어 갔다. 특히 밤 11시 이후 모이는 숫자로 봐서 나는 6월 22일 이후부터 양상이 뒤집힐 것이라고 봤다. 우리가 죽든 상대가 죽든, 이 사람들은 더이상 물러나지 않는다. 처음 시위가 진행될 때 8시~10시 사람들과 그 이후 사람들은 달랐다. 노동자들이 나오면서 막을 수가 없다. 그 사람들의

투쟁 양식이나 성질 자체가 무엇을 해달라는 것이 아니라
보다 근본적으로 뒤집어 버려야 한다는 정서가 아예 딱 깔려
있는, 그전에 하던 시위와는 다른 시위 분위기를 느꼈다.
실은 이런 것들이 그 전에 상대적으로 내재되어 있었다가, 그리고
나는 5·18항쟁에 대한 피해 의식도 있었다고 본다. 근본적으로
독재 정권에 대한 태도 자체가 다른 지역과는 달랐다고 생각한다.
다른 지역에서는 일말의 기대가 있다고 봤는데, 우리 지역은
일말의 기대가 전혀 없었다. 아예 이를 뒤집지 않고는 뭐랄까,
개선될 수 없다는 정서가 깔려있었다. 그전 경험에 의한 것인지
모르지만, 그래서 그런지 시위에 대한 태도 자체가 한 번 외쳐
보는 것이 아니라 근본적인 것을 거는 느낌을 받았다. 당시 정치
권력에 대한 비판인데도 결이 달랐다. 근본적인 것을 뒤집고자
하는 혁명적인 기운이 광주시민들 속에 팽배해 있었고 그런
것들이 상황을 만나니 가속이 붙은 느낌을 받았다. 6·29선언이
있고 나서 한동안 광주는 실제로 그러지 않았다. 집회를 우리가
나가서 했다. 다른 지역에서 식어가니까 엄청나게 답답해 하는
목소리를 현장에서 많이 들었다. 우리가 "그것은 속는 것입니다,
이것은 일시적으로 회피하기 위한 기만 술책입니다"라고 하면
광주시민들은 그것에 동의하는 수준에 있었다. 다른 지역도
광주와 같은 인식을 가지고 있었다면, 6·29선언으로 6월항쟁이
끝나지 않았을 것이라고 생각한다. 다른 지역에서 이미 그것으로
정리하고 있었고 정치적인 타협을 통해 덮어 버린 것이다.

이제는 말할 수 있다   13

여승현
인문대 국문과 85

천금영
인문대 일문과 85

· 87년 당시 인문대 어디에 소속되어 있었나?

여승현 1학년 때 엉뚱한 동아리에 들어가 있다가 과에 있었다.

천금영 일문과에서 활동했다.

· 과에 모임이 따로 있었나?

여승현 과에서 연구회를 꾸렸는데 연구회 말고 단대에서 형(박홍산)과 함께 한 학회라고, 인문대 애들을 모으는 학회라고 있었다.

· 그 모임의 명칭은 무엇이었는가?

여승현 이름이 뭐였더라…. 형(박홍산)을 3학년 말에 만났고, 옛날에는 학회라고, 학회모임이라고 했던 것 같다. 학회라고 내가 기억하는 것은 과에서도 연구회 몇 개가 있었고 승남이 형과 있다가 공개, 비공개 형태로 나뉠 때 그 직전이었다. 은의(국문과 84) 누나와 학회 선배들 몇 명, 승남이 형, 맹범이 형. 맹범이 형은 주로 공개적인 극문화 이런 데서 활동했고 승남이 형은 학회모임에 있었고, 삼덕이 누나라고 있지 않나. 서삼덕이라고 83으로 기억하는데.

천금영 가명이 미지라고….

여승현 거기를 중심으로 과에 몇 명이 있었다.

· 과에 모임이 있었나?

여승현 과에 모임이 있었고 단대 중심으로 조금씩 모였다.

· 학회연합회를 말하나?

여승현 굳이 명칭하자면 학회연합회라고 할 수 있다.

천금영 거기가 아니고 독자적인 모임이었다. 학회연합회는
일문과, 중문과 이렇게…. 학회연합회는 일문과 그리고 사회대
중심으로, 일문과 정도가 포함됐고 나머지 과는 사람이 없었다.

· 당시 국문과, 일문과, 중문과, 독문과, 불문과 등이
  활동하지 않았나?
천금영 중문과가 있었다. 독문과, 불문과는 남자가 전혀 없었다.
여승현 독문과, 불문과는 아예 없었다. 태환이가 중문과인가?
학회 안에는 중문과, 일문과가 있었고 국문과가 한창 하다가
빠지다가 하던 시기일 것이다.
천금영 사학과, 영문과, 국문과는 학회연합회 구조로 결합하지
않았고 독자 라인을 가지고 있었다. 학회 역량이 있는 곳이라서.

· 당시 단대, 과별로 기억나는 학회조직 명칭이 있는가?
천금영 인사대 학연실(학회연합실)이었다.

· 과 자체는 없었고 단대 전체 통으로 묶여 있었나?
여승현 학회연합회실이라고 했는데 금영이 말대로 각 과마다
꾸려진 것이 아니라, 그때 내 생각으로는 삼덕 누나 쪽에서
모임을 가지면서 나중에 화염병 제작이나 이런 활동을 할 때는
자연스럽게 학연실에 모여서 함께 했는데 평소 1, 2학년 때
모임은 과 형태로 몰래 만났던 같다. 내 기억에는 삼덕 누나나
은의 누나와 학습한다고 모였다.

· 한마디로 과 활동가 이런 의미의 모임이라고 보면 되나?
여승현 과 비합 형태 모임이었다. 그런데 국문과는 원체 정원이

많아 우리 때만 해도 한 학년에 100명 정도였다. 그러다 보니 과 내에 연구회가 여러 개 있었다. 시 쓴다는 '비나리'와 풍물패 등 몇 개가 있었다. 그런데 삼덕 누나와 우리가 하면서 승남이 형이 비평, 우리말연구회, 비평연구회 등 명칭을 연구회 형태로 세워서 전부 연구회로 해버렸는데, 그중에서 명칭을 안 바꾸고 고집을 부렸던 데가 비나리라고, 시 하던 친구들과, 풍물패 두레던가? 국문과 풍물패가 두레였을 거다. 이렇게 두 개가 대표적으로 공개적으로 있던 데고 나머지 전부를 우리가 연구회로 바꾸어 버리고 승남이 형이 과 학생회장을 했다.

· 일문과에는 과 모임이 없었나?
천금영 있었다. 과 연구회가 있었으니까.

· 과 연구회 명칭이 무엇인가?
천금영, 여승현 분과하고 그랬다.

· 과 학생회 산하 분과를 말하나?
천금영, 여승현 당시에는 학생회라고 하지 않고 과 학회, 과 학회장이라고 했다. 과 학회 밑에 분과를 두었고 내가 2학년 즈음에 분과를 연구회 형태로 명칭을 바꿨고 그 다음 학생회를 출범시킨다고 해서 과 학생회라고 했었다. 이와 관련해 일문과는 노오진(일문과 83) 형이 잘 알고 있다.

· 그럼 당시에 전투조 활동은 어떻게 했나?
천금영 그때는 인사대였다.
여승현 처음에는 인사대였다.

천금영 처음에는 인사대에서 출발했다.

· 인사대였다. 87년에 인문대와 사회대가 분리된 것으로 알고 있다. 그 이후 변화는 없었나?

천금영 분리 이후에도 여전히 일문과 학생회실이 사회대에 있었다.

여승현 국문과는 인문대 건물 뒤에 조그마한 공간이 있어서 처음에는 그곳을 많이 사용했다. 수위실도 아니고 창고도 아닌 그런 곳을 썼다.

천금영 전투조는 별로 기억나지 않는다.

여승현 처음에는 무조건 학연실로 모였다. 1학년 때는 남자애들은 무조건 학연실로 모였다.

천금영 사회대 애들과 섞어서 구성했고, 내 기억에는 국문과, 사학과, 영문과는 부분적으로 한 명씩 돌아가면서 결합하는 형태였고 인문대에서 고정적으로 결합한 사람은, 내 기억에는 85학번 중에서 나 혼자였던 것으로 안다.

여승현 국문과는 나밖에 없었다.

천금영 상명이도 한 번씩 오고 성문이가 결합했다.

여승현 상명이와 성문이와 네가 가끔 결합해서 하다가 안 해버리고.

천금영 영문과는 수호와 해천이가 가끔 전투조에 결합했고 용균이가 결합했다. 사학과는 창영이가 가끔씩 결합했고, 사학과는 잘 모르겠다. 사학과 85는 기억이 나지 않는다. 대부분 서클 쪽에 있었을 것이다. 불문과는 없고 중문과 85가 태환이, 불문과는 충현이가 가끔 결합했다. 나머지는 사회대 성원들이었다.

여승현 86년까지 그랬던 것 같다. 왜 그랬냐면 그때 인사대가 분리되는 시점이기도 하고 함께 있다가 분리되는 상황이라 사회대 애들이 많이 왔다.

· 86년에 통합하고 87년에 학생회를 강화하기 위해
  인문대에도 서클 쪽에서 사람들이 많이 왔었나?
천금영 그렇다. 제일 많이 왔을 거다. 철학과 상배가 4학년 때 왔던가?
여승현 상배가 3학년 중반에 왔을 거다. 그래서 천선화 등이 철학과 과 학생회를 꾸렸다.
천금영 불문과 금순이(동해), 충현이, 그리고 독문과 은경(무진)이라는 애가 왔다. 안 온 과가 일문과와 중문과일 거다. 그리고 국문과, 사학과, 영문과는 올 필요가 없었던 같고.

· 이제부터는 6월항쟁 발생 전 상황으로 가서 4·13호헌조치
  이후 당시 학내 분위기나 기억나는 상황은 없는가?
천금영 나는 시내 뛰어다닌 기억밖에 없는 것 같다.
여승현 그때 나는 조금 답답했던 것이 합법, 비합법 이런 구조가 이해 가지 않았다. 특히 국문과 같은 경우는 연구회가 다 있는데도 그 안에서 따로 몇 명이 모여서 공부한다는데 그것이 어린 나이에 보기에 굳이 이렇게 할 필요가 있나 싶었다. 그런데 과 연구회는 4·13호헌철폐 투쟁할 때 그냥 멀뚱멀뚱 보고만 있고 관심 있는 사람만 뒤에 서 있다가 가고 이런 정도였지 조직적으로 참여하지 않는 것이 어린 나이에 이해가 안 갔다. 그 무렵에 아까 말한 대로 비합법적인 형태로 과 연구회에서 한 명씩 뽑아서 따로 학습했기 때문에 집회에는 꼭 참석하고 그랬다.

· 그런 학습주도는 누가 했나?

여승현 삼덕이 누나가 했는데 삼덕이 누나는 잠깐 있었고 승남이형, 은의 누나가 했다. 나는 주로 은의 누나와 있다가 우리끼리 하기도 했다. 은의 누나와도 길게 하지 않았다. 그때 4·13에서 6월항쟁 시기까지는.

· 이제 본격적으로 6월항쟁으로 넘어가서, 전남대 같은 경우 6·10대회와 대동제가 겹치면서 당시 많은 문제 제기가 있었던 것으로 기록되어 있는데 이에 대한 당시의 기억은 없는가? 6·10대회 본인들은 시내 투쟁에 참여했나?

천금영 기억이 없다. 나갔다 들어온 것 같긴 한데.

여승현 사실 금영이도 기억하겠지만 빠진 날은 하루도 없었다. 무조건 나가야 되니까. 사실 지치기는 했지만.

· 대회 당일은 대동제가 학교에서 진행되고 있어서 많은 사람이 시내 가두 투쟁에 안 나갔다는 증언들이 있는데.

천금영 날짜가 정확하지는 않고 10일 정도였던 것 같은데 정문 쪽에 주막이 있었다. 들어오는데 한쪽에서는 술을 마시고, 애들 몇 명이 울면서 사람이 죽었는데 한열이가 죽었는데 이렇게 한다고, 싸움은 안 한다고 한탄하는 것을 봤다.

· 당시에 아래 학번들 반발이 상당히 있었던 것 같다. 그리고 6월 16일 삭발 시위를 하고 혈서를 썼다. 당시 여승현 씨는 직접 삭발도 했는데 삭발한 동기는 무엇인가?

여승현 개인적으로 했다. 5·18광장에서 집회를 했는데 삭발은 누구누구 하자 이러지는 않았고, 춘애 누나가 삭발하고

이한열 열사에 대한 생각 이런 것이 교차되면서 젊은 혈기에
개인적으로 참여했다. 그때 혈서는 동아리 애들, 일반 학생들도
참여한 것 같다.

· 당시 삭발 시위에 참여했던 사람 중 기억나는 사람은
  없는가?

여승현 그때 중문과 구시가 삭발하지 않았나?

· 6월 16일 삭발, 혈서 시위 이후 6월 17일부터 본격적으로
  시내 투쟁을 전개한다. 6월 17일 과별, 단대별로 총회나
  결의대회를 개최했나?

여승현 했던 것 같다.

천금영 내 기억으로는 한 것 같다. 나는 참가하지 않았는데,
그때 일문과는 과 학회장(황성현 84)이 군대를 가서 종선이가
과대표를 맡고 있었는데 과의 교수 문제로 싸우고 있어서
결합하지 않았다. 그때 우리 과가 200여 명 정도 됐을 텐데
120~30명이 깃발을 들고 나왔다. 내가 많이 놀랐다. 나중에
이야기를 들어보니 종선이가 승남이 형에게 엄청 욕을 먹었다고
한다. 시국이 이런데 과 문제로 그러고 있냐면서 지청구를 많이
들었다고 한다.

· 국문과는 어땠나?

여승현 우리는 그때 과에서 회의니 뭐니 연구회 회장들 모임을
갖고, 상명이가 다 나가자고 홍보했다. 나는 이중적인 것이,
지금도 헷갈리는데, 형(박홍산) 오더도 있지만 과와 함께해야
하는데 상명이와 연결이 잘 안 됐다. 상명이는 전체적으로

하려고 했고 나는 갈 수 있는 사람들만이라도 나가자 했다.
86학번들이 종석이, 상현이, 영기 이런 애들 몇 명을 꾸려서
할 때라서 나는 무조건 연구회에서 데리고 나와라 하는
식이었고, 상명이는 회의나 형식적인 것에 많이 얽매이는 것
같았다. 국문과는 단결이 잘 안 됐던 이유가 워낙 연구회가 많고
풍물패와 비나리가 갈라져서 따로 놀았다. 우리가 꾸렸던 각
연구회는 86, 87학번 중심이었고 상매스 수준이어서 나올 애는
나왔는데 상당히 많이 나왔다. 시국이 그런 상황이라 수업도
안 되고 그때 수업이 안 되지 않았나.

천금영 87년 5월이 되면서 87학번들이 전투조에 결합했다.
그전에는 86학번 중심이었고 87 한두 명 정도였다가 6월 되면서
87학번이 결합했는데 그중에서 국문과, 중문과 86이 많았고
일문과 86학번도 몇 명 있었다.

여승현 전투조는 인문대가 훨씬 많았다.

천금영 고정적으로 영기, 재경이, 중문과 이광재, 영하, 현영 등
중문과 애들이 몇 명 있다. 87은 그때부터 많았다. 철학과 87들,
불문과. 오히려 그때는 일문과 87학번이 몇 명 없었다. 87이
활성화되지 않은 과가 일문과, 사학과, 불문과. 전투조에는
국문과 애들이 별로 없었다.

여승현 국문과 87학번들은 전투조 활동을 별로 하지 않았다.

천금영 인문대 전투조가 87년도에 그렇게 꾸려졌다.

· 6월 17일 여승현 씨는 연행된 것으로 나오는데 어떻게
  연행됐나?

여승현 몇 명이 지나가다 쫓겨서 사복들한테 연행된 것 같다.
연와시위하는 과정에서 연행된 것은 아니었다. 당시에는 상황이

매우 어수선해서 여기저기서 몰려다니면서 시위를 했다.
당시는 통제가 안 돼서 가톨릭센터 근방에서 잡혀갔다.
연행돼서 3박 4일 살고 나왔다. 연행되는 과정에서 많이 맞았고
버스 안에서 많이 맞았고 조서 쓰는 과정에서는 대가리
한두 대 맞았고 경찰서 안에서는 별다른 구타는 없었다.

· 그러면 같이 연행된 사람 중에 기억나는 사람은 없는가?
여승현 그때 따로따로 구분해서 조사 받아서 기억나는 사람이
없다.

· 광주는 19일 이후부터 시위가 격화되어
  결렬하게 진행되는데 기억나는 상황은 없는가?
천금영 공영터미널 타격은 언제인가?

· 그날에 대한 기록은 없다. 여승현 씨는 그 자리에 있었나?
여승현 나는 17일 잡혀가서 3박 4일 살고 20일경에 나와서
당시 기억은 없다.
천금영 승현이는 터미널 타격할 때, 무장해제 시킬 때 없었지?
여승현 나는 기억이 없다.
천금영 19일 이전에 터미널 타격이 있었던 것 같다. 승현이가
나와 있었다면 오더를 받았을 것이다.
여승현 그렇다. 같이 해야 하니까. 나는 20일 나와서 터미널 타격
때는 생각이 안 난다. 20일 나와서 모자 쓰고 계속 나갔다.
천금영 우리가 대기했던 장소가 ○○한방병원 옆 대인동 들어가는
골목길에서 여관 골목길로 가는 길로 나누어져 있지 않은가.
그 자리에서 대기하고 있다가 치고 나갔다. 그러면 20일

이전이라고 봐야 한다. 옛날 도깨비시장과 터미널 사이로 끌고 가고 있었는데 그쪽에서 어마어마한 숫자의 학생들이 몰려오고 있었다.

- 광주는 20일 이후부터 26일까지 가장 격렬하게 싸우는데 이때 기억나는 상황은 있는가?

여승현 그때는 상당히 다양했던 것 같은데 주로 금남로에서 많이 하지 않았나? 차는 아예 다니지 않았고 그때는 학생들이 연행을 당하는 상황도 아니었고 광주는 옛날 특수한 상황도 있었기 때문에 경찰들도 조심했던 것 같다. 그때는 일반 시민들도 많이 참여했고 삭발하나마나 그때 이후에는 연행자가 많지 않았다.

- 그런데 새벽에 시위대가 해산하면서 일반 시민들이 많이 연행됐고 경찰이 쏜 최루탄으로 부상자와 중상자들이 많았다.

여승현 시간대별로 금남로 쪽은 많이 장악하지 않았나?

- 20일부터는 경찰이 도청 가는 방향만 봉쇄하고 시위대가 시내 전역을 장악하는 분위기였다.

여승현 일반 시민들도 많아서 당시에는 편하게 시위했던 것 같다.

- 혹시 중앙교회에 있었던 '시민 모임' 일명 '김밥조'에 대한 기억은 있는가?

여승현 나는 특별히 기억나는 것은 없다.

- 중앙교회에서 싸울 때 직접 화염병을 들고 싸웠나?

<u>여승현</u> 그 시기에 화염병을 많이 던졌나?

· 그때부터는 던졌다.
<u>여승현</u> 나는 따로 있었던 전투조가 아니었기 때문에 천금영에게 물어보면 잘 알 것 같다.

· 그러면 직접 전투조에 결합하여 활동한 것이 아니었나?
<u>여승현</u> 전투조에 결합은 한 것 같은데 화염병이나 이런 것은 기억이 나지 않는다.

· 당시 현장에서 시민들의 반응이나 호응에 대해 기억나는 것은 있는가?
<u>천금영</u> 기존에는 가두시위에 나가면 도망가기 바빴는데 87년도 들어서는 어느 순간 전경들과 맞서서 화염병을 던지며 시위했던 것 같다. 또 하나 기억나는 것은 터미널 전경들을 무장해제하고 난 이후에는 화염병보다 철근을 많이 들었다. 인사대는 거의 철근 들고 박홍산 형이 지휘했다. 터미널이나 일고 방향에서, 도청 쪽에서 전경들이 달려 나오는 것을 이쪽에서 치고 올라가다 형이(박홍산) 오더로 "나가" 외치면 나는 철근 조그마한 것을 들고 나갔다. 전경들과 대열이 섞여서…. 그때 내가 죽을 뻔하다 살았다. 바로 앞에서 직격탄으로 나를 쏘려고 했다. 내가 손짓으로 전경에게 내가 갈 테니 너 쏘지 말라고 신호를 보냈다. 그 전경도 진짜로 못 쏘더라. 그런 적도 있었다. 서현교회 쪽에서 불이 꺼진 상태에서 화염병 던지라고. 그때도 다 흩어진 애들을 모아서 했을 것이다. 그때 은수(정외과 86)가 다리에 타박상을 입었거나 부러지거나

했던 것 같다. 태평극장 다리 쪽에서 태평극장 쪽에 있는 전경들을 향해 불이 다 꺼진 상태에서 진행했다. 그전에 호남동 성당으로 해산돼서 모인 적이 있었다. 그때 시민들이 와서 이렇게 싸우지 말라며 프로판 가스통에 불을 붙여서 전경들을 향해 굴려야 한다고 말했다. 시민 전투조가 중앙교회에 있었다. 기억하는지? 상당히 키가 크고 머리는 반곱슬에 인상은 우락부락한 친구가 나를 찾아와 만나자고 해서 만나서 이야기를 하다가, 그런데 내가 "이것은 내가 결정할 사항이 아니다. 그러면 우리 선배를 연결해 주겠다"고 하면서 형을 모시고 중앙교회 지하로 갔다. 다음에 그 친구가 또 나를 찾아와서 대인동 소방서 건너에 선술집이 몇 군데 있었는데 거기 데리고 가서 대낮부터 술 한잔 하자고 했다. 나는 사이다를 먹고 그 친구는 맥주를 마시며 이야기했다. 지금도 6월항쟁이 끝나고 나서도 그 친구들이 계속 마음에 걸렸다. 나중에 들으니까 택시로 파출소를 타격하다 걸린 친구들이 있다고 들었다.

  마지막으로 치열했던 것은 중앙교회 옆에 있던 뽐뿌집 사이에 조그만 골목길이 있었다. 길은 아니고 철문으로 막힌 곳인데 거기서 바로 5미터 앞에 지하도로 들어가는 사거리에 전경들이 배치되어 있었는데 거기를 뚫자고 했다. 누구한테 오더를 받은 기억은 없는데 그때 85, 86, 87들을 싹 모아서 20명 정도가 모여서, 형윤이가 기억할지도 모르겠다, 거기를 먼저 노동자들이 화염병을 던지면 돌을 던지고, 돌이 먼저 나가면 그다음에 화염병이 나가고 나면 전경들이 최루탄을 발사할 테고 그러면 철근 들고 나가서 경찰 저지선을 뚫고 나가서 도청까지 뚫어버리자, 이렇게 오더가 내려왔다. 그렇게 20여 명이 모여서 우리는 거기서 대기했다. 그런데 돌이 나오기는 나왔는데 한 50미터 전방에서 던져 버린 거다. 화염병도 3~40미터 전방에 떨어지니까 전경들이 대응을 하지 않는 거다. 우리는 나가자 하고 나갔는데, 나 혼자 나가서 전경 틈 속으로 들어갔는데 전경들이 싹 도망치는 거다. 주변이 휑하니 싸한 느낌이 들어 둘러보니 나 혼자 있는 거다. 막 돌아오는데 봉용이가 뛰어나왔다. 좀 더 나갔는데 지하상가 입구에 오섭이가 갇혀 버린 거다. 나오려고 하는데 사과탄을 엄청 던지니까 미쳐 못 나오고 지하도로 입구로 몸을 숨겼는데 오섭이가 입구에 갇혀버린 거다. 오섭이를 끌고 돌아왔다. 이것이 내가 기억하는 마지막 싸움인 것 같다. 6월항쟁 당시 1차 오더는 학교에서 받고 2차, 3차 오더는 현장에서 받았다. 누가 나한테 오더를 내렸는지는 기억이 나지 않는다.

현장에서 선전 선동은 여학우들이 많이 했는데 86, 87학번들이 진짜 많이 했다. 86학번 진이(영문과), 현미 (철학과)도 많이 했고, 현장경찰 저지선에서 선전 선동은 여기저기 시민들을 상대로 진행했다. 굉장히 많이 했다. 1학년들도 많이 했던 것 같다. 아무나 그냥 악쓰고 하면 그것이 선전 선동이지 않았나. 그 열정들이 대단했다. 그리고 6월항쟁이 대단했던 것이 대인동 아가씨들도 학생들은 잡지 않았다. 전혀 안 잡았다. 우리가 거기를 지나가도 우리는 안 잡았다. 지금도 어렴풋이 기억나는 일이 있다. 요구르트를 든 아가씨가 와서 요구르트를 주려고 하지만 누구한테 줄지 몰라 머뭇거리는데 '내가 주면 학생들이 먹을까?' 하는 느낌이었던 같다. 아가씨가 주는 요구르트를 받아서 애들과 마시고는 했다.

· 현재까지 보면 6월항쟁 당시 가두 현장에서 전투조를

총괄하여 지휘한 사람이 특정되지 않는다.

당시 현장에서 84학번들이 모여서 상황에 따라 지휘한 것이 아닌가 생각한다.

천금영 인문대 여성 동지들의 이야기도 들어 봤으면 한다.

여승현 글쎄. 이전에는 어쩌다 한두 명 정도가 구경하다가 최루탄이 터지면 도망가고 했는데 그때는 생각보다 시민들이 인도에서 많이 내려와서 합세하여 호응하고 박수 치고 뒤로 물러났다가 다시 모여서 나오고, 이런 것 빼고는 특별히 기억나는 것은 없다.

· 6월항쟁이 그 이후 학생운동에 미친 영향은 무엇이라고 생각하는가? 6월항쟁 이후 학생운동의 분위기는 어땠는가?

여승현 그렇게 대대적으로 참여하다가 완전히 불 꺼진 것처럼 돼버린 것은 제대로 된 것이 아니고, 6·29선언이 속이구 선언인데 거기에 대해서 본질을 알고 폭로해서 학생들과 함께해야 하는데 그렇지 못했던 것이 굉장히 억울하고 황당하고, 개인적으로는 그렇게 느꼈다. 사실 학생들은 거의 안 해버리지 않았나. 내부적으로 선전물에 대해 토론하거나 한 적은 있었지만 이후 집회 같은 것도 없이 애매하게 우왕좌왕하지 않았나.

· 6월항쟁이 끝나고 학생회 활동 등에서 변화는 어떻게 나타났는가?

여승현 전부 학생회로, 다 공개 단위로 가는 상황이었다. 국문과도 공개, 비공개 단위 자체가 거의 구별이 사라지고 공개적인 학생회로 들어갔다. 공개적이고 대단위로 하자는

분위기가 컸다고 볼 수 있을 것 같다. 그리고 따로 결합해서
하는 경우는 인자나 상명이는 공개 단위로 들어갔다.
6월항쟁 끝나고 군대 갈 애들은 군대 가고 85학번들은 연구회
단위로 있다가 각자 진로를 찾아갔고, 오히려 86학번인
종석이와 상현이가 학생회장 선거 나간다 하고, 국문과는
공개적으로 전환했다. 변화라는 것, 합법적인 활동으로 가자는
것이 많은 혼란을 가져오기도 했다. 애들이 자리를 잘 못 찾고
남자들은 군대 가고….

- 6월항쟁이 갖는 역사적인 의의라든가, 사회적인 의미는
  무엇이라고 생각하나?

여승현 5·18민주화운동 이후 전두환이 집권하고 그 이후
노태우가 장악하면서 물태우라고 했지만, 방향에서 좀 헷갈리지
않았나. 학생들도 헷갈렸던 것은 마찬가지였던 것 같다.
이한열 열사의 죽음은 대규모 시위 같은 폭발적이고 대중적인
활동으로 발전하는 데 큰 역할을 했고 학생운동에 역사적인
의의가 있었다고 본다. 6월항쟁이 기폭제가 되지 않았다면
6·29선언도 나오지 않았을 것이다. 공개화 대중화되는
것은 좋은데, 그렇게 하다 보니 조직적인 끈이나 통제되고
확연하게 되지 못했다는 생각이 든다. 공개적인 단위에 힘은
실려 있지만…. 그 이후 군대 문제 정리하고 투신 문제로
고민하다 금방 졸업하면서 학생운동은 정리하고 농민운동으로
들어가면서 연속적인 기억은 없다.

이제는 말할 수 있다   14

정정희
자연대 85

· 당시 소속된 조직과 단대(서클 명칭과 단대 모임 명칭, 소속 단대)는 어디인가?

정정희 자연대, 의대, 약대생이 모인 언더서클('동인', 자연대 운동을 조직하기 위한 지하조직, 이후 '아모스'로 부르기도 함)에서 시작한 자연대 단대 서클로 정확한 이름이 기억나지 않는다. 가정대 건물 1층에 있었고 들어가서 전투적 학생회 건설을 준비했다. '동인' 주요 멤버는 전산과 이휴숙(84), 양정은(84), 의예과 정석균(84), 권순석(85), 김원(85) 선연화(85), 반홍수(생물학과, 이후 서울에서 치대를 나와 치과의사), 나(가명 난주, 85), 86학번으로는 의대 수진, 문요한, 물리학과 김영화, 수학과 김혜경, 가정대 윤선희, 과 해인, 조민건…. 자연대 단대 서클에는 의대 명준(85), 영진(86), 이상길(87), 심재운(85), 이밖에 다른 친구들이 있으나 이름이 잘 기억나지 않는다. 87년 6월항쟁 이후 하반기에 1, 2생에서 조민건(86), 인(지질학과 86), 박형윤(86)이 단대로 내려와 합류했다.

· 자연대 학생회 건설과정은?

정정희 자연대 언더서클 성원과 자연대 단대서클 성원을 중심으로 자연대 과별 학회(소모임)를 만들기 시작했고, 그 학회에서 과 학생회를 준비할 후배들을 조직하여 88년 과별 학생회를 세우기 시작했다. 당시 학생회를 준비한 당사자로는 내가 자연대 후배를 지도했으며 84, 85학번의 다른 동지들은 없었다. 나백주(85)는 5월특위 복역 후 의대 내 반전반핵 관련 모임을 조직했고, 자연대 84는 거의 87년(신, 구 갈등 등으로), 88년 전투적 학생회 건설과 조직 활동에는 참여하지 않은 것으로 기억하고 있다. 88년 당시 나는 자연대뿐 아니라 공대 과학생회 준비 조직원들의 교육을 담당하고 있었다. 88년 자연대 학생회 집행부가 있었는데 조직 활동으로 단련된 인원은 아니었으나 건강한 생각을 가지고 있었다(대표적으로 이영운 85). 자연대는 88년 일반 학우가 운영하는 집행부와 전투적 학생회 조직건설을 준비하는 조직원으로 이원화된 상태로 큰 분쟁 없이 공존했다.

· 전남대 학생운동은 4·13호헌조치 이후 6월항쟁 이전까지 정세를 어떻게 보고 있었나?

정정희 4·13호헌조치 발표는 군부독재의 장기 집권 음모로 판단하고 군부독재 종식을 위해 호헌철폐, 군부독재 타도를 외치며 거리에서 치열한 투쟁을 벌였고(거리에서 연좌 농성을 하면서 끌려가는 한이 있어도 도망치지 말자고 약속하며 시위에 참여했고 모두 길에서 눕거나 서로 묶어 경찰이 뜯어내 해산시켜도 움직이지 않고 버티다가 연행되기도 함) 군부독재 정권을 이번에는 끝장내자는 염원으로 대중 투쟁으로 연결했던 것 같다. 종교계, 양심적인 지식인, 학생, 시민 모두 연합하여 광범위한 연합을 결성하게 된 것 같다.

· 6월항쟁 발발 시 어떻게 정세를 인식하고 있었으며 6월항쟁 당시 어떤 자세와 각오로 임했나?

정정희 4·13호헌철폐와 독재타도 투쟁에서 6월항쟁으로 가는 동안 수많은 날을 길에서 새거나 1학생회관 휴게실에서 쪽잠을 자고 나와 매일 투쟁에 임했고 기필코 군부독재 정권을 무너트리고 민주정부를 수립하겠다는 의지가 있었다. 전

국민이 뭉쳐 일어났던 투쟁으로 혁명이 일어날 것이라고 믿었던
투쟁이기도 했다. 또한 그 투쟁에서 목숨을 원하면 죽을 수도
있다는 각오로 투쟁했다. 노태우의 6·29선언에 대해 우리 광주는
얄팍한 속임수임을 알았고 6·29선언 이후에도 1주일가량 계속
투쟁한 것으로 기억하나, 서울이나 다른 지역은 6.27 이후에
투쟁이 시들해졌고 6·29선언 이후에는 투쟁이 소강상태로
접어든 것으로 기억한다. 역사에 대한 인식과 정확한 판단,
목숨을 내놓고 투쟁한 광주인 만큼 물러섬이 없었던 것 같다.

    나는 박종철 열사 진실규명 투쟁에서 4·13호헌철폐 투쟁,
5·18진실규명, 책임자처벌 투쟁으로 이어지는 계속된 시위에
참여하기 위해 학동 캠퍼스(간호학과)를 간 적이 없다(수업을
받지 않았다). 그 결과 의과대학 학생과장이 우리 부모님을
협박하여 자퇴 처리됐고 난 그 사실도 나중에 알았다. 노태우의
6·29선언 이후 학생운동으로 학교에서 잘렸던 학생들에게
재입학의 기회가 생겼다. 학생과장이 직접 전화를 해서 재입학을
권했으나 그 당시 자연대 학생회 건설을 위해 용봉동을 떠날 수
없어서 재입학하지 않고 학적이 없는 상태에서 단대 학생회까지
세우는 책임을 다했다(초기 학회라는 성격으로 단대 과별
학생들을 조직하여 학생회를 건립하는 기초를 만들고 그
조직원을 중심으로 학생회 창립).

·   6월 9일~11일 있었던 대동제 때문에 전남대 학생운동은
    6월항쟁 초기 대응에 문제가 있었다는 지적이 있는데 이에
    대한 기억이나 당시 분위기는 어떠했나?

정정희 나는 당시 대동제 자체(주점이나 축제 같은 개념의
대동제)에 대한 기억은 없다. 대동제는 학우를 결집해서 함께

투쟁하기 위한 다양한 활동이 목적이었다. 또 당시 경찰이
국민대회 등을 원천봉쇄한다고 발표하고 거리마다 막아놓은
상태라서 아마 대동제를 이용한 투쟁전략으로 기억하고 있다.
초기대응에 문제가 있었다는 지적은 정말 전남대 운동을 몰라도
너무 모르는 소리다. 투쟁은 쉰 적이 없었고 대동제는 그 투쟁의
도구였을 텐데 그 준비로 6월항쟁에 초기 대응하지 않았다는
것은 유아적 수준의 판단으로 논할 가치가 없다고 생각한다.

· 6월 10일 국민대회에 참여했나? 참여했다면 어떻게
   활동을 했나?

정정희 학교에서 출발하여 6·10국민대회에 참여했지만
기억하기로는 원천봉쇄됐기 때문에 한 곳에서 길게 집회한 것이
아니라(그날은 호헌철폐 요구에도 호헌조치를 유지하기
위한 민정당 전당대회가 있었고 민정당사 화염병 투척 등의
시위도 했던 것 같은데 그날인지…, 기억이 매우 혼재됨)
가톨릭회관, 중앙교회, 금남로 거리에서 계속 선전, 선동하면서
곳곳에서 산발적인 투쟁을 했으며 6월항쟁에서 처음 새벽까지
시위를 했던 것으로 기억한다. 이후 6.27까지는 거의 매일
새벽까지 시위와 가두 투쟁이 있었다.

· 6월 16일 삭발과 혈서 시위에 참여한 분들이 누구인지?
   그리고 정문에서 연좌·연와시위가 전개되고 연행자가
   있었는데 연행자가 누구인지 아는지?

정정희 가투나 시위 참가자, 조직원을 기억하지 말라는 교육을
받아서 당시 참여자의 이름, 얼굴에 관심도 갖지 않아 기억하지
못한다. 그러나 많은 인원이 참여했으며, 나 또한 혈서 시위에

참여했고 현재 오른쪽 두 번째 손가락에 절단 흔적이 아직도
남아 감각 이상이 있다(면도칼로 다른 동지가 잘라 주었는데
너무 깊고 길게 잘라 오랜 시간 아물지 않아 고생했으며,
매일 돌을 깨고 담는 노동에 손가락에서 피가 계속 흘러 고생한
기억은 뚜렷하다. 나의 참석만을 기억하여 이기적인 것 같은데,
그 당시 나는 교육받은 대로 철저하게 기억하지 않으려고
노력한 결과이니 이해해 주기 바란다).

  삭발은 규심 언니가 한 것은 기억나는데 정확하지 않다.
4·13호헌철폐 투쟁 중에도 연좌·연와시위가 투쟁 오더였기
때문에 그때부터 연행된 사람들이 있었는데 정작 이름과 얼굴은
기억이 나지 않는다. 김광윤(85)도 연행된 것으로 기억하는데
언제인지는 정확하지 않다.

· 6월 17일 본격적인 시내 투쟁에 대한 인상적인 기억이나
  상황에 대해 항쟁일지를 참조하여 기억나는 대로 기록해
  달라.

정정희 화이트칼라 계층의 대규모적인 참여가 있었던
(내 기억으로는) 6월 25일 이후부터는 현재 교보생명에서
롯데백화점 사이의 은행 및 보험사 사무실이 많은 금남로 등
거리에서 화이트칼라 일반 시민들과 거리 시위 및 투쟁을
했고 6월 27일(6월 27일에서 6월 28일 아침 6시까지 화염병과
돌멩이로 맞선 투쟁이 있었고, 다음날 6·29선언이 발표된
것으로 기억하고 있음)은 금남로에서 밤새워 가두 투쟁을 가장
치열하게 했던 것으로 기억한다. 시민들과 진정으로 하나가
됐다고 느꼈던 사건 하나는, 정확한 날짜를 기억하지 못하나,
금남로에서 롯데백화점 가는 방향(구 터미널) 즈음 그리 넓지

않은 도로에서 전경들에게 막혀 쏟아지는 최루탄 속에 갇혀
방향을 잃고 갈 곳이 없었는데 2층으로 된 자장면 집에서 문을
열어 들어오게 하고 물수건과 물을 챙겨주면서 식사까지 하고
가라고 했다. 전경들의 추적과 최루탄을 잠시나마 피할 수
있게 도와주며 우리를 격려해줬던 종업원 및 사장님이 지금도
기억에 남는다. 또한 6월항쟁은 장시간 집회보다는 거리에
삼삼오오 모이면 선전 선동이 아무 곳에서나 벌어졌으며 누구나
선동가였다. 시민들에게 선전과 선동을 하면 시민들은 박수와
투쟁에 호응해 주었으며 고생한다는 위로를 보냈고 구호에도
함께 따라 해준 것으로 기억한다. 전경들도 대열을 이루고
길바닥에 앉아 있는 장소로 내가 지나가면 "오늘도 또 나왔네.
언제까지 나올래. 조심해라"고 한마디씩 해서 전경들이 나를
모르면 간첩이라는 소리도 했었다.

· 6월항쟁 당시 각 단대 과별 그리고 일반 학우들의
  참여와 분위기는 어땠나?

정정희 광주에서 대학을 다녔던 학생들은 운동권이 아니더라도
집회와 시내 가두 투쟁을 한 번 이상은 참여했을 것 같다.
특히 6월항쟁에서는 그 당시 과 학생회가 활성화되지 않아
일반 학우들이 과별로 깃발을 들고 조직적으로 참여(당시
사회대, 사대 등은 내부 조직이 있어 단대 조직원들이 학우들과
참여, 운동권은 아니지만 의식이 있는 학우를 조직한 것으로
기억함)한 것은 아니고 과 친구들끼리 자발적으로 참여했다.
그런 과정에서 6월항쟁 이후 단대 학생회 및 과 학생회 활성화에
대해 논의하고 학생운동의 대중화에 대한 고민이 활발해지고
그 필요성을 6월항쟁을 통해 느끼게 되어 이후 1,2생 동아리,

언더서클 조직원들이 각 단대로 들어가게 되었다.

· 당시 항쟁의 중심거점이었던 중앙교회, 서현교회,
  원각사 중 주로 어디서 활동했나?

정정희 이 질문에 하나로 답하기 어려운 이유는 당시 휴대폰이
있는 것도 아니고 시시각각 연락할 수 있는 방법이 없었기
때문에 출발은 전남대였고 출발하기 전 교내에서 각 시간별
장소를 정해서 집결했으며 시위 형태와 현장 투쟁 상황에 따라
계속적으로 이동했다. 대부분 늦은 밤 집결지는 충파에서
서현교회가 있는 고갯길에서 시위를 계속하다 정리했다.

· 시내 현장에서 수행한 주요한 활동 내용과 방식은
  무엇이었나?

정정희 호헌철폐 투쟁 시기에는 조직적으로 대규모로 일정
장소에서 누워서 서로 동지들의 신체를 잡고, 전경들이
떼어서 분산시키고 잡아가더라도 서로 움직이지 않고 버티는
연좌·연와농성을 많이 했었다. 6월항쟁 기간에는 간단한 집회
이후 산발적으로 광주 시내로 흩어져 가두 투쟁을 벌였다.
학내에서 전달 받은 장소에 삼삼오오 집결하면서 일정 사람이
모이면 아지(선전 선동)를 하여 시민들을 향해 현 시국에
대한 연설을 하고 함께 투쟁할 것을 호소하는 등 누구나 선전
선동가였다. 나는 매일 삼삼오오 모인 동지들과 거리에서 선전
선동을 했다. 항상 청바지에 티셔츠(주로 빨간색)를 입었고
검정색 가방을 메고 다녔다. 가방을 메고 다닌 이유는 가두 투쟁
최전선에 무기를 조달(화염병 운반)하기 위해서였다.
본격적인 최루탄 공세와 화염병 및 짱돌 투쟁이 벌어지기

전까지는 선전 선동을 했고 투쟁이 벌어지면 투쟁 현장
곳곳으로 화염병 등을 운반하거나 화염병을 제작하기도
했으며, 거리를 막고 있는 전경들을 이리저리 뚫고 투쟁 무기를
조달하는 역할이 주 임무였다.

· 당시 시민들의 호응이 대단한 것으로 기억하는데,
  기억나는 시민들의 호응이나 참여 분위기는 어떠했나?
정정희 선전 선동을 하는 우리를 보면 같이 구호도 따라
해주시고 비닐봉지에 빵과 음료수를 담아 학생들에게 주셨으며
구호대열이 지나가면 박수로 환호해 주셨다.

· 6월 19일 이후 계엄령이 내릴 수 있다는 소문이 무성했는데
  이에 대한 기억이나 그리고 이에 대한 대처 방안은 있었나?
정정희 정확한 기억은 아닐 수 있으나, 고광업 선배로부터 도시
게릴라 전투에 대한 이야기와 5월항쟁 당시 실패의 원인이
고립과 차단이었다는 점을 들으면서 계엄령이 내릴 경우
고립되지 않을 방법과 유리한 고지를 선점하기 위한 전략지점에
대해 의논했던 기억이 있다(구 서부경찰서가 있었던 돌고개나
도시로 들어오는 주요 지점 등).

· 시내 가두 투쟁에서 가장 인상적인 기억이 있다면
  무엇인가?
정정희 6월 23일부터 6월 27일까지, 시위를 막는 경찰들을
무장해제시킨 소식이 계속 이어져 우리의 승리(혁명)를
확신했으며, 특히 6월 27일(나는 6월 27 28까지 밤을 새우면서
시내에서 화염병과 돌로 맞서 시위를 벌였다고 기억하는데

기록에는 26 27일로 되어 있음) 시위는 화이트칼라 시민,
시내 상점 종업원, 일반 시민, 학생들이 모두 밤을 새면서 같이
가두 투쟁을 벌였던 날로, 그날이 가장 기억에 남는다.

- 여성 동지들의 경우 선전 활동과 가두에서 모금 활동이
  전개된 것으로 기록하고 있다. 기억나는 내용이 있다면.

정정희 질문이 다소 아쉬운 것은 여성 동지들의 역할을 선전,
모금 등으로 한정시키는 것은 역동적인 여성 역할을 축소하는
것 같다. 여성 활동가뿐 아니라 그 당시는 휴대폰 등이 없어
지금처럼 실시간 투쟁을 지휘할 수 없기 때문에 학내에서
시간대별로 시위 장소를 미리 전달받아 해당 시간대에 그곳으로
집결했다. 경찰에 막혀 집결 장소까지 오기 어려울 경우,
그 자리에서 투쟁을 계속했으며 당시 오더는 삼삼오오 모이면
모두 선전 선동을 하도록 했다. 나는 시민들을 대상으로 일명
'아지'를 했고, 모금 활동은 하지 않았다. 경찰의 검문검색 등을
피해 시위 현장으로 화염병 등을 운반하는 것은 여성들이
했으며, 6월항쟁 말기에는 중앙교회 지하에서 만든 화염병을
운반했다. 학내에서 화염병을 제작했는데 시내에서 연속 시위가
벌어지고 있어서 제작하는 남자 동지가 부족하여 여성들도
화염병 제작을 했다. 그때 보리(박향숙, 인문대 85)가 남성만큼
잘 만들었던 것으로 기억한다.

- 남성 전투조는 현장에서 어떻게 활동했나? 시내 현장에서
  지휘는 누가 주로 했으며, 현장에서 어떻게 물자를
  공급하여 투쟁을 전개했는가? 밤늦은 시각에 현장에서
  지휘 체계는 어떻게 가동되었나?

정정희 앞에서도 말했지만, 초기에는 학내에서 먼저 약속된 시간에 장소를 정해서 모이라는 오더가 있어 약속대로 모였다. 선행 장소에서 시위가 끝나지 않으면 계속 그곳에서 시위하는 사람들이 있는가 하면 약속된 장소로 옮기는 사람 등등 다양해서 실제 현장으로 나간 후에는 각자의 판단으로 함께 있었던 그룹이 같이 행동했다. 그러나 시위가 길어지면서 현장 지도부가 생기고 그 장소로 중앙교회가 이용되었으며 중앙교회(종교단체의 지원과 아마 모금 운동으로 조성된 투쟁 자금으로 운영)를 이용하여 투쟁 물자를 조달했다. 화염병을 만들 시너가 부족하여 각자 페인트 가게 등에서 시너를 사오라고 한 오더도 있었던 것으로 기억난다. 나는 자연대였으나 자연대 선배에게 6월항쟁 기간 오더를 받거나 현장에서 얼굴을 본 적 없으며, 사대 광엽 선배에게 오더를 받다가 중앙교회를 수시로 들러 필요한 물자를 운반해주는 업무를 받고 시위대에게 오더를 전하거나 투쟁 물자(화염병 등)를 운반해주는 업무를 했다.

· 당시 중앙교회에는 시민 모임을 중심으로 일명 '김밥조'라고 하는 시민 전투조가 활동하고 있었는데 이에 대한 기억이 있나?

정정희 중앙교회 지하에는 전남대 전투조 이외 다른 사람들도 있었는데 그분들이 시민 전투조인지는 모르겠다.

· 6월항쟁이 학생운동에 미친 주요한 영향은 무엇이라고 보는가?

정정희 학생운동의 대중화, 단대 및 과 학생회 활성화의 필요성이

제기되었고 음지에서 은밀하게 점조직으로 운영되던
학생운동이 대중화할 수 있는 토양이 생겼으며, 운동가는 일반
학우에 대한 믿음과 신뢰를 가지게 되었다. 또 일반 학우들은
민주화운동에 대한 관심을 가지게 되었다고 생각한다.
사대는 임용 투쟁으로 많은 학우가 결집하여 학생회가 활발하게
활동할 수 있었다.

- 6월항쟁의 의의와 사회적인 영향은 무엇이라고
  생각하는가?

정정희 6월항쟁은 우선 적들의 입장에서 80년 5월
광주민주화항쟁에서 총칼로 진압했으나 민주화 의지는
무력으로 진압이 어렵다는, 광주가 보여준 80년 경험으로부터
무력진압 방식보다는 6·29선언이라는 회유의 방식을
사용했다고 본다. 6월항쟁은 80년 5월 이후 민주화에 대한
열망을 대중적으로 결집하는 방법을 배우게 했고 시민들의
의식이 높아졌으며(군부독재에 억눌렸던 분노를 실천으로 옮길
수 있는 계기), 전 계층과 다양한 세력의 연합이 필요하다는
계기를 마련했다. 학생운동은 대중성 확보와 대중적인
조직 결성이 필요하다는 인식을 절감했으며, 전투적 학생회
건설로 지하 운동세계에서 자신의 과 동우들로 눈을 돌려
대중조직을 건설하게 되는 계기가 되었다.

이제는 말할 수 있다

조용희
경영대 85

- 당시 소속된 단체는 어디였나?

조용희 1학생회관에 있는 YMCA다.

- 그때 같이 활동한 85학번들은 기억하는가?

조용희 Y에서는 나만 있었다. 김광윤과 둘이 있었는데 광윤이는 5월에 구속돼 버리고 혼자 있었는지, 행순이가 같이 있었는지, 사대로 갔나, 정확하게 모르겠다. 사대로 갔던 것 같다. 86년도까지는 행순이가 같이 있었는데 87년도에는 나밖에 없었던 같다.

- 당시 1학생회관에 같이 있었던 단체는 무엇이고 85학번들은 누가 있었나?

조용희 '기독학생회'가 있었고, '가톨릭학생회' '역사마당' 그리고 3층에는 당시 '황토'가 있었다. 87년도에 '사회조사연구회'가 '역사마당'으로 이름을 바꾸고 '황토'도 그 시점에 '독서사랑방'으로 바뀌었다. 그리고 '원불교학생회'가 있었다.

- '기독학생회'에는 누가 있었나?

조용희 '기독학생회(약칭 기생)'에는 청산이(정남용, 공대 85) 형이 있었다. 청산이 형과 김문숙(일문과 85)이 있었던 것 같고, 그리고 'YWCA'가 왔었다. 6월항쟁 끝나고 왔나? 1학생회관에 'YWCA'가 없었는데 1학생회관으로 왔다. 그리고 '가톨릭학생회'는 최성일(공대 85)이 있었고 '불교학생회'는 규준이가 있었다.

· '역사마당'에 누가 있었나?

조용희 나중에는 편제가 바뀌었다. 'YMCA'와 '원불교학생회' '기독학생회' '가톨릭학생회' 'YWCA'까지 종교연합회로 편제되었다. 6월항쟁 끝나고 나서 종연(종교연합회의 약칭)으로 바뀌고 '역사마당', '독서사랑방'이 따로 묶이고 정호 형이 우리를 지도했었다. 6월항쟁 때는 신정호(사회대 심리학과 84)형이 콘트롤을 안 한 것 같다. 6월항쟁 때는 종연으로 묶이기 전인 것 같다. 그리고 '역사마당'에는 김원숙과 명등룡 둘이 있었다.

· '황토'에는 누가 있었나?

조용희 '황토'에 85학번이 누구더라? 농대 학생회장했던 준이가 있었다.

· 준이 혼자 있었나? 여학생은 없었는가?

조용희 여학생은 기억이 나지 않는다. '원불교학생회'는 병창이와 여학생이 한 명 있었는데 기억이 나지 않는다. 얼굴은 기억나는데 이름이 기억나지 않는다.

· 그러면 85번을 지도하던 84학번은 누구인가?

조용희 84학번은 신정호 형 혼자 있었다.

· 당시에 1생 전투조는 있었나?

조용희 그렇다. 그런데 내 기억에 그때 전투조가 확실하게 꾸려진 것은 아닌 것 같다.

· 전투조를 책임지는 사람이 없었나?

조용희 1생 전투조를 누가 책임지고 있었을까…?

· 전일수 아닌가?

조용희 전일수는 아니고 전일수는 2생 '한누리'로 갔었다. 당시 YMCA에 남자가 많아서, 네 명이나 있어서 명등룡이 '역사마당'으로 갔고 2생 '한누리'에 사람이 없어서 일수가 '한누리'로 갔고 광윤이와 나, 둘이 있었는데 광윤이가 들어가 버리고, 그렇게 됐다.

· 그러면 1생 전투조장은 누구였을까?

조용희 1생 전투조장이 누구였을까? 내 기억에는 조정신 (인문대 독문과 86, 89년 총학생회장)이 했었던 같다. 1생에 사람이 없어서 정신이가 했을 것이다.

· 조정신은 86학번인데 그럼 85학번들과는 어떻게 관계를 가졌는가?

조용희 85학번이 없었다. 그때 개별적으로 결합했던 같은데 내 기억에는….

· 전투조 소속이 아니었나?

조용희 정확히 3학년 때는 전투조 소속이 아니었다. 3학년 때는 팀에 사람이 없었다. 1생에서 지도학번이 나밖에 없고 '역사마당' 같은 경우도 등룡이밖에 없어서, 아마 그래서 그때 85학번들이 전투조에 결합된 것 같지는 않고 조정신이 1생 전투조장을 했던 것 같다. 우리는 6월항쟁 시작되면서 전투조로

많이 움직이지 않았던 것 같다. 실제 오더를 받고 조직적으로
움직였다기보다는 시내 중앙교회에서 결합해서 화염병 들고
던지고 했던 기억이 난다.

- 그럼 1생에서는 85학번이 전투조에 결합되지 않고 바로
  86학번으로 내려가 버린 것인가.

조용희 그렇다. 1생은 그랬다.

- 당시 1생에 활동하는 사람들이 얼마였던 것 같나?

조용희 1생에는 87학번들이 꽤 많았다. 86학번은 많지 않았다.
철수, 형윤이. 형윤이는 나중에 자연대로 갔고, 상걸이 형 아내인
보경이. 86이 별로 없었다. 87은 열 명이나 됐다. 숫자로 보면
87학번이 많았다. 87학번이 많이 결합했다.

- 6월 10일에 시내 가투에 결합했나?

조용희 10일? 10일 기억이 잘 안 난다. 한열이 장례식이 9일인데.

- 9일부터 대동제가 시작되어 11일까지 진행됐고
  10일 오후에 결의대회하고 시내 가투에 나갔는데
  기억이 없는가?

조용희 기억이 별로 없다.

- 6월 16일 삭발과 혈서 시위를 하는데 그때 1생에서 참여한
  사람 중 기억나는 사람이 있는가?

조용희 혈서는 거의 다 썼다. 혈서는 많이 썼던 것 같다. 누가 칼
들고 다니면서 해서 혈서는 많이 썼다. 삭발은 86학번들이 많이

부록 3. 개인구술-이제는 말할 수 있다

했던 것 같다. 정신이와 역사마당의 우선이던가? 키가 크고
눈은 동그랗던, 우선이란 이름은 가명인 것 같은데 역사마당
여학우도 삭발하고, 그리고 자연대 곱슬머리 여학우 한 명도
한 것 같은데 우리 Y에는 삭발한 애는 없었다. 그때 내 기억으로
사조 여학우 2명(두 명 다 86학번으로 기억)이 삭발한 것으로
기억한다. 85는 희선이와 애들이 삭발한 것으로 알고 있는데
희선이라고 유아교육학과, 희선이가 아마 가명일 것이다.
그 애도 삭발했던 것 같고 사회대에 있었던 점옥이도 삭발한
것으로 기억하는데…. 그때 여학우들이 의외로 많이 했다. 그 뒤
삭발한 애들이 한참 모자를 쓰고 다녀서 기억이 난다.

· 그러면 혈서는 썼는지?

조용희 혈서는 나도 썼다.

· 그리고 6월 16일의 다른 기억은 없는가?

조용희 그날 춘애 누나가 삭발하고 여학생들은 울고 그랬던 것
같다. 삭발할 때 분위기가 좀 그랬다.

· 그날 농성도 하고 그 이후 싸움이 계속되었는데 상황이
  어땠는가?

조용희 내 기억에는 6·29선언 때까지 2주 이상은 집에 계속 안
들어가고 시내에서 새벽까지 하다가 모두 학교로 들어왔던 것
같다. 학교로 들어오든가 학교 주변에 있는 후배 자취방에서
모여서 자든가. 학교에 들어와서 1생, 2층 휴게실 소파 같은
데서 자고 그랬던 같다. 학교 후문 쪽에서 자면 오전에 다 학교로
들어오고, 들어 왔다가 오후 되면 나가는 일이 거의 일상화됐던

것 같다. 나는 주로 서현교회와 월산동 쪽에서 많이 싸웠다. 간혹 중앙교회나 금남로 쪽으로 나가기도 했는데 주로 그쪽이고, 저쪽 남동성당 쪽은 기억이 나지 않고 원각사 쪽도 기억이 없고 우리는 주로 서현교회 쪽이 제일 기억이 난다.

· 서현교회 쪽에서 서클 쪽이 조직적으로 모여서 싸웠나?
조용희 처음에는 모여서 싸우다가 흩어지면 다시 만났다가 다시 흩어지고 다시 모이고 그랬던 것 같다. 새벽까지 월산동으로 도망 다니다가 어느 정도 해산이 되면 다시 학교 쪽으로 들어온 것 같다.

· 그렇다면 1생은 주로 서현교회 쪽에서 싸움을 진행했나?
조용희 서현교회에서 주로 했고 중앙교회도 기억이 난다. 중앙교회 지하에서 화염병 만들고 부탄가스도 기억이 난다. 부탄가스를 솜을 감아서 하자고 했는데 하나도 안 터졌다.

· 그러면 당시 현장에서 싸움을 지도한 사람이 있었나?
조용희 지도한 사람은 없었다. 그때 우리가 중앙교회에서 할 때도 딱히 누가 뭐 한다기보다는 학교에서처럼 구심은 없었던 것 같다. 일사불란하게 누가 오더 내리고 체계 있게 하지도 않고 그냥 거기에서 모인 사람끼리 어떻게 하자 해서 진행되었던 것 같다. 실제 부탄가스도 조직적으로 됐다면 그런 행동이 나오지 않았을 것이다.

· 6월 17부터 본격적으로 시내 나가서 연와·연좌 시위하면서 본격적인 가두 투쟁을 전개하게 되는데 기억나는 것은

없는가?

조용희 사무실 같은 곳에서 빵이나 우유 같은 것을 던져주고
했는데 정확히 장소나 시간은 기억이 나지 않는다. 그때
연좌·연와시위가 많았다.

· 19일 이후 시내 투쟁이 격렬하게 진행되는데 기억나는
 것은 없는가?

조용희 매일 투석전하고 대치하고 도망가고 그런 상황이라
특별히 기억나는 것은 없는 것 같다. 처음 시작할 때는 같이
했는데 나중에는 다 흩어져서 여기저기서 싸우고 그랬던 것
같다. 흩어졌다가 애들이 모이면 다시 싸우고 서현교회에서
하다가 중앙교회로 이동하고, 그렇게 싸웠던 것 같다.

· 시내 나가면 주로 무슨 활동을 했는가?

조용희 우리는 실질적으로 조직 책임자여서 애들 꾸리는 것이
주요한 일이었던 것 같다. 86, 87학번들 챙기고. 내 기억에는
3학년 초 이후에는 전투조에서는 빠져 있었다. 1생에서는
85학번들이 전투조에서 빠져 있었던 것 같다. 85학번들이 거의
없었다. 팀을 책임질 85학번들이 없었다.

· 그러면 전투조 활동은 2학년 때가 주로 활동할 때인가?

조용희 나는 1학년 2학기 때였다.

· 전투조 훈련을 간 적이 있는가?

조용희 무등산에 한 번 간 것 같다. 84학번 농대 정정기
형님이던가? 그 형님이 뭔 자리를 맡고 있을 때였는데, 다른

기억보다는 형이 위에 올라가서 막 뭐라고 욕하고 그 기억이
제일 남는다. 뭐 때문이었는지는 모르는데…, 무등산 중머리재
어디쯤인 것 같은데.

· 정정기가 있었으면 1생 전투조만 간 것이 아닌가?
조용희 전체가 갔었다. 1생만 갔다면 정정기 형이 올 이유가 없다.

· 훈련 간 시기는 언제로 기억하는가?
조용희 통합 후로 기억한다. 통합 후에 86년 겨울 즈음에 간 것
같다. 그 전에는 전투조 숫자가 많지 않았다. 그런데 분리되고
한창 세 싸움이 심했다. 여기저기서 집회하면 전투조 많이
나오고 화염병이 많이 나와야 세 과시가 되지 않나. 내 기억에
그전에는 40명 정도밖에 안 됐다. 1생에 10여 명, 2생에 10여
명 안팎이고, 그리고 문화패 애들도 몇 명이 안 되고 단대는
화염병 던지는 전투조가 없었으니까. 그때 이후에 배 이상이
늘었다. 너도나도 꽃병잔치 할 정도로 엄청 숫자가 늘었다.
우리 과(경영학과)에 애들이 몇 명 있었다. 완식이, 광윤이, 나,
황토의 우형이, 고리, 영환이, 2생에 학봉이 등….

· 당시에 신정호가 1생만 지도했나? 그러면 2생 지도하던
  84학번은 누구였는가?
조용희 정호 형이 1생만 했던 것 같다. 그때 2생에 누가 있지
않았나? 2생에 그 형님이 있지 않았나? 병철이 형님이 2생에
있었던 것 같은데. 성호 형(주동렬?)과 전투조할 때 조이권
선배와 같이했던 분, 혹시 분이(이난이, 사대 84) 누나가 하지
않았나?

· 6월항쟁 이후 주로 했던 활동은 무엇인가?

조용희 서클에 있다가 2학기 때 선거팀에 결합했다. 그때 선거가 10월인가, 11월인가? 선거 캠프로 결합했다. 총학 선거에서 완욱이 형 팀의 선전팀(88년 총학생회장 최완욱 선거팀)에 결합해서 그쪽으로 갔다. 그때 82학번 지승희 형님도 선거팀에 있었다. 승희 형과 양인자가 유세문을 만들었다. 글 잘 쓰는 사람들이 유세문을 만들었고 우리들은 벽보나 선전물을 만들었다.

· 6월항쟁 당시에 학교에서 서클 사람들끼리 조직적으로 모여서 시내에 나가고 그렇게 활동했나?

조용희 그렇다. 집회가 딱히 몇 시에 끝난다는 보장이 없지 않은가. 그래서 막 하다가 다 해산돼서 학교 후문 쪽으로 모이면 후배들 자취방에서 자거나 학교 안에 모여서 자기도 하고 그랬다. 그리고 오전에 학교에 들어오면 선배들이 밥은 잘 챙겨주었다. 영호 형과 막둥이 형 등이.

· 87년 초에 서클에서 단대로 사람들을 많이 보냈나?

조용희 86년 말에 서클에서 사람들을 단대로 많이 보냈을 것이다. 그런데 정작 87년도에는 서클에 사람이 없었다. 우리 같은 경우만 해도 86학번을 사대에서 데려왔다. 여학생이 없어서 둘이나 사대에서 왔다. 그전 1~2학년 때는 서클에 애들이 많아서 공대나 인문대나 이런 곳으로 보냈는데 나중에는 서클에 사람이 없었다. 사조 같은 경우 사람이 우글우글해서 일환이, 영성이, 웅채, 화주 등 사람이 많았는데, 사람이 없어서 등룡이가 갔었다.

· 87년 6월항쟁 이후에 서클에 사람들이 많이 늘었나?

<u>조용희</u> 그즈음 6월항쟁이 지나고 다른 데는 어떤지 모르지만 우리 같은 경우는 87, 88학번이 가장 숫자가 많았다. 그러니까 소수정예가 아니라 구성원들이 다양하게 모여 있었다.

이제는 말할 수 있다 16

박형윤
자연대 86

· 87년도 당시에 어디서 활동했나?

박형윤 1학생회관 YMCA에서 활동하다 87년 초 자연대 전통과 학생회로 가서 과 학생회에 산하에 '독서토론회'라는 활동가 모임에서 활동했다. 전남대 학생운동은 학생회 활동을 강화하기 위하여 각 서클에서 활동하던 활동가들을 단대, 과 학생회로 보냈는데 그때 활동 공간을 변경하게 되었다.

· 87년 당시 자연대에서 활동했던 동지들을 기억하는가?

박형윤 학생회장은 김현석, 84학번으로 유영욱, 정석균, 김태중, 이휴숙, 85학번으로 나백주, 정정희, 이영운, 이지현, 86학번으로는 최성봉, 김용식(전통과), 조민건(해양학과), 김미라(물리학과, 나중에 투위로 활동). 당시에 87학번들이 상당히 많았던 것으로 기억한다.

· 87년 당시 자연대에 전투조가 있었나?

박형윤 당시 자연대에도 전투조가 있었다. 자연대, 사대, 공대가 중심이 되어 활동했다. 이후 비호라는 이름으로 오월대 산하 조직으로 발전했다. 조정호(전통과 85)가 전투조장으로 활동했던 것 같고 나백주(의예과 85), 최성봉(86), 김용식(전통과 86), 조민건(해양학과 86, 수련회 중에 사고로 사망) 등이 전투조로 활동하고 있었던 것으로 기억한다. 당시 자연대는 수학과, 화학과, 전통과, 의·치예대, 간호학과, 물리학과 등에서 많은 활동가가 활동하고 있었다.

· 다른 단대에서 활동한 전투조 성원 중 기억나는 사람들은 있는가?

_{박형윤} 공대는 조동옥, 진중화 등이고 사대는 박제천 외 다른 사람은 기억나지 않는다.

· 6월 당시 자연대 전투조는 어디에서 주로 활동했는가?
_{박형윤} 기억이 확실하게 나지는 않는데 중앙교회를 중심으로 한 금남로에서 인문대 전투조와 같이 활동했던 기억이 난다.

이제는 말할 수 있다   17

김봉룡
사회대 85

최미희
인문대 85

황현숙
사범대 85

정종완
사범대 84

심문희
사회대 87

조이권
사범대 84

박세종
사회대 84

최미희 6월 10일 6시가 되면 모두 호루라기를 불자는 것이 행동 지침이었다. 나는 아리랑 문화패 출신이다. 6월 10일 6시 못 돼서 5시 즈음에 나라서적 앞에 갔다. 나라서적과 충장로 우체국 앞에 웅성웅성하면서 서 있었다. 호루라기를 가지고 갔을 것이다. 6시가 되면 호루라기를 모두 불자는 행동 지침이 있었기 때문에 6시가 되어 모두가 함께 호루라기를 짝 부니까 시민들도 옆에서 박수해 주었던 것 같다. 그리고 골목, 다방 같은 데서 사람들이 내다보면서 손뼉을 쳤다. 그동안 우리가 가투를 나가면 도망가기 바쁜데 6월 10일 그날의 느낌은 희열감이 느껴졌다. 밤이 되면서 사람들이 모이기 시작하여 9시까지 그곳에서 거리시위를 했다.

황현숙 지역이 각각 따로 있어나 보다. 나는 주로 서현교회 쪽에 있었다.

심문희 나는 6월 10일은 널뛰기하던 것이 생각난다. 당시 축제 중이라서 시내에 나가는 사람들도 있었지만, 학생회 사람들은 용봉 대동제를 위해 학교에 남아 있었다.

박세종 우리 사회대는 6월 10일은 나를 제외하고 아무도 시내에 나가지 않았다. 사회대는 대동제 소품 정리하고 있었다. 당시 나는 광주극장 골목에 있었다. 중앙교회 뒷골목에서 거리 진출을 엿보고 있었다.

조이권 조흥은행 골목에 주력부대가 있었다. 경찰들이 계속해서 해산시키고 있어서 광주은행 사거리로 진출하지 못하고 서현교회 쪽으로 진출했다.

<u>김봉룡</u> 며칠이 지났는지는 모르겠는데, 지역적인 상황도 아니고 전국적인 상황이라서 전남대도 삭발식을 하고….

<u>정종완</u> 나는 삭발한 상태에서 교생실습을 갔다. 생생하게 기억나는 것이 있는데, 양복을 챙겨 입고 가야 하니까 넥타이를 맸는데, 삭발한 머리와 57kg 나가는 빼빼한 몸에 넥타이를 매고 양복을 입고 가니까 교무실에서 지도하는 선생님들이 완전히 경직되어 버렸다. 완전히 폭도가 나타난 것이었다. 사대부중으로 갔는데 교실에 들어가니까 학생들이 와 하면서 웃었다. 머리 빡빡이 선생님이 오는 것이 학생들은 좋은 것이다. 당시 부중의 분위기가 어땠냐 하면, 교생 지도선생님이 장환섭 선생님이었는데 그분이 박석무 선생님하고 고등학교 동창이라고 했다. 그 선생님과 같이 나갔다. 일단은 그분이 교생 지도교사니까 일과 중에는 못 가고 나와 최명길과 같이 간 것이다. 선생님과 6월항쟁 기간 동안에 시내에 같이 나갔던 게 기억이 난다

<u>김봉룡</u> 나도 머리 깎고 서현교회 한쪽에서 5시 넘으면 선동을 했다. 그러면 넥타이부대 수백 명이 몰려들어 밤이 되면 꽉 찬다. 그 상황을 보현이 형이 잘 알고 있다. 전경인가 의경인가 갔는데 최고 무서운 게 두드리는 것이라고, 최고로 무섭다고 그랬다. 우리가 가드레일을 두드렸다. 금남로 도청으로 가기 위해 우리의 전선은 항상 도청 앞이었다.

조이권 그렇게 밤늦게까지 싸웠던 이유는 무엇인가?

김봉룡 발단은 전두환이 왜 무고한 광주시민을
학살했는가였다. 민주주의를 요구하는 사람들을 경찰들이
87년 6월항쟁 이전에는, 형님들이 더 잘 아시지 않나,
우리가 유인물을 가지고 주택가에 살포했고 방림동도 많이
갔을 때 경찰들에게 잡힐까봐 두려움 속에서 활동했다.
우리가 30초 데모를 얼마나 많이 했나? 우리가 20대 초반에
얼마나 두려웠나? 최루탄 맞고 경찰들에게 쫓기면서
무엇 때문에 데모를 했겠는가? 이것이 인간다운 삶이라는
것을 배운 것이, 그런 것을 통해서 쭉 오다 보니까
민주헌법쟁취 국민운동본부가 만들어지고 6월항쟁이
시작되면서 이것이 예사롭지 않다는 생각에 전남대도
올인했다고 본다. 그래서 삭발식을 한 것이고….

황현숙 오더는 84학번들이 내렸다.

조이권 여러분들은 잘 모르겠지만 상황이 심각하다고 보고
84학번이 중심이 되어 전개했다. 인사대는 박홍산, 사대는
고광업 등 각 조직 책임자들인 4학년들이 전면에 나서게
되었다. 당시 4학년들 인원이 많아서, 3학년이 현장 지휘를
하면 4학년들 통제가 안 되기 때문에 현장 책임을
4학년들이 맡게 되었다. 화염병 운반에 대해 이야기해 보자.

최미희 6월 10일 나는 호루라기 불고 시민들과 같이 있었다.
시민들은 오후 6시가 되면 옹기종기 모여 학생들이 나오기를

기다리고 있었다. 그런데 전남대가 나오지 않자 당시 내가 총학
문화부에 있었는데 왜 학생들이 나오지 않느냐며 시민들이
전화를 하고 도대체 학생들이 지금 상황에서 술 마시고 먹고
놀 때냐며 항의했다. 축제 프로그램 중에 화염병 던지기가
있었는데 이를 통해 화풀이하고 성난 학생들이 굉장히
화를 내면서 이것이 전남대 학생들이 맞냐며 항의하기도
했다. 선배들 찾아가자고 한 학생들도 있었다. 나는 화염병
운반조였는데 택시를 타고 운반했다. 낮에 미리 운반하여
시내에서 대기하고 있었다.

<u>박세종</u> 그럼 누구한테 전달했나?

<u>최미희</u> 나는 주로 1생, 2생 애들한테 전달했다. 신정호(심리학과
84)에게 전달했다. 자연대 정정희는 고광업에게 전달했다.

<u>김봉룡</u> 6월항쟁 중반에 들어서서는 본격적인 시위가
시작되기 전에 외곽부터 경찰 병력을 타격하여 무장
해제하거나 파출소를 타격하여 병력을 분산시키고 시내
중심으로 진출했다. 12시 이전에 퇴각하여 오면 오전에는
화염병을 만들고 철근을 절단하고 그랬다. 후배들은
새벽 2시까지 시내에서 싸우고 들어왔다. 우리는 사회대
근방에서 그날 싸움을 준비하고 4시~5시경이 되면 시내로
나갔다.

<u>조이권</u> 몇 명 정도가 모여서 화염병과 철근을 절단하고 그랬나?

김봉룡 사회대 전 조직원이 참여했다. 사회대 뒤편에 모여서 준비했다.

황현숙 해마다 중간고사를 거부했다. 그런데 중간고사 거부를 하면 전체가 호응하는 것이 아니라 과 분위기에 따라 참여도가 달랐다. 87년도에는 중간고사 거부를 위해 과별로 총회를 개최했던 것 같다. 기존에 반대하던 학우들도 우리가 이야기하면 설득되고 거의 모든 학생, 90% 정도 학생들이 중간고사 거부에 동참했다. 그때부터 조직이 분열되었다가 다시 통합되면서 대중 속으로 들어가자고 하면서 펼쳤던 신입생 환영회 등 다양한 대중적인 활동이 과 단위에서 파급력이 있었다고 본다. 그래서 전과 달리 우리가 했던 이야기들이 대중 속으로 스며들고 파급되는 느낌이 들었다.

심문희 합격통지서를 받으러 간 날이 박종철 사망 시기와 겹쳤고 입학도 하기 전에 최루탄을 뒤집어쓰고는 했다. 고문에 의해 사람이 죽고 4·13호헌조치로 인해 도저히 견딜 수 없는 사회적인 분위기였다. 1학년 초반에 5월에 대해서 알게 되면서 자연스럽게 학생운동에 참여하게 됐다. 87년에는 1학년 전체가 시위에 참여하게 되었다고 본다. 새벽까지 시위를 하고 학교 주변에 가까운 과 친구 집에서 자곤 했다.

이제는 말할 수 있다   18

윤준서
사범대 84

고광업
사범대 84

정성일
사범대 85

유은숙
사범대 85

조이권
사범대 84

박세종
사회대 84

고광업 서클 쪽에서 모은 사람들의 역량들이 단대와 과 학생회로 오면서 그것이 모범이 되었다.

> **윤준서** 그동안에는 서클 식으로 했고 소규모로 했는데 대규모적으로 확장될 수 있었던 것은 그동안 쭉 억눌려 왔던 것이 폭발했고, 당시 구호였던 '호헌철폐, 독재타도'가 당시 국민의 가슴 속에 확 다가와서 이것만은 놓칠 수 없다는 공감대가 형성되었기 때문이었다. 그것을 주요한 구호로 채택할 수 있었던 것도 대중들이 바라보는 시선과 대중 투쟁을 어떻게 할 것인가 하는 고민들 속에서 나왔던 것이라고 생각한다. 그것을 놓치지 않았고 어느 시민이든 국민이든 공감하고 계속하니까 대규모 항쟁이 가능했다고 생각한다. 물론 그 구호 이전에 전두환, 노태우 정권에 억눌려 있으면서 말도 안 되는 일이 계속됐던 것이 국민들이 성원을 지속적으로 보내고 폭발됐던 같다.

정성일 전남대는 86년 12월 대중 투쟁에 대한 학습을 지속적으로 했던 것 같다, 86년 겨울로 생각된다. 그러면서 우리가 단대 동아리를 다 해체했다. 단대 동아리를 해체하면서 학회로 들어갔다. 87년 6월투쟁을 할 수 있는 조건을 86년도에 마련했던 것이다. 그리고 또 한 가지는 4·13호헌조치로 인해 적과 싸워서 무엇을 쟁취한다는 생각과 제도개선을 통해서 새로운 정부를 수립하고 민주주의를 정착시켜야 한다는 생각을 가지게 되었다. 전두환은 물러가겠다고 약속했고 국민은 억압 속에서도 참고 있었는데 그것을 다시 뒤집으려고 하니까 이는 헌법적인 쿠데타인 것이고, 법률적인 약속을 지키라고 하는 점도 국민에게 설득력을 가지고 있었다.

조이권 6월항쟁의 가장 주요한 정신이 직접민주주의
정신이라 이야기하는데 현대사회에서도 직접민주주의라는
것이 사실 상당한 중요한 측면이 있고, 최근에
대의민주주의가 갖는 분명한 한계가 드러나므로
대의민주주의 요소를 줄이고 직접민주주의 요소를
확장시킴으로써 민주주의를 발전시키는 방향을 잡아야
한다는 논의가 상당히 진행되고 있다. 대표적인 것으로
국회의원 중간평가와 대통령에 중간평가, 국민소환제도
등이 이야기되는데 이런 측면에 대한 견해와 6월항쟁에
대한 직접민주주의 요소에 대한 생각은?

정성일 국민이 직접 대통령을 뽑는 것은 민주주의 발전 단계
중 초기 단계라고 본다. 대통령을 직접 선출한다는 것과,
지금 의회주의 맹점을 이야기했는데, 다수결 원칙은 어쩌면
독점이다. 서구 같은 곳을 보면 각 부분별 비례대표제가
발달해서 다수의 의견을 반영하고 있는데, 그 당시 우리는
원초적인 수준인 대통령을 우리 손으로 뽑겠다는 것이
발전하여 지금은 지방분권으로 나아가고 있는 것이다. 가장
핵심적인 것은 12월에 대통령 선거가 있었던 것이 국민에게는
더욱 중요했다고 생각한다. 현대사회의 직접민주주의에 대한
생각은? 요즘에 협동조합이나 사회적 기업, 다양한 형태의
주민 참여가 나타나고 있는데 교육 분야에서도 마찬가지인 것
같다. 학교라는 고유한 구조가 있다면 요즘에는 지역사회와
함께하는 구조로 넘어가고 있다. 그것 또한 주민과 함께하는

직접민주주의라는 측면에서, 우리 생활 속에서 주요한 문제를 찾아내고 주민들의 의견으로 모아져서 정책으로 반영되는 측면으로 발전해가는 것이 직접민주주의 토대가 되는 것이지만, 현재 의회민주주의는 다수의 독점으로⋯.

고광업 6월항쟁 이후 주민 발의나 주민 소환, 중간 평가, 그리고 또 하나 중요한 것이 광장민주주의가 아닌가 생각한다. 국민이 의사를 광장에서 표출하고 광장을 통하여 발산하고 광장을 통하여 자기 요구를 발현하고 수많은 사람들이 결합되어 용광로처럼⋯, 이런 것이 과거에서 지금으로 이어졌다고 봐야 한다. 6월항쟁이 광장민주주의의 뿌리와 토대가 되어 꽃을 피운 것이 광우병 시위와 촛불혁명이다. 매우 긍정적으로 생각한다.

정성일 덴마크는 정기국회가 끝나면 정치 축제가 펼쳐진다. 총리도 가서 정치 의견을 발표하고 의원들도 부스를 만들어 발표한다. 우리가 만들어가는 지역사회의 축제 문화가 지금까지 대중문화 상품화로 전락해 버린 축제에서 지역사회 역사와 문화를 담보하는 정치 축제처럼 내용성이 확실히 있으면 좋겠다. 지역 문화와 역사성을 담보하는 축제가 되어야 하는데 대중가수 불러다가 지역 특산품 몇 개 팔고 하는 축제로 끝나버리는 축제를 대중정치문화 축제로 승화 발전시켜나가는 것이 필요하다. 과거 정치 권력에 의해서 80년대 대학생 문화를 왜곡시키려고 했던 것처럼 지금의 지역 문화가 그렇게 흘러가고 있는 것을 바꾸어가는 것도 필요하다고 본다.

· 전투조 훈련은 언제, 어떻게 진행됐는가?

정성일 남자들만 갔다. 전투조만 갔는데 시기는 정확하게 기억나지 않지만 1월 초 무렵에 우리 사대 팀은 무등산 시계탑에서 모여 담양 독수정까지 걸어서 갔다가 1박을 하고 망월묘지를 거쳐서 광주역으로 들어왔다. 사대 전체적으로 갔고, 전투조 훈련은 무등산에서 두 번 했던 것 같다.

조이권, 박세종 소대, 중대별로 모여서 밤에 무등산에 가서 훈련했다. 1월 말에서 2월 초로 기억하고 있는데 86학번들은 5월 말로 기억하고 있다. 각자의 기억은 어떠한가? 통합하고 나서 전체 전투조가 참여해서 1월 초에 무등산에서 각목과 최루탄을 터트리고 하면서 훈련했다.

고광엽 나는 산에 간 것은 기억하는데.

조이권 5월 전투조 훈련은 기억나지 않는다.

정성일 단대별 그리고 서클 쪽이 따로따로 갔을까? 나는 몇 차례 갔던 것 같다.

고광엽 투쟁 시간이 길어지고 밤이 깊어지면 사복경찰들이 대열 속에 숨어들어와 학생으로 위장하여 있다가 대열이 흩어지면 시민들을 낚아채 가는 식으로 연행했다. 당시 상황은 6.25와 같은 상황이었다. 이는 시민들도 알고 있었다.

· 중앙교회를 중심으로 하는 시민모임에 대한 기억은 있는가?

고광엽 6월 20일경에 중앙교회 지하식당에서 학생지도부 모임이 있었다. 박흥산, 신정호, 종현 등 대여섯 명이 모였다. 전남대 중심으로 모였다. 학교에서 화염병을 만들어서 중앙교회 지하에 집결하여 각 구역으로 분배했다.

• 어디로 화염병을 분배했는가?

고광엽 잘 모르겠다.

조이권, 박세종 사대, 자연대 중심이 되어 서현교회에서 싸웠다. 동아리는 원각사 방면에서 싸웠다. 중앙교회 앞 금남로에서는 인문대, 경영대, 농대가 중심이 되어 싸웠다.

고광엽 유동 사거리에서 금남로 방향은 인사대, 농대, 경영대가 담당했다. 당시 주요한 회의가 있어서 모였는데 우리만 모인 것이 아니라 일반 시민단체 또는 룸펜 시민들도 참여했다.

조이권 시민 전투조 이름은 '시모'라고 불렀다. 당시 밀짚모자를 쓴 청년이 "시모야, 모여라" 하면 다 모였다.

고광엽 아니다. 우리가 알기로는 '김밥조'라고 불렀다. 당시 10여 명 정도로 기억한다. 시민들도 화염병을 달라면서 함께 싸우자고 제안했다. 화염병 만드는 법을 알려 주기도 했다. 그리고 그들이 원각사 2층에 올라가 화염병을 던지고 하던 기억이 새롭게 난다.

• 화염병 운반은 누가 했나? 정정희(자연대, 난주)도 했다고 하는데.

고광엽 화염병 운반은 정정희, 사범대 희선(유아교육과), 최선희(국사교육과) 등이 가방에 화염병을 담아서 버스를 타고 중앙교회로 운반하여 풀어 놓으면 우리가 화염병을 투척했다.

• 유인물 배포는 어떻게 했는가?

고광엽, 유은숙 유인물은 여학생들이 운반하여 선전 활동을 했다.

박세종 여학생들이 3개 분야로 조를 나누어 활동했다고 한다. 여학생들은 전투조 지원조, 선전조, 모금함을 들고 시민들

속에서 모금함을 들고 모금 활동도 했다.
고광업 당시 이러한 활동이 조직적으로 이루어지기보다는
상황이 전개되면 유동적으로 조직하여 활동했다.

· 사전에 조직적인 편제를 하고 진행하지 않았는가?
고광업 미리 편제는 하지 않은 것으로 안다.
조이권, 박세종 김원중의 증언에 따르면 아침 일찍 유인물을
제작하여 월산동 주변에 유인물을 살포하고 오후에는
이를 대자보로 제작하여 시내에 부치는 것이 주요한 홍보
활동이었다고 한다.

· 잠은 어디서 잤는가?
고광업 새벽에 싸움이 끝나면 1~2시에 학교로 돌아와
여학생실이나 학생회실에서 잠을 잤다. 일반적인 진행 상황은
6시경 시내에서 대열을 이루고 8시 이후 시민들이 퇴근하고
대열에 동참하면 본격적인 싸움이 시작됐다. 그리고 11~12시
정도에 대열이 흩어지면 나머지 대열들이 외곽으로 나와 월산동
방면으로 가서 월산동 파출소 등을 타격하는 산발적인 시위가
새벽까지 진행됐다.

· 아침에는 주로 무엇을 했는가?
고광업 아침에는 주로 회의하고 화염병을 제작했다. 화염병
제작을 대중에게 공개했고 대중들과 함께 1학생회관 로비에서
만들었다.
박세종 공개적으로 화염병을 제작한 것은 20일 이후부터다. 그
전에는 여학생들이 중심이 되어 서클룸에서 만들어 제공했다.

고광업 화염병 제작도 공개하고 대중과 함께 소주병을 구입하여
함께 만들었다.
윤준서 당시 등사는 사대 국문과 예영(일산으로 교사 발령.
본명은 모름)이라는 친구가 타자를 잘 쳐서 유인물을 만들었다.
타자를 치면 글자로만 나가니까 사진을 넣기 위해 중간을
남겨놓고 고무도장을 만들어 판화 형식으로 찍어서 유인물을
발행하기도 했다.

정성일 박관현 열사 관이 정문에서 들어오자 백골단이 관을
탈취하려고 치고 들어와 밤을 새워서 지켰던 기억이 있다.
후문을 통해 망월동으로 가려고 시위했다. 후문 쪽에서 한
사람이 눈에 직격탄을 맞았고(사대 물리과), 나는 크게 다쳐서
마흔여덟 바늘을 꿰맸는데 지금 함몰되어 있다. 87년 12월
박관현 열사 이장할 때 영광에서 학교로 들어와서 노제를
지내고 이장할 때 그때 김○○(의대 85)라고 있었는데 전남대
병원에서 누워서 함께 치료받았다.
고광업 부상 원상회복, 책임자 물러나라 등을 요구하며 학교를
돌면서 시위하고 정문으로 진출하여 시위했다. 경찰들은 막지
않았다. 87년 6월 이후 상황이라 경찰들이 막지 않은 것 같다.
정성일 그 친구는 정문 쪽에서 맞은 사과탄 파편 때문에 눈 실명
위기가 있었다. 나는 SY-40에 직격으로 맞아 쓰러졌다. 이한열
열사는 이마 정중앙에 맞고 사망했는데 나는 눈언저리에 맞아
다행이었다. 최루탄 부상자회에 등록하여 치료비는 받았다.
지금까지 20년 가더라. 지금까지도 그 후유증이 남아 있다.
고광업 일반 시민들이 전남대 운동권을 보호하는 방법이 몇
가지 있었는데 차량 시위, 음료 지원, 김밥 지원은 기본이었다.

쇠파이프와 화염병을 들고 전경들과 마주칠 때 시민들이
에워싸고 있으면서 전경들이 잡으려고 오면 시민들이 중간에
막아 잡히지 않게 했다.
정성일 우리가 시내 나갈 때 반드시 양동시장이나 시민들이 있는
곳에 유인물을 나눠주고 가두 유세 하듯이 선동 활동을 하고
나서 중심 가두시위 대열을 형성하곤 했다.

· 그때 당시 홍보 내용은 무엇이었는가?
정성일 5·18 홍보와 당시 호헌철폐, 박종철을 살려내라, 4·13
호헌철폐 싸움에 대한 당위성을 홍보했다. 그러고 나면
시민들의 박수와 빵과 우유가 나왔다. 그것을 먹으면서 우리가
집에 들어가지 않고 싸웠던 것 같다.

· 시민들이 적극적으로 나섰던 이유가 무엇이었다고
 생각하는가?
정성일 80년 5·18항쟁 이후 억눌려 있던 시민들이 서서히
극복해 나왔던 과정이라고 본다. 전두환 정권이 끝나가는
시점에서 새로운 정부에 대한 바람도 있었을 텐데 학생운동이
활발하게 움직이면서 뭔가 우리가 싸워보자는 것이 지지로
나타났다. 당시 숨죽이고 있던 시민들은 학생들이 치고
나오니까 지지 박수를 보냈다. 광주의 고립적인 싸움이 아니라
전국적인 싸움이었다.
고광업 대외적으로는 박종철, 이한열 사망 이후 싸움이
전국적으로 진행되었고, 대내적으로 학생운동이 조직적으로
참여하면서 시민들이 호응했던 것이다. 두 가지 조건이 잘
맞아떨어졌던 것이 요인이라고 본다.

유은숙 이한열 열사의 죽음이 시민들의 분노를 자극했고 우리만의 고립적인 투쟁이 아니라 전국적인 투쟁이라는 인식이 대중들에게 자신감을 주었던 같다.

고광업 대규모 시위도 중요하지만 다양한 소규모 투쟁이 잘 진행됐다. 예를 들면 버스에 올라타 버스 안에서 선전전을 전개했고 사람들이 모이는 장소에서도 선전전을 전개했는데 이런 것들이 모여 시민들이 적극 나서게 하는 계기를 만들었다.

· 선전 내용은 무엇이었나?

고광업 5·18 보상 문제, 지금 아니면 전두환 정권을 몰아낼 수 없다, 지금이 절호의 기회다 등을 보통 10분 정도 연설했다.

고광업 시민들도 많이 결합했다. 시민들이 박수해 주고 반응이 좋았다. 학생들이 말이 옳다면서 분위기가 좋았다. 대내외적인 조건이 좋아지면서 학생들이 유인물도 배포하고 몰려다니면서 조직적으로 대응하다 보니까 그런 모습들이 시민들에게 좋은 인상을 남겼다고 본다.

· 6월항쟁의 의미를 한마디로 정리한다면, 6월항쟁 정신은 무엇이라고 생각하는가?

고광업 좀 어려운 말인데 어떻게 보면 민중항쟁이라고 볼 수 있다. 지금까지 몇몇 사람들의 싸움이 아니라 5·18항쟁 이후 싸움이 지속적으로 이어져 오면서 광주시민들의 누적된 분노가 민중항쟁으로 이어지고 그 항쟁이 지방에서 전국적으로 확대되고, 이러한 과정들이 민중항쟁이라고 생각한다. 소규모적인 투쟁도 아니고 지방적인 투쟁도···.

유은숙 전 국민적인 대중 항쟁이다. 그동안은 의식화된 사람들

중심으로 많이 싸웠다면 6월이 되면서는 조직화된 사람뿐만
아니라 일반 시민들까지 참여하여 다 같이 싸웠다는 것이
의미를 가지는 것 같다.

· 흔히 직선개헌 쟁취 이런 것으로 인해 6·29 이후 싸움이
 소강상태로 접어들었다는 측면에서 보면 직선제 쟁취가
 주요한 이슈라고 봐야 한다는 데 이에 대한 생각은?
유은숙 6월항쟁으로 끝나지 않았고, 내가 중요하다고 생각하는
것은 7~8월 노동자 대투쟁이었다. 6월항쟁이라는 한 번의 승리
경험이 있었기 때문에 노동자들도 7~8월에 노동조합운동이
일어나지 않았나. 물론 직선제로 인해 나중에 싸움이
유야무야된 문제는 있었지만, 정말 큰 성과는 노동자들의
대투쟁이 일어나면서 학생운동 중심에서 일반 노동자, 농민들의
대중적인 운동으로 번져 나갔다는 것이 가장 큰 성과로 본다.

· 그 이후 대통령 선거에서 패배하고 노태우 당선으로 인해
 상당히 보수적으로 되고 이후에 87년 말, 90년도 초에
 분신정국이라는 어려운 국면을 맞이하게 되는데, 그런
 측면에서 보면 6월항쟁이 승리한 항쟁은 아니라고 보는
 사람들이 있다. 그런 측면에서는 어떻게 생각하는가?
유은숙 그것은 승리하지 못한 싸움은 아닌 것 같다. 그 경험이
학생운동 중심의 운동이 아니라 노동자, 농민들로 운동의
저변이 확산되어 갔다는 점에서….
조이권 그때 전교조뿐만 아니라, 그동안에는 민교협 등….
정성일 민교협, Y교협 이렇게 되어 있었다.
박세종 86년 5월 10일, 그분들이 교육민주화선언을 하고

전교조 결성에 들어가 윤영규 선생님 등 핵심적인 분들이 다 도서벽지로 발령 나서 그것에 항의하고 못 간다고 싸웠다. 그렇게 버티니까 정직, 해임 등으로 강경하게 나와 56명인가가 해임을 당했다. 당시는 전교조가 아니라 전교협이었다.

유은숙 그때 우리가 사대에 있지 않았나. 발령 투쟁하면서 다른 단대에 비해서 대중 투쟁이 많이 벌어졌다. 발령이 안 났다. 발령 투쟁하면서 사대에서는 많은 대중 투쟁이 있었다. 전남대만 한 것이 아니라 강원도 어디까지 갔다. '전사련'이라고 사대 운동하는 사람들이 모여서 주축이 되어 했다. 88년도로 이어지면서 참교육 운동이 활성화되었다.

· 민중운동의 확대 발전의 전환점을 6월항쟁으로 본다는 것인가?

유은숙 그때 빈민운동이나 이러한 운동이 활성화됐다.

윤준서 왜 6월항쟁이 대중적인 싸움으로 됐을까?

유은숙 그때는 5월투쟁, 85학번까지만 해도 우리가 비합적인 투쟁을 많이 하지 않았나. 그 당시 오르그(조직)라고 우리끼리 공부하고 우리끼리 싸움하고 그랬는데 이제 노선이 바뀌면서 학생운동 중심으로 대중적인 운동을 해야 한다면서 운동의 변화가 많았다, 학교 안에서.

조이권 당시 총학생회의 기치가 '대중으로부터 대중에게로'가 구호였다. 학생회가 활성화된 것이 87년 초부터다.

유은숙 87년 초부터 모든 사람이 학생회로 들어갔다. 공식적인 직함을 가지고 학생회로 들어갔다. 일반 학생들도 참여하면서 숫자가 확 늘었다. 그 힘으로 우리가 가두시위에 나가면서 많은 시민이 참여했던 것이 컸던 것 같다.

· 학생 대중조직 하면서 그때 자신감이 있었나?
유은숙 올바른 노선이었던 같다.

· 어떤 활동을 주로 했는가? 기존에는 어떻게 활동했는가?
유은숙 그전에는 우리끼리 수업도 안 들어가고 어디 골방에서
모여서 공부하고 토론하고 그랬다. 대중적인 활동은 거의 안
하고 우리끼리 모여서 공부하고 토론하고 가두시위 나가고 그런
활동이 주였다. 그랬는데 학생회 참여하면서 학생회 차원에서
학회 같은 것도 많이 열었다. 학회 단위의 세미나 같은 것도 많이
열렸고 각 단대별 편집실도 활성화됐고 학생회가 활성화되면서
많은 사람이 학생회로 많이 들어 왔다.

· 학생회 조직은 어떻게 만들어지고 어떻게 활동했나?
유은숙 그때 단대 학생회 대표는 선거했다. 그리고 과 학생회
만들고 단대 학생회를 만들고 하면서 학생회 중심으로
들어갔다.

· 학생회 내에서 어떤 활동을 했는가?
유은숙 과 세미나도 하고 학년별로 모여서 공부도 했다. 우리
학번들이 모여서 공부도 하고 그랬다.
정성일 사대에서는 과별로 학생회실을 만들었다. 학생회
도서도….

· 그전에는 학생회 실이 없었나?
정성일 그전에도 있긴 했지만 몇 과 없었다. 그런데 모든 과에
생기게 되고 학회실을 중심으로 모임을 만들고 공부도 하고

토론도 하면서 결속력이 강화됐다. 그 유대 의식이 단대
구조로 모이고, 그전에는 오픈 구조와 비합법 구조가 별도로
굴러가던 것이 오픈 구조로 하나로 만들어지면서 공개적인
활동 영역이 넓혀진 거다.

· 단과별로 움직이는 그 근거가 학생회 조직이었다는 것이다.
  학생회에서 활동한 사람들이 몇 % 정도 되었는가?
정성일 활동한 사람들은 약 30% 정도.

· 30% 정도면 상당히 많은 숫자인데?
정성일 상당히 많은 숫자다.

· 그러면 가두시위 나가면 몇 % 정도 참여했는가?
정성일 6월항쟁 같은 경우는 과별로 총회를 했다. 사대는 과별로
총회를 하고 단대로 집결하여 나갔다.
유은숙 단대별로 모여서 사전집회하고 5·18광장으로 모였다.
그전에는 한꺼번에 광장에 모였는데 단대별로 사전에 집회를
하고 그다음에 모였다.

· 그러면 과 학생회장이 모든 것, 집회방법이나 내용을
  총지휘하는 역할을 하는 시스템이었나? 그러면 과
  학생회장이 상당한 주요한 역할을 했나?
정성일 과 회장들도 열심히 참여했지만 그러지 못한 과들도
소규모 모임을 중심으로 적극적으로 참여했다.

· 사범대 학생회에서 가장 많이 모였을 때는 어느 정도였나?

유은숙 그때 우리 사범대 숫자가 2,000명 정도 되나?

정성일 아니, 3,500명이었다.

유은숙 우리가 그때 미술대 앞인가, 예술대 앞인가에 모이지 않았나? 교양학부 앞에서 모였나? 아니 다른 곳인가?

고광업 6월항쟁 때는 500명 정도 모였을 거다. 6월항쟁 끝나고는 1,000여 명 정도가 모였다.

조이권 3,500명 중에서 500명 정도 모였다.

고광업 당시에는 모든 활동 방식이 공개적이고 대중적인 방식으로 활발하게 묶어냈다. 그전에는 운동권 학생들이 학습하다가 결의하고 나갔다면 6월항쟁 기간에는 학생회 차원에서 총회를 하고 모든 사업을 공개적으로 풀어나가고 학회나 학생회가 자발적으로 풀어나가다 보니까 학생들이 공개적인 활동 방식에 익숙하게 되고 과 학생회 총회도 했다.

이제는 말할 수 있다   19

백경철
인문대 87

안평환
인문대 87

손종국
경영대 87

안태선
공대 87

백경철 우리는 1학기 때는 테니스 치고 공부하러 다녔다. 여자애들하고 술 먹고 다니고.
손종국 나는 1학년 때는 고시 공부하느라고.
안평환 그래, 종국이 너는 그때 공부 좀 했지.
손종국 그때는 그랬다.

· 당시 소속된 조직이나 단체는 어디였나?
백경철 독어독문학과 1학년이었다.

· 그러면 조정신이 선배였나?
안평환 그때 정신이 형은 동아리 활동을 하였다.
백경철 독문학과 편집부가 있었다. 아니 그건 2학년 때다.
안평환 1학년 때 독문학과는 후배를 이끌어줄 선배가 없었다. 어디에 소속되어 있지 않았다.
손종국 1학년 때는 방치였다. 1학년 때는 선배가 없었다.
백경철 선배가 아무도 없었다.
안태선 나는 독서토론 써클인 독서사랑방에 들어가 책 읽고 토론하고 그랬다. 주로 사회과학 서적을 중심으로 토론하고 그랬다.

· 그러면 활동을 어떻게 했는가?
안평환 우리는 자생적인 조직이었다. 당시 조직에서 오더를 받아서 활동한 것은 아니었다.
백경철 우리는 학생회에 학회라고 있었는데 학회의 공식 활동하고 공부하고 그랬다. 6·10항쟁 과정에서 김승남 형이 제일 많이 기억나는데 자발적으로 집회에 참여하고 그랬다.

누가 어떻게 하자고 한 것이 아니라 방송에서 듣고 대자보 보고 그야말로 우리는 일반 학우였다.

안평환 나도 그 당시 인문사회과학대학 독어독문학과 1학년 재학 중이었고, 그때는 학과 공부에 관심이 많았다. 그러던 어느 멋진 봄날에 학교에 전경들이 치고 들어오는 것을 보면서 분노가 치밀었다. 평화로운 교정에 전경들이 치고 들어오는 것을 보면서 "왜 전경들은 나의 평화를 깨는가?" 얼마나 성질이 났는지 짱돌을 들고 전경들에게 던졌는데, 그 작은 행동이 현재의 나를 만들고 말았다.

· 당시 독문과에 선배들이 한 명도 없었나?
안평환 편집실에 미경이라고 85학번이 한 명 있었는데, 무슨 미경이었지?
백경철 김미경.
안평환 지금 독일에서 가서 사는지 모르겠는데, 그 외는 없었다.
백경철 공근이와 진호(꾀돌이) 등 몇 명은 편집실로 잡혀가서 편집부에서 활동했다. 인사대 편집부에 얼굴 까만 누나 누구지?

· 송소연을 말하는 것 같다.
백경철 그 누나가 3학년이고 우리가 1학년이었는데 공근이 형과 우리가 친해서 편집실에 놀러가곤 했다. 자기들끼리 얘기하는데 우리는….
안평환 공근이 형 영향이 컸다. 공근이 형이 편집실에서 학습했던 이야기를 우리에게 했었고 형이 배운 농민가 등을 가르쳐줬다. 공근이 형이 홍익대도 다니고 호대도 다녔다. 데모 노래를 가르쳐주니까 우리는 술 먹고 배웠다. 그래서 공부 모임인

'골빈당'을 만들었다. 9명이 모여서 '골찬당'으로 발전시키자며 공부 모임을 하곤 했다.

백경철 우리 때는 서클에 있던 사람들은 대부분 선배의 지도로 활동을 했겠지만, 우리처럼 시위에 참여한 사람들은 자생적으로 참여했다. '저 사람들은 데모하는데 우리만 돌아가는 것이 그렇다'라는 도덕적인 인식이 생기면서 처음에는 주변에서 구경하다가 그다음에는 돌도 던져보고 그다음에는 전경들이 달려들면 욕도 했다. 그러면서 조금씩 하다가 6·10이 가까워지면서는 시내도 나갔다. 우리는 오더를 받고 나가는 것이 아니어서 공식적인 행사나 지라시를 보고 가두시위에 참여했다. 그러면서 많이 자각하게 되고 행동하면서 뭔가 있겠다 싶었고, 고등학교에 다니면서 배웠던 것과 다른 내용을 알게 되면서 공부를 해봐야겠다고 생각했는데 조정신 형이 1학년 2학기 때 공부 좀 해보자고 제안해서 "그래, 한번 해봅시다"하고 시작하게 됐다.

- 6월항쟁이 끝나고 조정신도 과 사업을 위해 서클에서 과로 가서 과 학생회장에 출마하고 그랬다고 한다.

안평환 정신이 형이 학생회장을 하려고 과로 왔었다. 비밀 학생회를 만든다고 온 거다. 나중에 들었는데 서클에 있었던 선진 활동가들이 비밀 학생회를 만들기 위해서 과로 왔다고 한다. 그때 정신이 형도 들어왔다. 우리 같은 경우는 그 시기에 꿈에 빠져버렸다.

백경철 신이 형이 회장을 하고 평환이가 부회장으로 출마했다.

안평환 정신이 형이 지지기반이 없어서 정신 형 혼자서는 거의 떨어지는 분위기였다.

백경철 지지기반이 아무도 없었지. 평환이는.

· 조정신의 증언에 의하면 과 학생회장으로 출마를 했는데
  상당한 고전을 치렀다고 증언한다,

안평환 정신이 형은 나 때문에 회장이 됐다. 하하.

백경철 평환이와 우리가 그때 84학번, 85학번들과 친했다.
형들과 막걸리 먹고 시위에 참여하고 그랬다. 평환이와
공근이가 지지기반이 좋았다. 그래서 평환이를 부회장 세웠다.
그때 경선을 했는데 평환이가 저쪽으로 가버리면 우리가 지는
분위기였다. 만일 평환이가 저쪽으로 가버렸다면 정신이 형은
쪽박 찼다. 우리 입장으로는 6·10이라는 것이, 일반 학우들이
시위에 참여했던 것처럼 지나가다 최루탄 떨어지면 저 사람들은
최루탄을 맞는데 나는 도망가면 다음에 양심의 가책을 받겠다는
생각, 조금 지나면 전경들이 교내에 들어오니까 돌도 한번
던져보고 하면서 조금씩 변해갔던 것 같다.

안평환 승남이 형이 총학생회장 때 "저 간악한 군부독재"라고
말한 것, 그것밖에 생각이 안 난다.

손종국 너는 혹시 그것만 이해한 것 아니냐?

안태선 그때 투위도 있었을 걸?

· 당시에 '구학투'(반외세 반독재 구국학생투쟁위원회)가
  활동했고, 5월이 되어 '오투위'가 활동했다. '구학투'가 제일
  고생을 많이 했다.

백경철 우리 1학년 때는 학교에 전경들이 들어왔던 것 같은데
그래서 인문대까지 들어오고 그랬다. 유리 창문에도 쏘고
강의실에도 최루탄이 터지고 그랬었다.

안평환 잔디밭에 있었는데 전경들이 들어오곤 했다.

· 5월 초에 전경들이 본격적으로 학내로 진입하여 시위를 진압하고 그랬었다.

안태선 1학년 때, 5월경으로 기억하는데 당시에는 '독서사랑방' 서클에 가입해서 활동하고 있었다. 어느 날 오후에 북구청 앞 '바다스넥'에서 고등학교 친구들과 밥을 먹고 있었는데, 밖에서 갑자기 데모하는 소리가 들려서 옥상에 올라가 데모를 구경하고 있었다. 그때 데모는 중흥파출소를 타격하고 시위대가 학교로 들어가는 상황이었다. 사복과 전경들이 쫓아가고 있었고, 지금도 선명하게 기억나는 건 서클 선배인 갑석이 형과 정신이 형이 있었다. 물론 다른 선배들도 있었겠지만 아는 사람이 없는지라….

이런 상황에서 친구 세 명이 옥상에서 데모 구경하고 있는데, 갑자기 바다스넥 건물을 전경들이 둘러싸고 우리를 연행해서 봉고차에 태웠다. 엄청 구타하면서 고개를 숙이라고 하고, 어디론가 끌고 가는데 그 순간 너무너무 살 떨리게 무서웠다. 순간 박종철 열사처럼 끌려가서 죽는 게 아닐까 하는 생각도 했다.

나중에 알고 보니, 서부경찰서에 연행됐고 서부경찰서에 와서도 정말 많이 두들겨 맞았다. 그날 전경들이 시위대를 쫓아 학교로 들어갔다. 경영대 뒤까지 가서 술 먹고 있던 한 사람을 연행해왔는데, 누구냐 하면 지금은 고인이 된 유석 선배를 연행해왔다. 얼굴이 만신창이가 돼서 끌려온 사람, 그 사람이 나중에 내 학생운동의 멘토였던 유석 선배였다. 유석 선배가 경찰서에 연행되고 나서 우리들의 구타는 끝났다. 유석 선배의 말재주와 능청스러움에 경찰과 전경들이 혀를 내둘렀다고 할까, 반전이 생긴 거였다. 유석 선배 덕분에 화장실에 데려간 전경의 용인하에 옛날 대학생 가방에 들어있던 최루탄 묻은 손수건이랑 시위 용품을 화장실에 버리고 그랬던 것이 기억난다. 또 가방에 『철학에세이』 같은 책과 마스크가 있으니까 조사받으면서 "학습 뭐 했냐"고 취조당했던 기억도 난다.

그리고 하룻밤 조사를 받고 나왔는데 경찰들이 우리를 '레포(연락책)'로 오인해서 연행한 것이었다. 정말 아무것도 모르는 대학 신입생들을….

그날 연행된 셋 중에 순진하게도 탈반 친구 용일이만 데모했다고 해서 구류 살고, 나는 절대 데모는 안 했다고 우기고 다른 친구는 데모한 적이 없던 친구라 둘은 훈방되고 나왔다.

훈방 조치되면서 서부경찰서를 내려오는데, 경찰의 하는 짓거리에 너무 열 받아서 "내가 데모를 안 하는가 봐라" 하면서 나왔다.

<u>백경철</u> 87년 4월에서 5월에는 학교에서 수업이 정상적으로 진행되지 않았다.

<u>안태선</u> 5월 되면서 거의 수업이 진행되지 않은 것으로 기억한다. 당시 '독서사랑방'에서 주로 활동했는데, 내가 공대 기계과라서 쉬는 시간에 과 애들을 상대로 왜 데모해야 하는지에 대해서 열심히 선동하고 그랬다. 5월에는 공대에서도 깃발이 나오고 그랬던 같다. 그래서 3천 명 정도 모였다. 6월항쟁에서 기억나는 것은 당시 활동하던 '독서사랑방'에서 활동하기보다 과에서 많이 활동했던 기억이 난다. 그래서 갑석이 형이 "너는 왜 서클에는 나오지 않고 어디 가서 노냐"고 말하곤 했다. 그리고 6월에 내가 크게 느꼈던 일이 있다. 경찰들이 정문이나 후문을

계속 막고 있었는데 어느 순간에 정문에 경찰이 없는 거다. 그래서 전남대 정문에서 그대로 금남로 자동차보험 건물 앞까지 친구들하고 시위에 참석했던 것이 기억난다. 6·10 대회 이후 같은데, 고등학교 친구들, 데모를 한 번도 참가 안 했던 친구들인데 그 애들도 함께 참여했다. 같이 가자고 해서. 그런데 경찰들이 막지 않으니까 시내까지 나간 거다. 그리고 도로에 누워서 "호헌철폐, 독재타도"를 외치고 '우리의 소원은 통일'을 부르면서 눈물이 나고 그랬던 같다. 아! 이런 날도 있구나 하면서.

백경철 처음에는 학교에서 하다가 우리도 시내로 한 번씩 나갔는데 그러다가 시내에 자주 나갔다. 그때 시민들도 엄청 많이 참가했다. 시민들 숫자가 더 많으니 시위에 주도적으로 참여한 사람이 아닌 사람들도 참여하고 저녁 늦게까지 하고 그랬다. 시내에서 시위에 늦게까지 참여하고 당시 집이 후문 근처였는데 시내에서 집까지 걸어오곤 했다. 그런데 학생들은 남아서 계속 시위를 하곤 했다. 6·29선언이 나기까지 그렇게 계속됐던 것 같다.

안태선 5월에 잠시 시위가 주춤했다가 명동성당, 그리고 이한열 열사 사건이 터지면서 전국적인 거점 집회가 주말마다 있었다.

안평환 매일 하지 않았나?

· 전국적인 집회가 6월 10일, 6월 18일, 6월 26일 이렇게 있었다.

백경철, 안태선 6월 26일, 그날 가장 많이 참여했던 것 같다.

손종국 그때 당시 경영대 단대 서클에서 활동했다. 명색은 봉사 서클이었는데 술 먹고 노는 서클이었다. 남자들만의 서클이었다. '대진'이라는 데였는데 나는 흥미를 못 느꼈다.
그래서 학회에서 자주 만났는데 여기 있는 친구들과 비슷한
상황이었다. 학회에 내가 정확히 소속된 것도 아니었다.
그런데 내가 정의감이 강했다. 고등학교를 졸업하고 대학교에
들어왔는데 서울에서 다니는 사촌 형님이 책을 많이 주면서
대학생이면 이런 책 정도는 읽어 보아야 한다고 했다. 그런데
보니까 책 내용이 전부 농민운동 등등 이런 내용이었다.
그래서 읽다가 내가 마주친 것이 5·18이었다. 정말 열불이
나더라. 그냥 넘어가서는 안 되겠다, 어떻게 하지, 그런 상황에서
3월경에 그런 책들을 나 혼자 읽고 어디에 소속되지 않은
상태에서 5월 이후부터 6·29선언 때까지 하루도 빠지지 않고
데모를 했다. 그 당시에는 공부하는 일반 학우들을 이해하지
못하겠다는 생각을 하면서 개인적으로 참여했다. 시내에서
1박 2일 데모할 때도 같이 했다. 집회에 참가하여 시내 나가면
따라서 나가 끝까지 같이하고 했다. 시내에 있다가 아무도
없으면 혼자서 들어오고 그랬다. 그러다가 나중에 관섭이에게
물어봤다, "데모를 정상적으로 하려면 어떻게 해야 하냐?"
관섭이가 "그러면 서클에 가야지." 하면서 독서사랑방을 소개해
주었다. 독서사랑방에 갔는데 조정신 형이 머리 빡빡 깎고
면접을 보는데 "기층 민중 생활을 하려면…" 이러면서 엄청
무섭게 이야기하더라. 그래서 독서사랑방을 가지 않고
데모가 내 길이 아닌가 싶어 기타나 쳐야겠다고 하이코드반에
갔다. 그런데 2학기라서 너무 늦어서 안 받아 준다고 했다.
그래서 간 곳이 '흙가슴'이었다. 1학년 2학기부터 야학 서클
흙가슴에서 활동했다.

- 당시 흙가슴 선배들은 누가 있었나?

손종국 바로 위 선배로는 86학번 박우성이라고 있었다. 생긴 지 1년밖에 안 된 서클이었다. 오래된 선배들은 현재 정의당 시당 대표인 장화동 선배, 그리고 돌아가신 송창호 선배님, 승환이 형과 장석웅 교육감 동생인 장석태 선배, 그리고 나이 차이가 있는 박형호 선배님들이 창립한 서클로 86학번부터 정상적으로 활동한 서클이다. 옛날 들불야학 같은 노동야학에 뿌리를 두고 있는 서클이다.

안평환, 백경철 종국이가 야무진 놈이었네.

- 당시 5월투쟁이 끝나고 6월항쟁이 시작되기 전에 전남대는 6월 9일부터 11일까지 대동제를 진행하게 됐다. 그러면서 광주·전남 6월항쟁 투쟁이 다른 지역에 비해 늦게 불이 붙었다.

백경철 내가 생각하기로는 그때까지 5월이 우리에게는 큰 사안이라서 6·10도 있었지만, 종국이도 그랬듯이, 우리가 '이건 아닌데'라는 정신적인 충격을 받은 것은 5월의 문제였다. 그래서 총학생회나 운동 세력도 5월을 중요하게 생각하고 5월을 외부에 알리고 그런 것에 초점을 맞추고 있어서 우리 지역에서는 그런 현상이 나타날 수도 있다고 생각한다. 당시만 하더라도 5월 문제가 외부 지역에 전혀 알려지지 않은 상황이 아닌가? 당시 우리 지역에서는 비디오나 사진을 통해 5월을 접할 수 있었지만 다른 지역은 아직 5월의 진실을 모르고 있었다고 본다.

- 87년에 처음으로 5월 사진전을 열기 위해서 광주에서 은밀히 사진들을 제작하여 서울 그리고 부산

가톨릭센터에서 사진전을 열었다.

백경철 내가 1학년 때였는데 5월이 되면 예비역들이나 선배들이 막걸리 먹을 때 당시 5월 경험을 얘기하면서 같이 사진도 봤었기 때문에 광주 쪽에서는 5월 싸움을 많이 준비했다. 그래서 그런 영향도 있었을 것 같다.

안평환 아무튼 그때 나는 아주 적극적으로 활동하는 사람이 아니었다. 서현교회와 계림동 로터리에서 격렬한 투쟁이 진행되었다. 저녁 늦게까지. 금파공고, 상고, 기계공고 다니는 시골 친구들이 당시 대인시장 달방에서 함께 생활하며, 상당히 거칠게 살던 친구들인데, 밤새워서 싸우고 새벽 3시쯤인가 "동지들, 내일을 기약하면서 오늘은 이만 해산합시다." 하면서 들어왔던 기억이 있다. 시골 친구들은 상당히 오랫동안 그 얘기를 하곤 했다.

손종국 나는 그런 부류의 하나였다. 저녁에 가다 보니까 여기가 어디인지 모르겠는 거다. 갈 사람들은 다 갔는데 거기에 끝까지 있다가 아침이 돼서 돌아왔었다.

백경철 87년도에 우리 87학번들은 인문대에 활동하던 동기들도 대부분 그런데, 동아리에서 했던 사람들도 있었겠지만, 평환이나 나는 그렇게 시작해서 12월이 되니까 자연스럽게 이론이나 사회가 어떻게 되는지 모르고는 이상하다는 느낌이 들면서 책이라도 봐야겠다고 생각했다. 12월에 들어서 정신이 형이 와서 공부 좀 할래? 하기에 "아, 그럽시다" 했더니 정신이 형이 깜짝 놀랐다. 원래 정신 형 의도는 우리를 꼬시려고 접근했는데 갑자기 우리가 "그럽시다, 언제부터 할까요?" 하니까 당황한 거다.

손종국 그때 죽어라고 해 놓은 상태에서 6·29선언이 있었다. 항복선언. 그때 하면서도 우리가 이길 수 있을까? 우리가

이렇게 하고는 있지만 어떤 선언을 이끌어낼 수 있을까
했었는데 막상 최고 권력자가 그렇게 하니까, 그 이후에는 또
다른 판단이 있을 수 있지만, 그때 당시에는 이겼다고 생각했기
때문에, 아! 이렇게도 되네, 하고 그런 생각이 강했다. 아! 하면
이길 수 있는 거구나, 그런 것이 많이 생각된다.

백경철 그리고 87년 대선이 컸다. 대선에 저 버리니까, 아! 이것은
아닌데….

손종국 그 이후로 6·29선언에서 약속한 것이 안 지켜졌다.
전혀 안 지켜지니까 나중에 속았다는 것을 알았지만 좌우지간
이겼다는 승리감이 강했다.

안태선 그때 전국적으로 김대중 후보 비판적 지지 운동을 했었고,
한 번은 대구 팔공산인가 김대중 후보 유세할 때 선배가
가자고 해서 버스 타고 대구까지 따라가서 돌 맞으면서 유세
지원도 하고 그랬다.

안평환 여기는 조직적으로 했네. 우리는 버스 타고 그럴 일이
없었다. 그렇게 조직할 사람도 없었고.

안태선 내가 대학 들어오기 전에 박종철 열사 49제인가?
뭔가가 있었다. 그때도 나와서 광주은행 사거리에서 혼자
구경한다고 사과탄과 최루가스를 뒤집어써서 죽을 뻔했다.
다시 6월 투쟁으로 돌아가면, 5월이 지나고 6월 접어들면서
그때 백도(중앙도서관) 점거 농성을 했다. 저녁이었나, 갑자기
집회하고 도서관을 점거 농성을 하니까 세상이 어떻게 되나
보다, 막연한 생각에 뭔가 뒤집어지겠다, 세상이 바뀌려나 보다
이런 생각이 있었다. 5월이나 그전 상황에서는 우리가
요구하는 것이 항상 막혀 있지 않았나. 정말 전두환 군부독재를
무너 뜨릴 수 있을까? 그런데 경찰과 대치하고 백도를 점거

농성을 하면서 뭔가 우리가 이루어낼 수 있겠다, 지금은
전국적으로 비상시기고 전두환 정권을 무너뜨릴 수 있겠다,
이런 생각을 했었다.

<u>안평환</u> 아따! 독사(독서사랑방)는 독사구먼.

<u>안태선</u> 독사 이야기가 나와서, 내가 대학 입학하기 전에
박종철 열사 49제인가 뭔가 있었다. 그때 혼자 시위
구경한다고 광주은행 사거리에 나왔다. 그때 인생 처음으로
사과탄과 최루가스를 뒤집어써서 죽을 것 같았다. 그리고
1학년 입학하자마자 독서사랑방에 들어갔는데, 웃기게도
독서사랑방에서 순수문학 같은 분야는 토론 안 하냐고, 우리
1학년들이 다 그랬다. 맨날 사회과학만 공부시키고 그렇게
문제 제기를 했더니 누가 그러더라. "절이 싫으면 중이 나가라"
갑석이 형이 그랬다. "나가, 나가"

· 당시 조직적으로 6월항쟁에 참여했던 6월과 주변에서
  자발적으로 참여한 학우들이 보는 6월은 많은 차이가 있는
  것 같다.

<u>손종국</u> 많이 다르다.

· 또 6.29선언을 바라보는 시각도 조직원들은
  6.29 = 속이구라고 표현하는데 일반 학우들은 승리의
  관점이 강한 것 같다.

<u>백경철</u> 우리 같은 일반 사람은 "그래, 대선에서 한 번 싸워
보자." 대선에서는 한마디로 저쪽을 잘 몰랐다고 볼 수 있다.
저쪽에서는 자기들의 로드맵을 쫙 깔아놓고 진행했을 텐데
우리 같은 순진한 입장에서는 12월 대선 때 표로 심판해 보자,

그렇게 기대를 가지고 있었으니까. 6월항쟁이 수그러들고 대선을 기다렸던 것 같다. 이런 과정을 거치면서 우리가 많이 단련되었다고 볼 수 있다.

안태선 6.29선언 이후 속이구하면서 계속 집회는 했었지 않나. 하지만 학생들의 참여 동력이 많이 떨어졌지만.

백경철 동력이 많이 떨어져 버렸다. 대선이 있으니까 대선 때 표로 이길 수 있다는 생각이 강했다. 나 같은 경우도 데모에는 많이 참가했지만 학습이 안 되어 있는 상태여서 그런 깊은 내막을 알 수는 없었다.

손종국 학습을 했더라도 우리가 그 나이에 그런 정도까지 파악할 수는 없었다.

백경철 학습을 했으면, 선배들에게 그런 구도를 설명 들었다면 깊은 내막을 알 수 있었겠지만.

손종국 우리가 그런 내용을 정확히 알아듣고 피부로 느낄 수 있는 나이가 못 됐다. 6.29선언 이후에는 이겼다고 생각했으니까. 그때 우리가 외쳤던 것이 호헌철폐, 독재타도 그리고 직선제 쟁취도 있었다.

백경철 직선제 요구도 있었다.

손종국 직선제는 당연히 저쪽에서는 계속해서 안 들어 주자니 자칫 잘못하면 정권이 붕괴될 수도 있는 상황을 무마시키려는 차원에서 들어주었겠지만, 하여튼 가방끈이 짧은 우리로서는 이겼다는 승리감에 취해 있어서 더이상 투쟁의 동력이 형성되기 힘들었던 것 같다.

안태선 그리고 나서 방학이었다.

백경철 시민들이나 우리 같은 일반 학생들을 다시 끌어내기는 어려웠을 것이다.

- 6.29선언이 나고도 전남대는 기만적인 조치에 대항하여
  계속 싸워야 한다는 차원에서 7월 초까지 투쟁을
  계속했으나 동력이 크게 형성되지 못하고, 7월 9일 이한열
  열사 장례식을 끝으로 6월 싸움이 정리됐다고 볼 수 있다.

안평환 그때 호외가 나오고 그랬다.

백경철 시대는 다르지만, 작년 촛불시위 때처럼 이런 것이 계기가
돼서 사회에 눈뜨고 사회를 바라볼 수 있는 공부도 하게 되고
그런 과정이 87년도에 벌어진 것 같다. 이렇게 되니까 공부도
체계적으로 해봐야겠다는 생각도 들었다. 이 사회가 어떻게
생겼는지 모르고 테니스 치러 다니고 평환이는 공부하러
다니고 이랬는데 6·10을 겪으면서 변화됐다. 촛불시위에 참여한
사람들도 그런 과정을 거치면서 사회가 어떻게 되는지….
참여 방법은 다르겠지만 우리 87학번들에게는 그런 것이 엄청
컸던 것 같다. 88년도부터는 학생회가 되지 않나. 나는 과에서
계속 있었다. 그런데 84학번 선배들, 중간에 운동을 그만둔
선배들과 항상 같이 활동했기 때문에 졸업해서도 친하게 지내고
생활할 때도 많이 밀접했던 것 같다.

- 6월항쟁이 각자의 삶에 주는 의미는 무엇이라고
  생각하는가?

손종국 나는 아까 말한, 이 작은 힘들이 모여서 큰 권력도 움직일
수 있다는 것, 싸워서 이길 수 있다는 것, 쟁취할 수 있다는 것을
그때 배웠던 같다. 우리가 2학년이 되고 88학번들이 들어오는데
노태우 정권이지 않은가. 그래서 참 답답했다. 그래도 우리는
뭔가를 쟁취도 해보고 이겨도 봤는데 후배들은 정말 암울한
시기에 들어와서, 그리고 끝없는 싸움을 해야 할 것 같아서 그런

생각을 많이 했었다. 그때 느낀 것은 우리가 하면 할 수 있다, 작은 힘이지만 모으면 큰 힘이 되는구나, 그런 것을 느꼈다.

<u>안태선</u> 첫 번째로 나는 원래 고등학교 시절부터 데모에 관심이 있었고 그래서 사회과학 공부를 하는 서클에 가입하여 활동도 하고 있었는데 학습을 하다 보면 이상했다. 기득권을 버려야 하고 노동자, 농민 등 기층 민중들을 위한 삶을 살아야 되고 이런 쪽으로 공부하고 토론하는 거였다. 그런데 6월항쟁을 거치면서 싸우면 이길 수 있다, 쟁취할 수 있다는 느낌이 들면서 그런 갈등들이 작아지고 내가 기득권을 버리고 열심히 살아 봐야겠다, 그런 생각이 들었던 것 같다. 두 번째로는, 1학년 들어와서 친구들과 친하게 지내면서 놀았는데 데모에 관심이 별로 없는 친구들이 데모에 관심을 가지게 되고, 밥 먹고 데모하러 같이 가고 집회도 참가하면서 주변의 많은 친구들이 자연스럽게 참가하고 합류하는 계기가 그 시절이 아니었나 싶다. 집회 참여하자고 해서 가방 들고 시내까지 나가고, 전혀 데모도 하지 않던 친구가 6월에는 자연스럽게 같이 할 수 있었던 계기가 되지 않았나 생각한다. 결국은 나와 친구들, 더 넓게 우리와 대중들이 투쟁 속에서 하나가 되고, 함께 투쟁하면서 뭔가 이루어 낼 수 있다는 것을 깨우쳐 준 것 같다. 이것이 이후 내 삶에도 큰 영향을 준 것 같다.

<u>안평환</u> 나는 그것이 인생의 갈등 요소가 되어버렸다. 계속 이 길을 가야 하는가? 공부를 해서 취직을 해서 내 꿈을 이루어야 하는가? 이것으로 1년을 씨름했다. 1년을 씨름하다가 한번에 정리한 계기가 있었다. 1년의 고통이 한순간의 행동으로 교내에 페퍼포그가 치고 들어 왔었는데 그때 사회대 경영대 뒤에 숏 포트 볼도 하는 잔디구장까지 들어왔었다.

손종국 상대 뒤에 우리가 술 먹는 곳까지 오곤 했다.

안평환 왜, 나의 평화를 깨느냐는 거다.

안태선 잠자는 사자를 건들었구먼.

안평환 나의 평화로운 마음에 경찰 페퍼포그가 돌을 던져 버린 거다. 그래서 내가 돌을 들고나와서 후문까지 가면서 계속 던졌던 그 돌 하나가 내 인생을 완전히 바꾸어 버렸다. 나는 그 뒤로 다른 생각을 한 적이 없다. 오직 데모만을 생각했다. 새벽에 나와서 청소했다. 인문대 86학번들 고생했다. 안 나오면 내가 인문대 학생회실 청소를 해 놓고 기다릴 정도였다.

백경철 나도 지금 보면 삶을 쭉쭉 살아오고 있지만 그게 사람에게 필요한 것 같다. 기존의 나 자신, 고등학교 때까지 살펴왔던 나와 실제 나와는 차이가 많이 있는데 그것을 모르고 살지 않나. 대학교 때 이런 과정을 겪으면서 전경들과 싸우는 것이 다가 아니고 나 자신을 볼 수 있는 계기가 됐다. 사회나 나 자신에 대한 변화, 아니 이런 과정들을 상당히 변화시켜 줄 수 있는 변곡점이다. 그것이 없었으면 내 삶이 다른 방향으로 갔고 지금도 내 자신을 들여다 볼 수 있는 삶을 못 가지지 않았을까. 지금 생각해보면 그때 성격이 많이 변했다. 중학교, 고등학교 때까지 지각, 조퇴, 결석 한 번도 안 했다. 그리고 아버지한테 한 번도 반항도 못 했고, 완전히 내성적이었다. A++ 정도. 1학년 때 그런 과정을 겪고 2학년이 되면서 내가 모르는 사람이나 여학생들에게 집회에 대해서 얘기하고 그러면서 성격도 바뀌게 되었다. 4학년 때는 후배들 지도해야 되니까 4학년 마치고 군대를 가야겠다고 얘기했다. 동네 형이 아버지가 한번 오라고 하더라고 해서 집에 가니까 아버지가 4학년 초에 군대 가라고 하는 것이다. "저 4학년 끝나고 가겠습니다"하니까 아버지가 광에서 농약을 들고나오시는 거다. 아버지가 "나 이것 먹고 죽는 것 보고 갈래, 아니면 군대 갈래" 하시는 거다. 그래서 "나는 4학년 끝나고 군대 갈랍니다" 하고 집에서 나와 버렸다. 대학교 이전의 성격으로는 상상할 수 없었는데 지금 하려면 못 하겠지. 그때는 지금 꺾이면 다 꺾이겠구나 생각했다. 그런 성격이나 그런 과정이 없었으면 사회를 보지 못했고 사회를 못 봤으면 나를 진실되게 보지도 못했을 것이다. 나는 공무원 생활도 했다. 한 20년 동안 공무원 생활하면서도 월급이나 직급에 별로 연연하지 않으면서 내 나름대로 관점을 가지고 살 수 있었던 계기가, 물론 6·10이 모든 것은 아니지만 4학년까지 생활할 수 있었던 힘이었던 같다. 지금도 친구들과 만나면 데모 얘기는 안 하지만 동질적인 얘기를 나눌 수 있는 것이 그런 과정을 겪었기 때문이다. 80년을 겪은 사람들도 그렇겠지만 87년 이후를 겪은 우리 같은 사람들은 또 다른 경험을 가지고 있는 것 같다.

<u>안평환</u> 인생에 세 번의 기회가 온다고 하는데, 나에게 첫 번째 기회는 6월항쟁 이후 인생 전부를 민주화운동에 몸을 던져야겠다고 결심하게 한 그 돌 하나다. 고요한 평화의 바다에 저항의 파도가 넘치기 시작했다.

<u>손종국</u> 여담으로 나는 금남로에서 돌을 던지고 쇠파이프를 휘두르면서 가졌던 그런 해방감을 (이후에는) 느낄 수 없었다. 나는 오로지 그때가 가장 기분이 좋았다.

<u>안태선</u> 금남로보다는 서현교회, 중앙로, 계림동 로터리에서 심하게 하지 않았나.

<u>손종국</u> 나는 하여튼 도로 한복판에서 경찰들과 붙고 하는 것이 좋았다.

<small>백경철</small> 요즘도 그런 기분이 남아 있어서 도청 앞 금남로에서 축제하면 그런 해방감을 느끼는 것 같다.
<small>손종국, 안평환</small> 직업병이라니까.

- 87년 6월항쟁 이후 학생운동이 학생회 중심으로 완전히 전환되고 대중적인 운동이 활성화된다.

<small>백경철</small> 오월대가 만들어진 시기는 언제인가?

- 88년도일 것이다.

<small>백경철</small> 남자들은 3~4학년 때 대부분 오월대 활동을 했을 거다.
<small>손종국</small> 나는 2학년 때부터 소대장이었다.
<small>안평환</small> 너 크게 됐다. 관운이 짱짱했구먼.
<small>백경철</small> 나는 만년 병장이었는데.
<small>손종국</small> 내가 소대장을 그만둘 때 우리 동기들이 소대장 올라오고 그랬다.
<small>안평환</small> 혼자 했으면 어떻게 했겠나. 최루가스가 옆에서 터져도 버티고 움직이지 않았다. 같이 안 움직이고 버티게 한 건 옆에 사람이 있으니까. 동지가 있으니까.
<small>백경철</small> 남자들은 그런 기억들이 많이 남아 있다.
<small>안평환</small> 요 앞에서 최루가스 터져도 아무도 안 움직이는데 나라고 도망칠 수는 없지 않나. 그래서 버티는 거다.
<small>손종국</small> 도망가고 싶어도 앞에 애들이 치여서 갈 수 없더라고. 내가 달리기를 잘한다. 육상선수 출신이다. 마음만 먹으면 얼마든지 뒤에서 출발해도 제일 앞에서 도망가겠는데 우리 식구들이 막고 있으니까 못 도망가는 거지.
<small>안태선</small> 1학년 1학기 때 소속 없이 전투조에도 못 들어가고

선배들이 갑자기 사라졌는데, 언젠가 화염병을 만드는 데
끼워주면서 느낌이 달랐던 것 같다. 아, 나도 뭔가 '결사대'에
들어가는구나 하는 느낌.

_{안태선} 그런 상황에서 담배도 피우고 그랬다.

_{백경철} 우리 때는 인문대 뒤에 건물 하나 있었는데 거기에서
마스크 쓰고 앉아서 사람들 다 쳐다봐도 만들고 했다.

이제는 말할 수 있다

20

박종한
사범대 85, 수학교육과 회장

· 당시 소속된 단체는 어디고 직책은 무엇이었는가?
박종한 수학교육과 학생회에서 과 학생회장을 맡고 있었다.
학생회 밑에 학회가 있었고 학회 밑에 분과가 있었다. 학회 밑에
소모임으로 분과를 두고 있었다.

· 그러면 수학교육과에서 같이 활동했던 사람들은 누구인가?
박종한 집행부가 같이 했다. 부회장이 경호, 경호가 다음에
학생회장 했다. 그리고 행사부장이 김영철, 총무부장 최정희,
문화부장이 한열희, 학회는 황현숙이 책임졌을 거다.

· 당시 학회 이름이 따로 있었나?
박종한 학회 밑에 분과 3개가 있었는데 명칭이 정확하게
기억나지는 않지만 교양 분과, 문화 분과와 컴퓨터 하는 분과
3개가 있었던 것 같다.

· 그러면 원래 사대에서 계속 활동했는가?
박종한 3학년 때는 과 학생회장을 하고 4학년 때는 단대
총무부장을 했다. 2학년까지는 전투조에서 활동하고 3학년
때부터 학생회에서 활동한 거다. 공개 단위에서 활동했다.
서클에서는 활동하지 않았다.

· 처음 운동을 시작한 1학년 때 어떻게 시작하게 되었는가?
박종한 1학년 때는 운동을 안 했다. 2학년 4월 초 돼서야 사대
언더서클에서 학습하고 그때부터 운동을 시작했다.

· 사대 언더서클?

<u>박종한</u> 장식이 형하고.

· 명칭은 없었나?
<u>박종한</u> 우리가 이과 애들 팀이었다. 학회와도 다르고 완전 언더서클로 따로 만들어 있었다. 언더 모임은 동아리와 학생회의 과도기였던 것 같다. 그 뒤에는 과에서 따로 뽑아서, 말하자면 과 학생회에서 간부를 맡을 만한 사람을 뽑아서 따로 학생회에서 공부를 시켰다. 언더서클은 동아리와 학생회의 과도기로 동아리와 학생회 성격이 섞여 있는 조직이라고 생각한다.

· 그러면 언더서클은 어떻게 조직했는가?
<u>박종한</u> 선배들이 관심 있는 애들을 과에서 한 명씩 데리고 와서 조직했다. 여기서 활동했던 애들이 과로 들어가서 활동했고 다음에는 과 단위에서 모임도 꾸리고 그랬다. 다음에는 이들이 과 학생회장도 하고 과 학회 연구회 회장도 하고 그랬다.

· 그러면 종한 씨는 과 학생회 활동만 하고 전투조 활동은 하지 않았는가?
<u>박종한</u> 전투조를 하다가 학생회장이 되니까 학생회 활동을 하라고 전투조에서 빼주었다.

· 전투조 활동은 언제까지 했는가?
<u>박종한</u> 2학년 말까지 전투조에서 활동했다.

· 사대 전투조 책임자는 누구였는가?

박종한 그때 성일이가 했을 거다, 정성일. 김설오가 하다가 성일이가 이어서 했을 것이다. 설오는 위로 올라가서 전장을 하고 87년도에 그랬을 것이다.

- 그러면 6월항쟁 당시에도 성일이가 사대 전투조 책임자였나?

박종한 아마 그랬을 것이다. 나는 당시에는 전투조에서 오더를 안 받아서 정확하게는 모르겠다. 당시에는 과 회장들 팀이 있어서 거기에서 오더를 받았다. 그때 안규심 누나가 학생회장 팀을 관리했었다. 우리 팀 3명, 수학교육과, 불어교육과, 지리교육과를 지도했었다.

- 그때 사대에 고광업이 있었던 것으로 아는데?

박종한 있었다, 광업이 형도.

- 광업이는 무슨 역할을 했나?

박종한 학습시키고 그랬을 거다. 사대를 전체적으로 관리했다. 과 회장 팀을 여러 개로 쪼개서 관리했으니까. 하나만 했는지 다른 팀도 관리했는지는 잘 모르겠다.

- 혹시 전투조에서 활동하던 2학년 때인 86년도 말에 훈련도 갔었나?

박종한 그때 무등산으로 갔었다. 밤에.

- 사대만 갔나?

박종한 그것은 정확하게 모르겠다.

- 몇 월인지 기억이 나는가?

박종한 기억이 정확하지 않다. 그때는 사대 애들이 주보였다.

- 다른 단대나 서클 쪽과 결합해서 갔는가?

박종한 그것을 정확하게 모르겠다.

- 6월항쟁 당시 6월 10일 시내 국민대회에 참여했나?

박종한 정확하게 모르겠다. 언제부터 나갔는지 모르겠다. 시내를 애들과 같이 나가긴 나갔는데 언제 나갔는지 정확히 기억이 나지 않는다. 그때 나는 시내에서 살았는데, 과 애들과 날짜는 정확히 모르겠다.

- 6월 16일 삭발하고 혈서 쓰고 그랬는데 기억나는 사람이나 상황이 있는가?

박종한 없다.

- 17일 이후부터 본격적으로 시내 가투를 전개하는데 기억나는 것은 없는가? 주로 어느 쪽에서 활동했나?

박종한 서현교회. 낮에는 금남로 방향에서 싸우고 저녁에는 서현교회로 밀려서 그쪽에서 싸웠다. 싸움 양상이 비슷비슷해서 특별히 기억나는 것은 없다. 다 비슷하게 느껴진다. 처음에는 과 애들을 데리고 시내에 나가면 처음에는 함께하는데 나중에 보면 다 흩어지고 모르는 사람들과 함께 싸우고 그랬던 것 같다.

- 6월항쟁 당시 과 차원에서 기말고사 거부를 위한 총회나 집회 참여를 위한 결의대회 같은 것을 진행했는가?

박종한 물론 총회를 했으니까 시내에 나갔다.

· 일반 학우들의 집회 참여 정도는 어떠했나?
박종한 많지 않았고 후배들 데리고 열대여섯 명 정도 나간 것 같다. 같이 모여서 나간 애들은 많지는 않았다.

· 사대 같은 경우는 교사발령 싸움도 있었다.
박종한 교발 싸움은 그때 '전사련'이라고 하긴 했을 텐데, 정확하게 언제 했는지 기억이 나지 않는다.

· 6월항쟁 이전 5월 7일에 '전사련'을 결성한다.
박종한 그때 집회를 사대에서 크게 했다. 전남대 사대에서 했다. '전사련' 집회가 사대에서 많이 모였다.

· 6월항쟁 당시 시민들의 분위기나 참여도는 어땠는가?
박종한 그때 시민들이 대단했다, 해가 지고 나서도. 한번은 시민들이 철로를 점거해야 된다고 그랬다. 기차가 못 다니게. 하하하.

· 원각사 방향에서 싸운 적은 없는가?
박종한 그쪽은 기억이 별로 없다.

· 시위가 늦게 끝나면 학교로 들어갔나?
박종한 집이 산수동이어서 걸어서 집으로 가곤 했다. 그때 중앙대교에서 최루탄에 맞아 병원에서 치료받았다.

· 어떤 상황에서 일어난 일인가?

박종한 어두운 상황에서 다리에서 경찰과 대치했다. 그때 군이 투입된다는 이야기가 돌았다.

· 그러면 19일 아니면 20일경인데, 19일 가능성이 크겠다.

박종한 대치하고 있는데 전경들이 일렬로 서서 최루탄을 발사하기에 머리를 돌렸는데 얼굴에 맞아서 안경이 날아가 버렸다. 옆에 있던 아저씨가 최루탄 맞았다고 나를 부축하고 오토바이 불러서 적십자병원을 간 것 같다. 눈 세척하고 얼굴 꿰매고 그랬다. 그리고 그전에 금남로에서 경찰들에게 밀려서 가게로 시민들과 함께 들어갔는데 너무 많은 사람이 밀려서 진열장을 짚었는데 진열장이 넘어지면서 손가락에 상처를 입었다. 병원에서 손도 꿰맸다.

· 그러면 다치고 난 이후는 어떻게 되었는가?

박종한 병원에 누워 있는데 사람들이 경찰이 들어온다고 위험하니까 다 나가라고 했다. 그다음 날 새벽인가 나와서 집으로 갔다. 그리고 싸움에 못 나가고 집에서 누워 있었다. 집에서 6.29선언을 들었다.

이제는 말할 수 있다   21

정종재
사범대 국사교육학과 85,
당시 국사교육과 학생회장

학과 단위의 학생회가 대중적 운동의 전면에 나서기까지

유신정권 몰락 직후나 1984년 총학생회 부활을 계기로 학과 단위 학생자치조직에 대한 학생운동 진영의 인식이 제고되었다. 이로부터 학교 밖이나 학내 동아리에서 활동하던 조직원들이 학과로 들어와 운동원을 선발하고 훈련시키려 시도하였다. 국사과의 경우 1984년 10월에 연구회 성격의 모임을 만들어 활동하였다. 강독 분과, 사상 분과, 근현대사 분과로 나눠 사회과학을 공부하였다. 학과 단위의 학회가 학생운동을 떠받치는 길로 접어든 것이었다.

그러나 학회 활동은 시간이 흐르면서 한계를 드러냈다. 학회가 비합법 상황에 익숙해 있었기 때문에 합법 상황 아래서 대중운동과 정예 조직 운동을 겸하는 데 한계가 있었다. 학회를 보다 대중화하여 학생회로 개편할 필요성이 제기되었다. 대중적 자치활동과 운동 조직의 재생산 활동을 분리해야 한다는 의미였다. 오랜 논의 끝에 1987년 2월 20일 국사교육과 학생총회에서는 학회를 학생회로 바꾸기 위한 회칙 개정을 의결하였다. 이날 총회에는 신입생을 제외한 학생 재적 109인 중 61인이 참가하였다. 이제 학생회는 기존 총무부·학술부·편집부·문화부를 중심으로 대중적 자치활동을 벌이고, 학생회 산하에 연구회 조직은 운동 멤버를 체계적으로 기르는 길로 접어들었다.

1987년 3월 국사교육과 학생회 산하 연구회로 한국근현대사연구회(회장 남현숙 85), 교양문화연구회(회장 최은숙 85)가 조직되었다. 이들 연구회는 과 학생들을 대상으로 희망자를 모집, 학습 활동을 전개해 갔다. 특히 한국근현대사연구회는 회지 《이 산하에》를 펴내면서 활발한 활동을 이어갔다. 이러한 조직 개편은 전남대 전체로 볼 때 인문대 사학과가 앞장섰고, 국사교육과가 그 뒤를 이으면서 학내 전체로 퍼져나갔다.

　　4월 13일부터 4월 19일까지는 총학 차원의 4·13호헌조치 저지와 4·19 정신 계승 주간이었다. 국사교육과 학생회는 이에 부응하여 4월 16일과 17일 비상 학생총회를 열고, 민주화를 요구하는 성명서를 발표하고 학내 시위에 적극 참여하였다. 5월 4일에는 전남대 교수 60인이 시국선언을 하였고, 여기에 국사교육과의 전형택, 김당택, 윤희면, 박만규 교수가 참여하였다. 5월 24일에는 국사교육과 학생회 학생 16인이 망월동 5·18묘역을 참배하였다. 이러한 일련의 상황은 국사교육과 학생회의 시국 인식과 운동 참여 열기를 더욱 고양시켰다.

　　6월에 들어 전국적으로 반독재 투쟁의 분위기가 고조되는 가운데, 당면한 기말시험이 중대한 난관으로 떠올랐다. 6월 11일 국사교육과 학생회는 긴급 총회를 소집하여, 기말시험 거부 문제에 대한 격론을 벌였다. 다소의 반대 의견도 있었으나 마침내 시험 거부를 결의하고, 국사교육과 학생회 명의의 성명서를 작성하였다. 6월 15일 총학이 주도한 5·18광장 집회에서 국사과 학생회장은 이 성명서를 낭독하면서 다른 학과 학생들의 동참을 호소하였다. 이후, 국사교육과 학생회는 6·29 항복선언이 나오기까지 과 학생총회, 투쟁의 결의를 다지는 대자보 작성과 게재, 학내 집회와 시위, 시내 가두시위를 줄기차게 전개하였다.

필자는 역사를 공부한 사람으로서 이것도 사료이겠다 싶어, 4·13호헌조치 반대 성명서부터 6월항쟁 기간까지 국사교육과 학생회가 작성했던 십여 건의 대자보를 잘 접어서 과 학생회실 함에 보관한 바 있다. 몇 년 뒤 찾아가 보니, 후배들이 학생회실을 정리하면서 모두 폐기했다는 말을 듣고 한숨을 쉰 기억이 있다. 역사는 그렇게 무심히 흘러갔던 것이다. 오늘을 사는 후대들은 나면서부터 주어진 자유를 무덤덤하게 누리고 있을 따름이다.

이제는 말할 수 있다 22

장금순
사범대 가정교육과 85

· 86년 말을 지나면서 87년 초에 전투적 학생회를 강화하기
위하여 조직 성원들의 활동이 서클에서 단대, 과로
많은 이동이 있었다고 한다. 이로 인한 학생회 활동의
변화나 구체적인 활동 양상의 변화는 어떠했나?

장금순 입학한 연도(1985년)에는 1학생회관의
기독학생회(KSCF)에서 활동하다가 교회(계림교회)로
파견되어 활동하다 2학년(1986년) 가을에 단대(사범대)로
들어와서 단대 학생회 활동을 하게 되었다. 87년 6월항쟁
당시에는 공개 활동단체는 아니었고 학생회 언더 활동을 하고
있었다.

· 당시 사대에서 전투조 활동한 남성 동지 중 기억나는
사람은 누구인가?

장금순 사범대학 85학번인 황인, 김설오, 박종한, 정성일, 장우기,
사범대학 86학번인 박재천, 박승.

· 6월항쟁 발발 시 어떻게 정세를 인식하고 있었는지?
6월항쟁 당시 어떤 자세와 각오로 임했나?

장금순 1학년 때부터 여러 번 시위에 참가했지만,
4·13호헌조치는 말도 안 되는 소리이고 지나치게 억압적이라고
생각했었다(전두환 정권이 그런 무리수를 두는 것을 그대로
두면 다시 70년대가 될지도 모른다는 생각이 들었다). 반드시
철폐될 것으로 믿었었기에 날마다 시내에서 가두 투쟁을 할 수
있었다고 생각한다.

· 6월 9일~11일까지 대동제로 인하여 전남대 학생운동은

6월항쟁 초기 대응에 문제가 있었다는 지적이 있는데 이에
대한 기억이나 당시 분위기는 어떠했나?

장금순 가두 투쟁은 계속 나갔던 것으로 기억한다. 대동제가
잘 기억나지 않는다. 이때도 가두시위를 갔었던 것 같다. 언젠가
가톨릭센터 앞에 간 적이 있는데 이날 즈음이었던 것 같다.

· 6월 16일 삭발과 혈서 시위에 참여한 분들이 누구인지
  기억하는가? 그리고 정문에서 연좌·연와시위가 전개되고
  연행자가 있었는데 연행자가 누구인지 알려 달라.

장금순 삭발한 사람은 다수(기억나지 않음)였고, 혈서 시위는
당시 중앙도서관 앞 집회에 참여한 사람 대다수(나를 포함)가
참여한 것으로 기억한다.

· 6월 17일 본격적인 시내 투쟁에 대한 인상적인 기억이나
  상황에 대해 항쟁일지를 참조하여 기억나는 대로 말해
  달라.

장금순 날마다 시내(중앙로, 서현교회 앞 등)에서 모여서
시위하고 벽돌 깨고 가끔은 유인물을 몸에 숨겨 가서 집회에서
선전전을 했다. 시위하고 있을 때 경찰이 지나치게 최루탄을
쏘면서 공격하면 주위의 상인들과 광주시민들이 우~ 하면서
경찰에게 야유를 퍼부어주고…. 가끔은 고생한다며 먹을 것이나
택시비를 주시기도 했다. 모금함이 돌았고 모금함에 들어온
돈은 유인물 제작비와 활동비(화염병 제작 등)에 사용한
것으로 알고 있다. 시위는 보통 자정 넘어서까지 이어지는 것이
보통이어서 집에 못 들어가고 근처에 있는 친구 집에 들어가서
잠깐 자고 다음날 아침에 학교로 가서 교내 시위를 먼저 하고

그날 정해진 가두시위 장소에 가서 다시 벽돌 깨고
가두시위를 했다.

· 6월항쟁 당시 각 단대 과별 그리고 일반 학우들의
　참여와 분위기는 어떠했나?
장금순 평소에 참여하지 않았던 일반 학우도 많이 참여한
편이고 같이 하지 못한 친구들은 미안한 마음을 보이고 밥을
사 준다거나 수업에 들어가지 못해 시험 준비가 안 된 것을 보고
시험 준비를 안내해 주기도 했다.

· 당시 항쟁의 중심 거점이었던 중앙교회, 서현교회,
　원각사 중 어디서 주로 활동했나?
장금순 서현교회 쪽에서 주로 활동했다.

· 시내 가두시위 현장에서 수행한 주요한 활동 내용과
　방식은 무엇이었나?
장금순 가두시위를 하고 벽돌을 깨고 가끔은 유인물을 몸에
숨겨 가서 집회에서 선전전을 했다.

· 시내 가두시위에서 가장 인상적인 기억이 있다면
　무엇인가?
장금순 가두시위 장소에서 독재타도, 호헌철폐, 미군철수 등의
구호를 외치며 시위를 하고 광주시민들이 적극 호응하실 때면
서현교회 앞이 해방구가 된 것 같은 착각을 잠깐씩 했었다.
시내 가두시위가 처음보다는 시간이 지날수록 시민들의 호응이
좋았다.

- 여성동지들의 경우 선전 활동과 가두에서 모금 활동이 전개된 것으로 기록하고 있다. 구체적인 내용 및 방식에 대해 얘기해 달라.

장금순 가끔은 고생한다며 먹을 것이나 택시비를 개인적으로 주시기도 했다. 모금함이 돌았고 모금함에 들어 온 돈은 유인물 제작비와 활동비(화염병 제작 등)에 사용한 것으로 알고 있다.

- 남성 전투조들은 현장에서 어떻게 활동했나?
  시내 현장에서 지휘는 누가 주로 했으며, 현장에서 어떻게 물자를 공급하여 투쟁을 전개했는가?
  밤늦은 시각에 현장에서 지휘 체계는 어떻게 가동됐는가?

장금순 남성 전투조들은 화염병과 짱돌(여자들이 길가의 보도블록을 깼음)로 싸웠고 현장 지위는 대부분 현장 주시(주동자)가 있었다. 밤늦은 시간 현장 주시가 없으면 가두시위에 참가한 학생 아무나 시민들을 상대로 손 마이크 등으로 홍보전을 벌이고 시민들과 구호를 같이 외쳤다. 오후 가두시위가 벌어진 중간중간에 상점에서 간단하게 빵 등을 사 먹었고 6시 즈음부터 깜깜해진 다음에는 서현교회 앞에서 계속했다. 시민들이 먹을 것을 주지 않은 날은 굶고 시위를 하다가 12시 넘어서 시내 가까운 친구 집에 가서 밥을 먹고 잤다.

이제는 말할 수 있다   23

김문숙
인문대 85

· 당시 소속된 조직과 단대는 어디인가?

김문숙 1학생회관 내 기독학생회에서 활동했다. 같이 활동했던 동지들은 86학번 운재. 85학번 청산(조남용, 공대 85), 85학번 옥분(홍경희, 인문대 85), 85학번 보리(박향숙, 인문대 85) 등이다.

· 6월항쟁 발발 시 정세를 어떻게 인식했으며 6월항쟁 당시 어떤 자세와 각오로 임했나?

김문숙 독재 정치가 더욱 확고해지고 민중의 삶은 더욱 피폐해질 것이 분명한 상황에서 개헌하지 않으면 안 되겠다는 상황과 의지가 있었던 것 같다.

· 6월 9일~11일까지 대동제로 인하여 전남대 학생운동은 6월항쟁 초기 대응에 문제가 있었다는 지적이 있는데 이에 대한 기억이나 당시 분위기는 어떠했나?

김문숙 축제 기간에도 열심히 싸운 것으로 나는 기억한다. 87년 당시 대중적인 운동 방향에 맞춰 학생운동의 기반인 학생들의 이해요구가 중요했다고 생각한다. 따라서 축제는 학생들과의 약속이므로 당연 집중해서 학생대중과 더 많이 함께 하는 게 기본이 아닌가 생각한다.

· 6월 10일 국민대회에 참여했나? 참여했다면 어떻게 활동했나?

김문숙 6·10대회 시 시내에 나가 집회도 하고 투쟁도 한 것으로 기억하는데 자세히는….

- 당시 항쟁의 중심거점이었던 중앙교회, 서현교회, 원각사 중 어디서 주로 활동했나?

김문숙 시작은 금남로 쪽, 중앙교회나 시내 쪽이 많았었고 늦은 시간(새벽녘)에는 서현교회 쪽으로 옮겨간 것 같다.

- 시내 현장에서 수행한 주요한 활동 내용과 방식은 무엇이었나?

김문숙 모여 있는 시민들에게 시국을 알리는 홍보를 즉흥적으로 하거나 유인물을 나눠주거나 한 것 같다.

이제는 말할 수 있다   24

문상배
인문대 85, 인문대 철학과 학생회장

· 당시에 소속된 조직단위는 어디였나?

문상배 87년도는 이전 비합법적 서클 중심의 운동 방식에서 합법적 대중운동으로 전환하는 시기였다. 1학생회관 내 기독학생회 소속이었던 나는 철학과 학생회를 새롭게 변화시키고자 87년도부터는 학생회 활동을 시작한 것으로 기억한다. 학생회-단과대-총학생회라는 조직 내에서 87년도 6월을 맞이했다. 각과 학생회 내에서 일상 투쟁(예를 들면 교직 이수 폐지 반대 싸움)과 정치 투쟁(반미, 반독재)을 어떻게 결합하여 나갈 것인가에 대해 많은 고민을 한 시기였다. 실질적으로 전국철학과연합회나 학생, 교수, 학부모협의체 설립 등을 통한 일상투쟁과 그로 인해 결집된 학생회원의 원활한 정치 투쟁으로의 유도가 이전보다 왕성해져 대규모 학생회원들이 정치 투쟁에 참여할 수 있는 공간으로서 학생회가 변화되었다고 생각한다.

철학과 학생회에는 85학번 천선아, 박길주, 송성한, 김종일, 86학번 박제신, 이현미, 87학번 고재경, 박재만 등이 있었다.

· 당시 전투조에서 같이 활동했던 남성 동지들은 누구인가?

문상배 85학번 김봉룡, 김창영, 서일환, 김대수 그리고 86학번 강노, 구씨, 력해 등이다.

· 전남대 학생운동은 4·13호헌조치 이후 6월항쟁 이전까지 정세를 어떻게 보고 있었나?

문상배 80년 5월 항쟁을 기점으로 우리 사회에 우방국으로서의 미국이 아니라 독재 정권 유지의 내부 조정자로서의 미국이라는 반미의식이 확산되어 한반도의 자주를 최우선적으로 하면서

그 하수인인 독재 정권의 장기 집권 음모를 분쇄하고 민주화를
쟁취하기 위한 반외세, 반독재 투쟁을 전면에 내세우게 된다.
따라서 특위 구성을 통한 정치 투쟁과 학원 내 학우들의
일상적인 이해관계를 관철시키는 학내 민주화 투쟁이 병행되어
진행된 시기로 생각한다.

· 6월항쟁 발발 시 어떻게 정세를 인식했고 6월항쟁 당시
  어떤 자세와 각오로 임했나?

문상배 군부 독재 정권의 장기 집권을 위한 민주 세력에 대한
무자비한 탄압과 민주 학우들의 죽음과 고문에 대한 분노로
반드시 민주화를 이루어야 한다는 결연함으로 투쟁에 임했다.

· 6월 9일~11일까지 대동제로 인하여 전남대 학생운동은
  6월항쟁 초기 대응에 문제가 있었다는 지적이 있는데
  이에 대한 기억이나 당시 분위기는 어떠했나?

문상배 축제 중 이한열 열사의 의식불명 소식을 접했다. 축제
기간에 진흥고 동문들이 이한열 열사의 소식을 각 단대별로
방문하여 전하고 학생들의 호응과 분노를 이끌어냈다.

· 6월 10일 국민대회에 참여했나? 참여했다면 어떻게
  활동했나?

문상배 당시 철학과 학생회장으로 행사준비 때문에 참여할 수
없는 상황이었다.

· 6월 16일 삭발과 혈서 시위에 참여한 분들이 누구인가?
  그리고 정문에서 연좌·연와시위가 전개되고 연행자가

있었는데 연행자가 누구인지 알려 달라.

문상배 김봉룡(사회대 85), 여승현(인문대 85), 조정신
(인문대 86)이 삭발했다.

- 6월 17일 본격적인 시내 투쟁에 대한 인상적인 기억이나
  상황에 대해 항쟁일지를 참조하여 기억나는 대로 말해
  달라.

문상배 오후에는 학내 집회(5·18광장)를 하고 저녁에는 가두
투쟁하는 일관된 일정이었던 것으로 기억된다. 옛 도청 앞
금남로 4가를 근거지 삼은 전투경찰에 대항하여 자발적으로
참여한 많은 시민과 학생들은 도청을 탈환하기 위한 다양한
투쟁을 진행했다. 인상적인 투쟁은 서현교회에서 일반 시민들이
불타는 가스통을 굴리면서 도청 탈환에 대한 전투 의지를
불태우거나 저녁에 금남로 사거리에서 전투경찰이 앞으로 전진
시 옥상에서 보도블록 투하로 전투경찰들을 두려움에 떨게 한
일이나 대인동 공용터미널에서 쉬고 있던 전투경찰을 타격하고
서로 근접한 상태에서 파이프 및 각목을 휘두르며 금남로
4가까지 눈물을 흘리면서(제대하면 서로 선후배로 만나는
사이일 수도 있는데) 뛰던 후배의 모습이 아직도 잊히지 않는다.

- 6월항쟁 당시 각 단대 과별 그리고 일반 학우들의
  참여와 분위기는 어떠했나?

문상배 과별로 학생회 사무실에 모여 오늘 가두집회 일정을
공지하고 서로를 보호해 줄 수 있도록 선·후배, 남·여의 비율로
조를 정하여 시내로 진출하게 했으며 아마도 과에서 참석하지
않은 사람을 찾아보기 힘들 정도로 많은 학우가 참여했다.

- 당시 항쟁의 중심거점이었던 중앙교회, 서현교회,
  원각사 중 어디서 주로 활동했나?

문상배 서현교회, 중앙교회에서 주로 가두시위를 전개했다.

- 시내 현장에서 수행한 주요한 활동 내용과 방식은
  무엇이었나?

문상배 화염병 투척 및 짱돌 투척 등 다양한 활동을 한 것으로
기억하고 있다.

- 당시 시민들의 호응이 대단했다고 하는데 기억나는
  시민들의 호응이나 참여 분위기는 어떠했나?

문상배 초기에는 인도에서 응원하는 차원이다가 나중에는
가두에서 같이 "호헌철폐, 독재타도"를 외쳤다.

- 6월 19일 이후 계엄령이 내릴 수 있다는 소문이 무성했는데
  이에 대한 기억이나 이에 대한 대처 방안이 있었는지?

문상배 그런 이야기가 많이 나돌았던 기억이 난다. 그 당시
사실 조금은 흥분된 상태에서 전투에 임했기 때문에 만약
군사 독재 정권의 계엄령이 선포됐다면 광주시민들과 학생들은
이미 5·18민중항쟁을 겪었던 그 경험을 살려 제2의 5월
항쟁이 일어나지 않을까? 하는 두려움 반, 희망 반의 그런
상태였던 것 같다.

- 남성 전투조들은 현장에서 어떻게 활동했나?
  시내 현장에서 현장 지휘는 누가 주로 했으며,
  현장에서 어떻게 물자를 공급하여 투쟁을 전개했는가?

· 밤늦은 시각에 현장에서 지휘 체계는 어떻게
  가동되었는가?

문상배 주로 84선배들이 지휘했던 것으로 기억되며 저녁에는
총학생회에서 화염병을 만들어 현장에 공급하여 투쟁을
하는 방식으로 전개되었으며 늦은 저녁에는 단대별 혹은
서클별로 그때그때 상황에 따라 전달 받고 움직였던 것 같다.

· 당시 중앙교회에는 시민모임을 중심으로 일명 '김밥조'라고
  하는 시민 전투조가 활동하고 있었는데 기억하는가?

문상배 말로만 들은 것 같다.

· 6월항쟁이 학생운동에 미친 주요한 영향은 무엇이라고
  보나?

문상배 폭넓은 대중운동으로 방향점을 잡은 학생운동에
6월항쟁은 민중의 위대한 힘을 보여준 역사적 삶의
현장이었다고 생각한다. 호헌철폐 독재타도라는 단순 구호
이외 이후의 정치적 대안이나 새로운 정치세력화라는 새로운
과제가 제기되었으며 대중적이고 전투적인 학생회의 강화,
지역·학교 간의 연대, 전국 대학생들의 연대 사업이 활발하게
진행되는 계기가 되었다고 본다.

· 6월항쟁의 의의와 사회적인 영향은 무엇이라고
  생각하는가?

문상배 4·19혁명, 5·18민중항쟁에 이은 6월항쟁은 역사의 주인이
민중임을 다시 보여주는 대규모 전국적인 항쟁이며 더이상
역사에 역행하는 반민주 행위들을 민중들이 인정하지 않는다는

것을 보여준 역사적 항쟁이라 생각한다. 민중의 힘 스스로
호헌철폐를 쟁취했으며 더이상 반민주적인 군사 정부가 들어설
수 없음을 보여준 민초의 위대한 승리이며 이후 사회 제반의
비민주적 요소를 철폐하기 위한 노동, 농민, 사회운동 등 각
분야의 민주와 운동들을 촉발시키는 계기가 되었다고 본다.

이제는 말할 수 있다   25

박홍산
인문대 84

- 당시 소속된 조직과 단대는 어디인가?

<u>박홍산</u> 86년 말까지 1학생회관의 기독학생회에서 활동하다 87년 초에 인문대 학생회에서 조직비서로 활동했다. 87년을 맞이하여 대중적인 활동과 공개조직인 학생회를 강화해야 한다는 목표를 가지고 비공개 조직의 성원들이 대거 학생회 중심으로 활동하게 된다. 이러한 조직 노선의 변화를 원활히 하려면 비공개 조직을 바로 해산하기에는 무리가 따라서 학생회 내에 비서라는 직책을 두었다. 비공개 조직과 공개 조직인 학생회의 관계를 원활하게 하기 위해 당시 지도 학번이었던 84학번들이 비서라는 직책으로 공개 조직인 학생회에서 조직을 관리하는 역할을 수행했다.

- 본인이 소속된 조직에서 역할은 무엇이었나?

<u>박홍산</u> 조직비서는 비공개 조직을 지도하고 단대 학생회를 강화하는 역할을 수행하는 임무가 있었다. 비서들은 주로 비공개 조직 성원들을 교육하고 이를 공개 조직과 연계하는 활동을 했고 학생회 조직 회의에도 참석했다.

- 당시 소속 조직이나 단대에서 함께 활동했던 성원 중 기억나는 사람은 누구인가?

<u>박홍산</u> 인문대 학생회장은 정찬호(영문과)였고 부회장은 국문과 여학생이었으며 총무부장은 고진하로 기억한다. 당시 각 부서에는 국문과, 영문과 여학생들이 주로 활동하고 있었다. 이름은 기억나지 않는다. 85학번은 천금영, 여승현, 문상배, 천경자, 정은경, 이금순 등 다수였고 86학번은 이현미, 박제신 등, 87학번은 고재경, 박재만이었다.

· 6월항쟁 이전 전남대 운동 상황은 어떤 분위기였는가?

박홍산 4·13호헌조치가 발표되고 당시 총학생회에서 방송을 통해 이를 발표하면서 학내 분위기는 긴장감이 감돌고 있었다. 전두환의 호헌조치는 6월항쟁의 대항쟁을 예고하는 도화선이 되었다고 할 수 있다. 86년부터 시작된 전두환 정권의 대대적인 학생운동에 대한 탄압과 이를 돌파하려는 학생운동의 조직적인 대응이 4·13호헌 발표로 인해 더이상 물러설 곳을 잃어버린 군사 정권과 민주주의를 기대하던 민중들의 대투쟁을 예고했다고 볼 수 있다. 나는 당시 전두환의 호헌 발표를 학생회 방송을 통해 듣고 5·18광장을 거쳐 총학생회실로 가면서 싸늘한 긴장감을 느꼈다.

인사대 후배들의 전방 입소 거부 투쟁이 전개되고 후배들이 경찰에 연행되면서 본부 건물을 점거하여 연행 학생 석방을 요구하는 투쟁이 전개되었다. 월산동 로터리에 있는 민정당사를 타격하는 투쟁이 전개되었다. 아침 출근 시간을 전후하여 민정당 당사를 타격하고 현판을 부수고 까치고개 방향으로 진행하는 과정에서 경찰들의 추격을 피하여 골목길을 통해 기차놀이하듯이 한 줄로 도망치고 있었다. 그런데 봉고차로 추격한 사복들이 대기하고 있어 조그마한 산 능선으로 방향을 전환하여 주택가로 가서 2층 문을 열고 들어가려고 하는데 갑자기 문이 닫히고 조금 있다가 젊은 아가씨가 나오면서 누구냐고 했다. 시위하는 학생들이라고 하니 자기는 기자라고 하면서 출근해야 하니까 경찰들이 철수할 때까지 집안에 숨어 있다가 가라고 했다. 그리고 한참 있다가 주위가 잠잠해지자 거리로 나왔는데 상황이 어떤지 알 수가 없어 마침 지나가는 아주머니에게 부탁했더니 아주머니는 같이 택시를 타고 신우아파트 앞에서 내려주며 조심해서 가라고 했다.
그리고 우리는 학교로 무사히 돌아왔다.

또 하나는 한일극장 앞에서 시위를 하려고 대기하고 있는데
지하다방 앞에 사복들이 있고 정보과 형사가 다방에서 밖으로
나왔다. 이곳에서 시위는 힘들겠다고 생각하고 철수할지
강행해야 할지 고민하고 있는데 사회대 서일환(정외과 85)
후배가 갑자기 정보과 형사의 얼굴 정면을 가격하면서 시위는
바로 대열을 형성하고 양동시장 방향을 향해 도망치듯이
진행되었다. 사복 경찰들이 끝까지 쫓아오면서 양동파출소를
지나 서부서 앞까지 도망치는 과정에서 사범대 박종한
(85학번)이 도중에 체포되고 나는 다행히 도망칠 수 있었다.

· 6월항쟁 당시 전남대 학생운동 상황에 대한 본인의
  기억을 이야기해 달라.

박홍산 6월 10일(수) 오후에 국민대회가 열리는 금남로에
갔었다. 거리는 시민들이 여기저기 있었고 신학대 학생들이
거리에 앉아서 찬송가를 부르면 시위를 하고 있었다. 경찰들은
이들을 해산시키기 위하여 사과탄을 터트리며 강제 해산을
시도했으나 신학생들은 꼼짝하지도 않고 계속 시위했다. 그러자
시민들과 주위의 학생들이 항의하고 시민들이 사방에서 구호를
외치고 고함을 지르며 항의했다. 금남로에서는 대열을 형성하지
못하여 시민들이 여기저기 옹기종기 모여서 항의와 구호를
외치고 경찰들은 이들이 모이면 해산시키기 위해 사과탄과
최루탄을 발사했다. 골목길을 통해 중앙대교 방향으로 가보니
많은 사람이 중앙대교에서 서현교회 방향으로 모여서 시위를
하고 있었다. 이러한 시민들의 모습을 보면서 기존의 시위와는

전혀 다른 양상으로 진행되고 있는 6월항쟁의 모습을 목도했다. 6월 초에 있었던 대동제 때문에 6월항쟁이 전국적으로 전개되고 있는 상황에서 전남대는 적극적으로 참여하지 못했다. 축제 기간에 사회운동 선배들이 축제 현장에 찾아와 많은 비난과 비판을 하고 돌아가기도 했다.

 16일(화) 결의대회는 여러 동지가 혈서 쓰기와 김승남 동지를 비롯한 동지들의 삭발로 인해 학생들의 비장함이 넘치는 현장이었다. 그리고 이어 진행된 정문 거리 연와시위에서는 경찰들도 사회적인 분위기를 파악해서인지 강압적인 물리력 행사보다는 해산에 주력했고 사과탄과 페퍼포그에서 최루가스를 살포하는 등 시위 대열을 해산하는 데 주력했다. 거리에 누워 하늘을 쳐다보고 있는데, 그 위로 사과탄이 터지고 파편이 날리고 거대한 페퍼포그로 밀면서 최루가스를 살포하였다. 대열이 흔들리는 과정에서 몇 명의 동지들이 연행되고 이에 항의하는 우리들의 싸움은 더욱 강화되면서 연행됐던 동지들이 풀려나고 시위 대열은 학교 안으로 향했다. 당시 내가 놀랐던 것은 여름철이라 소나기가 내리는데도 불구하고 시위 대열 주변에 있던 학생들이 전혀 흩어지지 않고 시위대와 함께하고 있는 것을 보면서 학우들이 지금의 상황을 어떻게 바라보고 있는가를 그대로 느낄 수 있었다. 대열은 그대로 도서관으로 향하여 철야 농성에 돌입했다. 이전에도 많은 철야 농성이 진행됐지만, 대부분 조직원 중심이었다면 이번은 많은 일반 학우들이 함께하는 철야 농성이었다. 그리고 단대별로 모임을 갖고 이후 어떻게 투쟁을 전개할 것인가, 만일 계엄령이 발동된다면 우리는 어떻게 할 것인가 등 집단 토론이 전개되었다. 인문대는 내가 사회를 봤다. 내 기억으로는 이 토론에서 다음날 수업 거부를 하고 집단행동에 돌입하자는 의견이 제기되었고 이 의견에 찬반 토론이 진행됐다.
그동안 수업 거부, 시험 거부에 일반 학우들이 참여하지 않고
이로 인한 피해와 갈등이 많아 찬반이 팽팽했으나 그때의 상황은
달랐다. 이미 학우들은 준비가 되어있다는 의견이 주를 이루어
일단 다음날 수업 거부를 하고 집단행동에 들어가는 것으로
결의를 모았다. 그리고 만일 계엄령이 발동되면 정문에 집결하는
것으로 결의를 모았다.

다음 날인 17일(수), 예상을 깨고 많은 학우가 참여하여
인문대 앞에서 집회를 열었고 다른 단대들도 결의를 모으고
5·18광장으로 집결했다. 기존 집회는 5·18광장에서 진행되었으나
많은 수의 학우가 참여하여 봉지를 중심으로 무대가 차려지고
봉지 잔디밭을 중심으로 집회가 진행됐다. 여기서 시내로
진출하기 위한 각 단대별 진로를 결정하는 공개적인 전술 지침이
내려지고 각 단대별로 정문과 후문 그리고 농대 쪽문으로
이동하여 시내로 진격했다. 정문을 중심으로 막고 있던 경찰
병력들도 일정 시간 동안 막다가 병력을 분산하여 가두시위를
보장했다.

· 6월항쟁 당시 본인이 수행했던 활동은 무엇인가?
박홍산 무슨 역할과 지위를 부여받았는지 정확히 모르겠다. 당시
현장에서 전투조를 지휘하는 역할을 했다. 인문대와 사회대로
구성된 전투조를 지휘했고 천금영, 서일환 등 인사대 후배들과
중앙교회 앞 금남로를 중심으로 도청 방향에서 전투경찰과
대치하여 화염병과 투석전을 전개했다. 저녁 10시 이후에는
금남로 대열이 해산되면 서현교회를 중심으로 새벽녘까지
전투를 진행하고 학교로 돌아왔다.

- 6월항쟁 당시 시내 상황을 이야기해 달라.

박흥산 항쟁 당시에 기억나는 것은 일시가 정확하지 않다. 그래도 기억나는 몇 가지를 적어보면 다음과 같다. 17일 이후 날짜는 정확하게 기억나지 않는다. 17일 이후 20일 전후까지의 시위는 전선을 형성하지 못하고 시내에 나가 거리 곳곳에서 거리 연와시위를 하다 밀리면 교회와 성당으로 피신하고 이러한 비폭력 시위가 주였다. 그러다 경찰들의 폭력적인 진압과 연행 구타로 인해 더이상 비폭력 시위로는 한계가 있다는 인식이 확산되면서 시위대는 서서히 폭력적인 시위로 전환되고 숫자가 불어나면서 경찰들도 도청 방향으로 진행을 막기 위해 광주은행 사거리를 중심으로 방어선을 구축하고 시위대를 막기 시작했다. 17일 이후에는 오후에 시내로 나가면 오후 6시경에 중앙교회에서 활동하고 있던 시민모임에서 밀짚모자를 쓰고 태극기를 들고 한 사람이 나와 흔들면 거리 여기저기 모여 있던 시민들과 학생들이 거리로 나와 대열을 형성하고 그날 하루의 싸움이 시작됐다. 밤새워 도청을 향한 화염병과 투석전의 공방이 시작됐다. 모든 거리의 가로등이 꺼지고 어두운 밤에 화염병을 투척하는 것은 위험천만한 일이다. 왜냐하면 화염병을 던지기 위해 불꽃이 형성되면 그 방향을 향하여 최루탄이 직격으로 난사되기 때문에 자칫 잘못하면 제2의 이한열이 되는 상황이었다고 보면 된다. 지하상가의 통로로 조심히 접근하여 신호가 내리면 시민들의 함성과 거리에서의 투석과 함께 화염병을 들고 전경 대열을 향해 돌진하는 공방전이 밤새워 지속됐다. 앞에서는 치열한 공방전이 전개되는 동안 대열 뒤쪽에서는 시민들과 학생들이 모여 집회를 하고 토론하고 잠시 휴식을 취하곤 했다. 그러다가 밤 10시경이 넘어가면 전경

대열이 금남로 중심거리의 시위대를 집중적으로 해산했다.
그러면 금남로에서 해산된 시위대는 중앙대교와 서현교회
방면으로 이동하여 새벽 3~4시까지 충장로파출소 방향을 향해
시위를 계속했다. 시위가 격화되면서 시위대는 저녁에는 횃불
시위와 가드레일을 두드리는 소음 시위를 진행했고 어느 순간에
충장로 파출소 반대 방향에서 구 한국은행 방향의 전경들을
향하여 화염병 공격을 감행했다. 시민들은 새벽 늦게까지
시위하고 해산당하면 산발적으로 흩어져 월산동 방향으로
이동하면서 월산동 파출소를 타격하곤 했다.

    정확한 일시는 모르나 구 공용터미널 로터리에서
시골에서 올라와 외곽수비를 담당하고 있던 전경들을 타격하여
해산시키고 무장해제시켰다. 우리는 며칠 동안 경찰과
대치하면서 지금까지와 같은 방법으로는 전경들의 대오를
뚫을 수 없다는 판단에 서일환의 제안으로 공용터미널
로터리에서 지나가는 덤프트럭을 세우고 금남로로 가자고 하여
덤프트럭으로 전경 대열을 밀어 버리고자 했으나 트럭으로
금남로로 들어서는 순간 앞 대열들이 전경에 밀리면서
포기해야 했다.

    중앙교회에는 시민 전투조가 조직되어 중앙교회
지하식당을 거점으로 활동하고 있었다. 나름의 조직 체계를
갖추고 남성, 여성들이 함께 참여하고 있었다. 규율도 상당히
강하여 대장의 지시를 어기면 화장실 청소라는 벌을 가하고
나름 전투조직으로서 모습을 보였다. 우리는 이를 '김밥조'라
불렀다. 여기서 행동대장 정도 되는 사람과 대화도 했고 이
사람이 총학생회실에 와서 화염병의 폭발력을 강화하기 위해
어떻게 하자는 이야기도 했던 기억이 있다.

5·18항쟁 이후 광주시민들은 6·10항쟁, 이철규 열사 사망,
박승희 열사 사망 등 이후 대규모의 시민 투쟁 시기에는 항상
일정한 거점을 중심으로 자발적인 시민 투쟁 조직을 결성하고
운동 조직과 함께 투쟁을 주도적으로 이끌어 왔다. 이들에
대한 정확한 기록과 자료가 부족한 것이 매우 안타깝다.
운동사 정리가 너무 운동권 중심으로 전개되면서 시민들의
적극적인 투쟁 참여에 대해서는 기록하지 못했다. 이후 운동사
정리에서 민중 투쟁 복원에 더욱 관심을 가져야 할 것이다.
　　　6·29선언이 발표되고 남동성당에서 6월항쟁 승리에 대한
정리 집회가 진행됐다. 우리 학생운동 내부에서는 기만적인
6·29선언을 이대로 받아들여서는 안 된다는 비판이 있었고
이번 투쟁을 완전한 민주주의 쟁취와 5월 학살의 배후조종자인
미국을 향하여 반미투쟁으로 발전시켜 나아가야 한다는 논의도
있었다. 7월 2일, 마지막으로 광주공원 앞에서 집회가 진행됐다.
이 과정에서 학생회 간부들이 연행되고 집회는 해산됐다.
7월 9일에는 이한열 열사의 장례식이 열렸다. 장례식은 수많은
시민의 참여 속에서 밤늦게 진행됐다. 망월동에서 열사의
안장이 마무리되고 시민들이 전남대에 모여 밤새워 행사를
진행했고 새벽에는 일부 시민과 학생들이 광주역 방향에서
전경과 대치했으나 시내로 진출하지 못했다.

·　　6월항쟁 이후 학생운동의 변화를 말해 본다면?
박홍산 6월항쟁 이후 학생운동은 본격적인 대중 운동과
전투적인 학생회로 전환됐다. 6월항쟁 이후 학생회관 로비에서
'남대협'이 결성되고 이후 대중 활동 차원에서 충남지역
수해복구를 위해 버스를 대절하여 봉사 활동에 적극적으로

참여했다. 여름방학 동안 4학년인 84학번을 중심으로 향후 투쟁 노선과 조직 노선에 대한 집중적인 교양과 학습을 하고 본격적인 대중 노선과 전투적인 조직 논의가 현실화된다. 이후 85학번부터는 비공개 조직은 해산되고 학생회를 중심으로 한 공개적인 대중 조직을 중심으로 대중 활동이 이루어진다.

· 6월항쟁 이후 투쟁에 대한 기억이 있다면?

<u>박홍산</u> 87년 6월항쟁 이후 터져 나온 노동자 대투쟁에 대한 지원과 연대 투쟁이 진행됐다. 87년 직선제에 의한 대통령 선거에 적극적으로 참여하면서 공정선거감시단 활동과 대중 선전물 배포 활동을 했고, 이는 향후 지역 활동의 주요한 매개로 작용한다.

이제는 말할 수 있다　　26

김원숙
인문대 85

· 당시 소속된 조직과 단대는 어디인가?

김원숙 1학생회관 학술 서클인 역사마당(역사공부 서클, 구 사회조사연구회)에 속해 있었다. 85 동료는 명등룡, 86학번은 이광창, 김우선 등이 있었다. 2학년 때까지 기독학생회에 소속되어 있었는데 87년 3학년 때 소속 단대로 가거나 타 서클에 3학년이 남아 있지 않은 경우 이를 보강하러 가는 것이 당시의 상황이었다. 나는 후자의 경우에 속했다.

· 6월항쟁 이전에 상황을 어떻게 바라보고 있었나?

김원숙 체육관 선거를 통해 집권 연장을 꾀하는 전두환 정권의 호헌을 철폐하고 재집권을 막는다는 투쟁 목표가 세워져 있었다. 집중 구호가 '호헌철폐, 독재타도'였던 것으로 기억한다. 6월항쟁이 대규모 국민 투쟁으로 이어질 거라고 처음에는 예측하지 못했었다. 전남대는 4.13호헌조치 이후 연이은 학내, 가두 투쟁을 하고 있었으며 광주의 5월은 시민들이 많이 호응하고 참여하는 분위기라 학생들이 시내 싸움을 전개하면 밤늦도록 함께하는 분위기였다. 당시 전남대는 학생운동의 중심이었기 때문에 쉴 새 없이 투쟁을 준비하고 이끌어 나가느라 학생운동 활동가들의 헌신적인 활동이 있었다고 본다. 개인적으로 체력이 너무 달려 힘들었던 기억이 난다.

· 6월 10일 대회에 참가했나? 당시의 상황에서 기억나는 것을 말해 달라.

김원숙 6월항쟁은 6월부터 시작된 것이 아니라 전남대는 이미 5월에 대규모 투쟁을 계속하고 있었으며 자연스럽게 6월까지 연결된 것이라고 생각한다. 대동제 기간에도 학생회

간부를 제외한 대부분의 활동가는 투쟁 현장에 있었고
국민대회 역시 전남대 내에서 화염병, 선전물 등을 준비하고
시내 가두 투쟁을 전개했었다.

- 6월항쟁 당시 시내 가두시위 과정에서 주로
  어디에서 활동했나?

김원숙 원각사 부근 금남로4가나 당시 조흥은행 근처에서
주로 활동했었고 가끔 원각사 부근으로 화염병 운반을 했다.
당시 시민들은 백골단에게 학생들이 끌려가면 집단으로
항의하고 구출해 내기도 했고 음료수를 전달해주기도 하고
학생들 근처에서 백골단으로부터 지켜주시기도 했다.
사복 형사들이 시민들 때문에 학생 대오에 잘 접근하지 못했던
기억이 남아 있다. 6월투쟁에 국민운동본부가 결성되어
본격 결합하면서 나는 오전에는 시내에 붙일 대자보를 작성하고
오후에는 국본 선전물을 나의 책임구역이었던 농성동
일대 상가와 집집마다 배포했다. 이후 5시인가 6시인가 애국가
울리는 시간에 맞춰 금남로4가로 집결하고 밤늦게까지
시위를 진행했다.

- 6월항쟁이 우리 사회에 끼친 주요한 영향은
  무엇이라고 보나?

김원숙 전민 항쟁으로 정권을 바꿀 수 있다는 자신감을 갖게
되었고 이후 합법적 정당 건설 운동이 시작될 때까지 운동권의
주류 방식으로 전민항쟁이 자리 잡은 계기가 되었다. 학생
운동 이후 노동, 농민, 청년 등을 비롯한 다양한 분야로 운동을
확산하기 위한 조직적 투신이 준비되는 결과를 가져왔다.

6월항쟁으로 독재 정권의 항복을 받아냄으로써 정권을 바꾸기 위해 어떻게 준비할 것인지, 항쟁 이후 대안 세력은 어떤 형태로 있어야 하는지 고민하는 계기가 되었다.

이제는 말할 수 있다   27

이현미
인문대 86

· 당시 어디에서 활동했나?

이현미 86년도 말에 접어들며 대중 노선이 강조되면서 나는 2학생회관에 있는 '대학문화연구회' 서클에서 활동하다 선화와 함께 과 학회로 왔다. 당시 문상배 형도 기독학생회에서 활동하다 이때 과로 와서 같이 과에서 활동했다. 당시 나는 대중 노선이 중요하다고 보고 운동권 학생들이 날마다 칙칙한 무채색 옷을 입고 다니는 것을 좋아하지 않았다. 나는 하얀 바지에 깔끔한 차림으로 시위에 나가고 했다. 그런데 선배들이 그런 차림은 경찰들의 눈에 잘 띄니 입는 것을 반대했다. 나는 재수할 때 전용호, 박영정, 정세현 등 '민문협' 선배들을 그때 만났다. 그때는 운동권 가요가 많지 않아 개사곡을 많이 만들었다. 이른바 '노가바(노래가사 바꿔 부르기)' 노래 테이프를 만들어서 당시 5.3인천사태 때 인천에 가서 판매하기도 했다.

· 6월항쟁 이전 상황에서 기억나는 사건이 있는가?

이현미 박종철 고문치사 사건이 나고 내 기억으로는 봄이었는데 시내 가두시위에 참여하기 위하여 서방시장 쪽에서 모여서 시내로 진출하기로 했는데 인문대, 사회대 성원들이 많이 연행됐다. 그때는 사전 검문검색을 해서 시내에서 가두시위가 힘들었다. 밤 12시~1시경에 경찰에서 풀어줘서 나왔다. 그때 박세종 형도 잡혔고 두산이도 잡혔다. 집회에 못 나가게 하려고 묶어 놓았다가 집회가 끝나는 시점에 풀어주었다. 당시 나는 조서를 쓰면서 '봄도 되고 해서 서방시장에 옷을 사려고 나왔다'고 썼다. 우리의 6·10항쟁은 사실은 이때부터 시작한 것이다.

· 6월항쟁 당시 참여자들의 기억들이 대부분 비슷비슷하다.
본인에게 남아 있는 특징적인 기억은 무엇인가?

이현미 6월항쟁에서 기억나는 것은 선전전 하고 모금함을 들고
다니며 모금하고 이러한 것이 대부분이다. 다른 기억들은 많이
남아 있지 않다. 그런데 6월항쟁 당시 특별히 기억나는 것은
당시 국본에서 화물차를 이용하여 가두 선전을 하고 있었다.
광주공원에서 태평극장으로 시위대열들이 형성되었지만
시민들이 차도로 나와서 대열을 형성하지 못하고 인도로 가고
있어서 답답한 마음에 "짭새는 인도로, 시민들은 차도로"라고
외치자 시민들이 차도로 나와 대열을 형성했다. 그러자 김강렬
선배가 나를 번쩍 들어서 화물차에 태워서 선전, 선동을 하라고
해서 차 안에서 선전 활동을 했던 기억이 있다. 그리고 내가
가장 의문이 드는 게 당시 어떻게 먹고 살았는지 모르겠다.
날마다 싸우고 최루탄 냄새가 몸에 가득한 상태에서 남학생들이
인문대 여학생실에서 자고 그런 상황이었다. 나는 그때마다
여학우들이 오기 전에 나오라고 깨우던 그런 기억이 있다.

· 남기고 싶은 말이 있으면?

이현미 우리의 기억들이 정확하지 않고 기록이나 사진들이 많이
남아 있지 않아 안타깝다. 이런 문제를 해결하기 위해 당시
광주경찰서(현재 동부경찰서), 서부경찰서 등의 공공기관에
공식적으로 당시 조서나 경찰들의 활동 상황일지 등을 공개해
줄 것을 요청하는 것도 생각해 봐야 할 것이다.

부록 4.

80년대 전남대 학생운동에서 사용된 은어(隱語)와 해설

공개 조직, 비공개 조직

학생운동에서 조직을 크게 둘로 구분하여 학생회를 중심으로 한 합법적인 자치 기구를 공개 조직 또는 오픈조직이라 총칭했고 서클 조직과 각 단대의 비합법적인 조직 및 학회 등을 비공개 조직이라고 칭했다. 전남대는 80년대 이전에도 이러한 구분에 준하여 활동하였으나 84년 학원 자율화 조치 이후 85년 총학생회가 부활하면서 공개 조직, 비공개 조직의 구분이 명확화된다. 87년 6월항쟁 이후 대중 노선 표방에 따라 공개 조직, 비공개 조직의 구분은 없어지고, 학생회 중심으로 조직이 재편되면서 이러한 구분은 아예 사라지게 된다.

꽃병 또는 F/B(Fires/Bottle)

화염병을 뜻하는 은어이다.

대자보(大字報)

대자보는 1930년대 초기 소련에서 정치 선전의 목적으로 사용하였다. 또 중국의 문화 혁명기에는 대중적인 언론 매체로 사용되었다. 한국에서는 군사 독재 하에 언론이 자기의 역할을 하지 못하고 어용 언론으로 전락하자 대중들의 정치적인 비판과 대중들에게 사건의 진실을 알리는 수단으로 활용되었다. 학생운동은 당시 인쇄 매체의 열악한 조건에서 학생들에게 정보를 전달하는 수단으로 대자보를 적극 활용하였다. 84년 자율화 조치 이후 학내에 대자보 판을 설치하고 대자보를 부착하여 시국에 대한 정보 전달과 투쟁 방향을 알리는 수단으로 활용했다. 가투 시에도 군중들이 모이는 장소에 대자보를 부착하여 시민들의 정치의식을 고양시켰다.

대표적인 것이 80년 5·18민중항쟁에 사용되었던 '투사회보'라고
볼 수 있다.

딱정벌레(페퍼포그)

최루 가스의 상품명이다. 보통 차량의 분출구를 통해 뿜어내는
최루 가스를 말한다. 그런데 80년대 학생 운동권은 최루 가스를
뿜어내는 차량을 지칭하는 말로 주로 사용하였으며, 여기서
딱정벌레라는 별칭이 붙은 것은 차량의 모양이 딱정벌레처럼
생겼기 때문이다.

래포(Rapport)

래포의 사전적인 의미는 다음과 같다. "래포는 상담자와
의뢰인 사이에 서로 믿고 존경하는 감정의 교류에서 이루어지는
조화적 인간관계이며, 상호적인 책임이다. 또한 래포는
친근하고 적극적이고 협동적인 관계이며, 상담 관계에 있어서는
꼭 필요하고 래포를 증진시키기 위한 기술로는 동정, 확신,
승인, 유머, 객관적 자료의 이용, 개인 사례 제시, 위협 등이다."
연락책의 다른 말로 투위와 같이 비밀스러운 연락을 할 때
래포를 선정하여 연락을 취하였다. 정보기관의 미행과 의심을
피하기 위해 주로 여성들을 선정하여 역할을 주었다.

매스(Mass), 상매스(上Mass)

매스는 대중을 이르는 말이다. 일반 학생이나 시민들을
매스라고 하였는데 매스와 상매스로 나누는 것은 정치 사회적인
의식을 기준으로 평범한 사람들을 매스라고 칭하고 일정한
의식을 가지고 있는 사람들을 상매스라고 불렀다. 상매스는

일차적이고 집중적인 조직화 사업의 대상이 되었다.

비서

87년에 잠시 사용되었던 용어. 당시 학생운동의 조직이 공개 조직(학생회 등)과 비공개적 조직으로 이원화되어 있는 조건에서 87년 학생회 중심 조직 재편과 함께 과도적으로 비공개 조직과 공개 조직을 유기적으로 결합하고자 각 단대 및 총학생회에 비서를 두고 조직으로 통솔하게 했다. 다른 시각으로 학생회의 조직 부서라고 볼 수 있다. 총학생회는 조직을 총괄하는 1비서, 공개와 비공개를 연결하는 2비서, 그리고 각 단대 및 서클을 담당하는 비서들이 있었으며 1비서를 중심으로 하는 조직 단위 회의가 정기적으로 진행되었다. 87년 6월항쟁이 격화되면서 각 비서들은 투쟁 현장에서 시위 및 조직 활동을 지휘하는 역할을 수행했다.

스트(Strike, 파업 투쟁)

학내 시위나 가두시위 투쟁을 총칭하여 부르는 말이다.

C.T(Control Tower의 머리글자)

C.T는 85년에 서클 조직과 단대 조직 대표 그리고 투쟁을 책임지는 사람들을 중심으로 구성되었다. 전남대는 80년 5·18민중항쟁의 패배를 딛고 81년 본격적으로 조직 복원과 84년 학원 자율화 조치 이후 조직 확대를 거치면서 전남대 학생운동의 통일적인 체계를 형성하며 C.T를 구성하게 된다. 1960년~70년대 학생운동의 특징인 인맥과 학연 중심에서 벗어나 보다 대중적이고 체계적인 조직 체계를 형성하게 된

것이다. C.T는 이후 신·구파 분열과 통합을 거치면서 87년
보다 체계적인 조직 지도부를 구성하였고, 이후 학생회
중심으로 조직적인 전환이 이루어지면서 사라지게 된다.

알.피(R.P, Reproduction 재생산)

서클이나 학회에서 조직 확대를 위하여 주로 신입생을 대상을
조직화하는 과정을 말한다. 조직 확대는 다양한 방식으로
신입생에게 접근하여 조직원을 확대하는 과정이었다.

야사(야전 사령관의 약칭), 전장

'야사'는 학내 시위 및 가두시위에서 전술적인 계획을 수립하고
시위 현장에서 '전투조'를 진두지휘하는 사람을 가리킨다.

에스.엠(SM, Student Movement), 엘.엠(LM, Labor Movement), 피.엠(PM, Peasant Movement)

각각 영어 단어의 앞 머리글자를 따서 각 부문 운동을 이르는 말.
에스엠은 학생 운동, 엘엠은 노동 운동, 피엠은 농민 운동을
지칭한다.

오르그(Organization-조직. 한글 약칭)

조직이라는 뜻을 가진 영어 Organization의 한글 약칭이다.

전투조

전투조는 시위가 대부분 비합법적으로 진행되는 조건에서 시위 대열 보호, 시위 주동자 보호, 시위 용품 제작 등을 수행하는 서클 단위(등녕쿨, 4C 또는 4생)의 조직에서 출발하였다. 84년 자율화 조치 이후에는 조직 확대와 더불어 서클 조직과 각 단대 조직에서도 '전투조' 성원들이 형성되면서 초기 형태를 벗어나 '전투조'라는 명칭을 갖는 조직 편제를 갖추게 된다. 1987년 6월항쟁 이후에는 학생운동을 학생회 중심으로 조직이 재편되면서 '전투조'는 보다 체계화되고 88년 초기에는 학생들의 자발적인 조직 형식을 갖는 '자위대'라고 불리다가 '오월대'라는 정식명칭을 갖게 된다. '오월대'는 전남대와 전국학생운동에서 시위대의 선봉으로 그 명성을 날리고 학내 자율 방범 활동으로 발전하게 된다.

"등녕쿨 서클의 임무는 모든 시위가 비합법적인 상태에서 전개되었을 때 시위 대열 보호 임무, 시위 주동자 엄호 임무, 자율화 조치 이후 학내 자율 방범 임무, 가두시위 때 시위 준비 임무, 학내외 선전 벽보 등 홍보물 수호 임무 등의 목적을 갖고 조직된 서클이다."(최영태, 『전남대 60년사』 중 학생운동 관련 내용에서 발췌)

짭새

짭새는 학생운동권이 경찰들을 부르는 은어이다. 그 유래는 여러 가지 설이 있는데 다음은 그 중 하나다. "짭새는 10.26 후 신군부가 등장할 때 대학가에서 시위가 격렬하던 무렵에 연세대에서 처음 생긴 말입니다. 그때는 캠퍼스 안에 사복 경찰들이 무수히 들어와서 곳곳에 포진하고 있었지요.

쉴 만한 벤치는 주로 그들의 차지였습니다. 연세대는 독수리가
상징이므로 학생들을 스스로 독수리라고 하는데, 독수리 틈에
그들 '잡새'가 끼어 있다고 해서 사복 경찰들을 '잡새'라고 했던
것입니다. 그 말이 경음화 현상(된소리)으로 '짭새'가 된
것이지요. 나중에는 그 의미가 넓어져서 사복이건 정복이건
경찰이면 모두 짭새로 부르는 경향이 있지만, 원래는 사복
경찰만을 의미했지요."

주보
학내 시위나 가두시위를 진행하는 과정에서 경찰의
물리력으로부터 주동자를 보호하기 위해 항상 주동자를
보호하는 사람을 배치하였다. 주동자의 동선과 주동자의 도피
과정에서 주동자를 사수하는 사람들을 일컫는다.

주씨
학내 집회와 가두시위를 할 때 앞에서 선전과 선동으로
이끌어가는 사람을 말한다. 시위 주동자는 대부분 그해 최고
학번을 중심으로 조직되었다. 일정한 비밀 거점을 만들어 놓고
생활하면서 학내 집회나 가두시위가 계획되면 공개적인 장소에
나와 시위를 이끌었고 시위가 끝나면 다시 들어가 생활하였다.
당시 시위 주동자들은 경찰과 공안기관의 주요 수배 대상자였기
때문에 항상 긴장된 생활을 하였으며 가족들 또한 상당한
고초를 겪어야만 했다.

지랄탄

요리조리 어수선하게 튀면서 가스를 분출하는 최루탄을 속되게 이르는 말이다. 80년대 초반에 학생 시위가 대규모화되고 수적으로 확대되면서 시위대를 해산시키는 하나의 방도로 차량에서 최루 가스를 내뿜는 탄을 발사했다. 80년대 초기에는 시위대를 해산하기 위해 사관탄이나 총류탄(SY-44) 그리고 차량에서 최루 가스를 내뿜는 형태를 사용하다가 지랄탄이 사용되면서부터는 보다 멀리까지 최루 가스를 보낼 수 있게 됐다. 다수의 시위 군중을 해산하는 데 발사 소리와 함께 위력을 발휘하였다. 6월항쟁 당시 큰 대로변이나 넓은 공간에 모여 있는 시위 군중을 해산하는 데 효과적이었다.

짱돌

전투경찰과의 대치 국면에서 최루탄에 대응하기 위해 투석전에 사용된 돌을 말한다. 보통 보도블럭을 깨뜨려 던지기 좋게 만든 돌을 가리킨다. 보도블럭이 시위에 많이 사용되자 시내 인도가 점차 아스콘으로 대치되어 투석전에 사용될 짱돌이 귀해지기도 했다

투위 (투쟁위원회의 약자)

학생운동의 비합법적인 상황에서 주로 정치 투쟁을 진행하기 위한 비공개 조직의 정치 투쟁 조직이다. 초기에는 비공개 조직 중심으로 학내 및 가두시위를 조직하는 역할을 하였으며 학생회가 활성화되는 시기에는 학생회 산하에서 조직하기도 하였다. 80년 5·18 진상 규명과 책임자 처벌을 위해 해마다 5월에 조직되었던 '오투위'가 전남대 학생운동에서 대표적이고 상징적인 투위라고 할 수 있다.

프로 & 아지 (Pro-Agi)

선전(Propaganda), 선동(Agitation)의 영어 약자를 이름.

피세일 (Paper Sale의 약자)

유인물을 '피'라 불렀으며, 피세일은 유인물을 학내나 가두에서 뿌리거나 시민들에게 배포하는 행위를 일컫는다. 유인물을 배포하는 방식은 다양한 방법으로 전개되었다. 가두에서 평화적으로 시민들에게 나누어 줄 수 없는 조건에서 옥상에서 시민과 거리를 향해 뿌리거나 시위 대열을 지어 가두시위를 하는 과정에서 시민들에게 뿌렸다. 또 주·야간에 집집마다 한 장씩 던져 넣는 방식을 취하기도 하였다.

1C/2C/3C/4C 또는 1생/2생/3생/4생

전남대 학생운동 조직 단위를 부르는 이름. 제1학생회관에 있는 서클 조직을 총칭하여 1C 또는 1생, 제2학생회관에 있는 조직들을 2C 또는 2생, 각 단대에 조직되어 있는 학회나 서클을 3C 또는 3생이라고 칭하였다. 그리고 4C 또는 4생은 초기에 전투조를 형성하였던 조직이다. 4C는 86년에 접어들면서 해체되고 각 단대로 성원들이 편입되었다.

후기

한 줄 이야기

그때는 세상의 변혁을 꿈꿨으나
지금은 내가 변해가고 있다.
기억으로 새겨진 우리의 이야기가
세상의 아름다운 변화에 작은 기여가 되길 바란다.

천금영(인문대 85)

칠흑같이 어둡고 공포스러운
터널의 끝자락 7년,
기적처럼 6월이 왔다.
그리고 신념이 되었다.

조이권(사범대 84)

나에게 6월항쟁은 인생을 어떻게 살 것인지를 가르쳐 주었다.
(20대는 조국과 민중을 위해,
30대는 가족을 위해,
40대는 나를 위해,
50대는 조국과 가족과 나를 위해)

박수본(공대 86)

나에게 6월항쟁은 잊지 못할 로망이다.
전민항쟁으로 일어선 민중은
30년 뒤 촛불혁명으로 화답했다.

오창규(사회대 86)

그해 6월….
문흥동에서 들리는 동지들의 투쟁 소식은
심장 고동을 천 배, 만 배 뛰게 하였다.

임상봉(사회대 86. 당시 광주교도소 수감 중)

나에게 6월이란
질기고 질겨 끊고 싶어도
잘 끊어지지 않는
고래심줄 같은 인연이라고 할까!

박흥산(인문대 84)

6월항쟁,
뜨겁고 아름다웠던 내 삶의 시절,
지금도 여전히 내 삶의 구석구석을 채우고
가끔은 비집고 나와 나를 채찍질한다.
함께 했던 동지들, 사랑한다.
영원히 동지로 살자.

박춘애(사범대 84)

내 청춘을 지배했고,
이제는 내 몸속 깊이 자리한 DNA처럼
보이지 않게 흐르는 그 무엇?

남정수(법대 85)

6월항쟁 내 인생의 화양연화,
민주주의를 위해 작지만 위대한 씨앗을 뿌렸다.
지금은 아름드리나무로 성장하고 있다.

서일환(사회대 85)

나 혼자나 소수만이 아닌,
우리 모두가 연결되어 있다는,
연대할 수 있다는 사실을
온몸으로 체득한 내 청춘의 빛나는 시간이었다.

박세종(사회대 84)

5월은 삶이 되었고,
6월은 그 삶의 정당함에 확신을 주었다.

최완욱(자연대 84)

그때는 단순하게 살고자 했다.
그렇지 않으면 한 발짝도 나아갈 수가 없었다.
세월이 흐르다보니 생각이 깊어지고 넓어지는 느낌이 든다.
머리/마음/몸 공부가 도움이 된 것 같다.

안평환(인문대 87)

80년 5월에 동학의 기억을 만났고,
87년 6월에 5·18의 기억을 만났습니다.
2017년 촛불혁명에서 87년 6월항쟁을 기억했습니다.
2020년 코로나19 이후의 세계를 준비하며
동학혁명에서 촛불혁명까지
5·18과 세월호를 기억합니다.
오직 시민이 주인되는 대동세상을 위해

이용빈(의대 85)

6월항쟁은 대중에 대한 깊은 신뢰를 심어주었고
내가 항상 새로운 도전에 나설 수 있는 동력이 되었다.

이웅범(경영대85)

부르터진 손바닥,
수포 생긴 얼굴,
상처투성이 다리의 아픔은
광주시민의 뜨거운 함성이 치료제였으며,
그 함성이 지금도 나의 나침반이다.

이양재 (사회대 86)

6월항쟁은 희망과 확신이다.
대중들의 힘을 보았으며
주민자치와 시민정치에 대한 희망을 품게 해 주었다.

조영임 (경영대 84)

가장 멋진 청춘이었다.

안원균 (농대 82)

87년 6월 충장로, 금남로 아스팔트, 전남대 민주광장은
밟아도 밟아도 다시 피어난 민주주의 꽃밭이었다.
민주주의 꽃들이 씨앗을 퍼뜨려
2017년 1,700만 촛불항쟁으로 다시 피어났다.

최미희 (인문대 85)

다시 그 시절로 돌아간다면
또 그렇게 뜨거울 수 있을까….

윤영선(공대85)

내 이데올로기는 사람이다.
그날의 사람들이
오늘의 사람들로 내일의 사람들로
늘 내게 길을 열어준다.
6월은 사람이다.

이현미(인문대 86)

6월은 억눌린 민초들에게
혁명의 기운을 불어넣은 열풍.
서현교회 앞 노숙 투쟁이
민중의 가슴에 한 점 불꽃으로 점화한 혁명의 씨앗.
오늘의 나를 지킨 꺼지지 않는 신념의 주춧돌

박웅두(농대 86)

민중의 힘을 그리고 한민족의 저력을 확인했던 사건….

이창권(경영대 84)

나에게 6월은 가장 빛나는 청춘이다.

송갑석(경영대 86)

평범한 사람들의 위대함과 광장의 힘을
다시 깨달은 1987년 6월!
87년 6월은 맞잡은 손의 뜨거움을
심장에 아로새긴 날이었다.

조오섭(사회대 86)

나에게 6월은 동학이고 4월이고 5월이고 촛불이다.
그리고~ 현재진행형인 사회 대개혁이다.

박대수(법대 85)

끝도 없을것만 같았던 절망과 좌절의 역사를
작은 힘이라도 함께하면
승리와 희망의 역사가 된다는 확신을 심어주었다.

손종국(경영대 87)

호헌철패, 독재타도!
지금도 심장이 쿵쾅쿵쾅.

김설오(사범대 85)

피맺힌 광주시민과 함께
독재에 맞서 거침없이 청춘을 불태운
한편의 민중혁명 드라마

김승남(인문대 84)

"매일 지치고 졸립고 그리고 무서웠다."
그러나 나를, 학생들을 기다리는 시민들이 있어
두려움을 떨치고 함께했다.

김문숙(인문대 85)

피 끓는 청춘의
애국을 향한 무한도전이었고
영예로운 부상으로 인한
영광스런 상흔을 남긴 항쟁이었다.

오정규(공대 86)

가장 순수했던 시절이며
위기에 빠진 나라를 구했던 수많은 민초들의
투쟁역사 중 하나를 이룬 자긍심으로
사는 동안 대의를 져버리지 않게 하는 등대이다.

정정희(간호대 85)

참고문헌

전대신문

〈'87 총학생·여학생회 출범식〉, 1987.3.12.
〈학생관심사 퇴대한 반영〉, 1987.3.12.
〈고 박종철 학우 49제 … 평화행진〉, 1987.3.12.
〈각단대 학생회 출범식〉, 1987.3.19.
〈17일 구학투 출정식〉, 1987.3.19.
〈신입생을 위해 마련될 너를 위한 큰 잔치〉, 1987.3.26.
〈신입생·재학생 한마당〉, 1987.3.26.
〈새 의장에 김평석군 선출 자치기구 예산안 의결도〉, 1987.4.2.
〈4·19 정신 계승제〉, 1987.4.16.
〈총학·구학투 1, 2차 학생비상총회〉, 1987.4.16.
〈4·19 정신 계승제 마쳐〉, 1987.5.7.
〈5월제로 뜨거운 용봉대〉, 1987.5.14.
〈5·18 제7주기 추모〉, 1987.5.21.
〈농대생 시위·농성〉, 1987.5.21.
〈용봉 대동제 열기 3일 성료〉, 1987.6.11.
〈이한열군 추도대회〉, 1987.9.3.
〈용봉 대동제 열기 3일 성료〉, 1987.6.11.

광주일보

〈전남대 격렬 교내시위〉, 1987.5.7.
〈일부 전남대생들 이틀째 격렬 시위〉, 1987.5.8.
〈전대생 3백여명 2곳서 기습시위〉, 1987.5.9.
〈전남대 5월제 전야제 격렬 교내 시위, 전남북 5개대 호남학련 결성〉, 1987.5.11.
〈전대 1천여명 격렬 시위, 학생 5명 연행 경관 16명 부상〉, 1987.5.13.
〈전남대 시국대토론회〉, 1987.5.12.
〈전대생 1천2백여명 격렬 교내 시위 투석전〉, 1987.5.14.
〈전남대생 2백여명 학생 석방 요구 집회〉, 1987.5.19.
〈대학생 차림 1백여명 파출소에 화염병 투척〉, 1987.5.20.
〈1백50여명 가두시위 대학생 15명 연행조사〉, 1987.5.22.
〈교수 퇴진 요구 전대생 7일째 농성중〉, 1987.5.25.
〈일부 전대생 교내에서 시위〉, 1987.5.28.
〈전대 용봉제 마라톤 학생 1천2백명 참가, 16명 연행〉, 1987.6.10.
〈전대 1천5백명 교내서 횃불 행진〉, 1987.6.11.
〈지방 주요 도시 심야 농성, 전대 2천여명 연좌시위 혈서-삭발도〉, 1987.6.17.

〈지방 시위 갈수록 격렬 … 광주도심 10여곳 비폭력 시위〉, 1987.6.18.
〈광주 학생·시민 등 비폭력 시위, 전대생 등 2천여 명 참가〉, 1987.6.18.
〈전남대도 조기방학〉, 1987.6.19.
〈광주도심 빗속 밤샘시위〉, 1987.6.20.
〈광주천변 등 휴일 격렬 시위〉, 1987.6.22.
〈전대생 최루탄 맞아 중상〉, 1987.6.22.
〈최루탄 중상 항의 철야 농성, 전대 의·치대생 1백70명〉, 1987.6.23.
〈3개 대학 천여 명 전대서 출정식〉, 1987.6.24.
〈정중한 사과에 농성 풀어, 최루탄 상 항의 전대 의·치대생 300여명〉, 1987.6.25.
〈심야까지 최루탄-투석 공방〉, 1987.6.27.

기관지

《구국의 길》 1호, 1987.3.
《구국의 길》 호외, 1987.4.17.
《구국의 길》 3호, 1987.5.
《대동제 간행물》, 전남대학교총학생회 용봉대동제 준비위원회, 1987.6.9.
《5·18 광장》 3호, 1987.9.16.
《5·18 광장》 5호, 1987.11.5.
《용봉광장》, 1987.6.

유인물

〈신입생 여러분께 드리는 글〉, 전남대학교 총학생회, 1987.2.
〈민중의지 우롱하는 호헌은 결사 반대한다!!〉, 전남대 반외세 반독재
　　　구국학생투쟁위원회, 1987.4.14.
〈투쟁의 불길로 독재를 종식시키자!!〉,
　　　전남대학교 호헌철폐 및 최루탄 추방을 위한 대책위원회, 1987.6.29.
〈투쟁을 승리로 이끌기 위해 우리는 무엇을 해야 할 것인가〉,
　　　전남대학교 호헌철폐 및 최루탄 추방을 위한 특별대책위원회, 1987.6.29.
〈전남대학교 본부는 짭새들의 놀이터 방앗간이란 말인가,
　　　신성한 학원에 기관원들이 설치고 있다니!〉, 어느 민주 학우가, 1987.1.19.

단행본

『6월 항쟁을 기록하다 3』, (사)6월민주항쟁계승사업회-민주화운동기념사업회, 2007.
『6월 항쟁을 기록하다 4』, (사)6월민주항쟁계승사업회-민주화운동기념사업회, 2007.
『'87 광주전남 6월항쟁 자료집』, (사)광주-전남 6·10항쟁기념사업회, 2017. 8

기타 간행물

《월간 말》, 1997.6.
「광주지역의 6월항쟁과 청년, 전남대학교 학생운동을 중심으로」,
　　김봉국, 『6·10민주항쟁 32주년 학술토론회 자료집』
「광주지역의 6월항쟁과 청년 '토론', 전남대학교 학생운동을 중심으로」,
　　김봉국, 『6·10민주항쟁 32주년 학술토론회 자료집』
「1987년 6월항쟁의 보루, 부산 '토론', 전남대학교 학생운동을 중심으로」,
　　김봉국, 『6·10민주항쟁 32주년 학술토론회 자료집』
「1987년 개헌정국에서 종교인의 역할과 종교별 차이, 6월항쟁 국면을 중심으로」,
　　정호기, 『사회와 역사』 제117집, 한국사회학회, 2018.
『1980년대 개헌운동과 6·10민주항쟁』, 한국민주주의연구소, 2016.
『6월항쟁과 한국의 민주주의』, 정해구·김해진·정상호, 민주화운동기념사업회, 2004.
『광주전남사회운동사: 민주화운동 6월항쟁』, 오승용
『민족전대 6월 민주항쟁사』, 박세종
〈항쟁의 금남로에서〉, 전남대 사회대 교지, 1987.
〈구학투 위원장 문승현의 공소장〉, 1990.1.11.
〈87년 6월항쟁 30주년 경과보고〉, 조이권 2017.6.16.
〈조이권氏 메모〉
〈80년대 전남대 학생운동에서 사용된 은어와 해설〉